Liane Paradies
Hans Jürgen Linser

Üben, Wiederholen, Festigen
Praxishandbuch
für die Sekundarstufe I und II

Liane Paradies
Hans Jürgen Linser

Üben, Wiederholen, Festigen

Praxishandbuch
für die Sekundarstufe I und II

Cornelsen
SCRIPTOR

http://www.cornelsen.de

Gedruckt auf chlorfrei gebleichtem Papier
ohne Dioxinbelastung der Gewässer.

Bibliografische Information
Die Deutsche Bibliothek verzeichnet diese Publikation in der
Deutschen Nationalbibliografie; detaillierte bibliografische Daten
sind im Internet über http://dnb.ddb.de abrufbar.

5.	4.	3.	2.	1.	Die letzten Ziffern bezeichnen
07	06	05	04	03	Zahl und Jahr der Auflage.

Redaktion: lüra – Klemt & Mues GbR, Wuppertal
Umschlaggestaltung: Bauer + Möhring, Berlin,
unter Verwendung einer Zeichnung von Klaus Puth, Mühlheim
Satz: stallmeister publishing, Wuppertal
Druck und Bindearbeiten: Clausen & Bosse, Leck
Printed in Germany
ISBN 3-589-21860-6
Bestellnummer 218606

Inhalt

Der Weg zum Ziel – PISA?

Die teuren Stunden beim Trainer, das Lesen der vielen Bücher und die über zwanzigtausend geschlagenen Bälle auf dem Übungsplatz haben mir das Gefühl gegeben, es zu können.

Ich hab's gelernt und weiß jetzt, wie es geht: Ich halte zunächst meinen Schläger mit seinem Kopf nahe an den Ball, hole weit aus und führe ihn mit einem gleichmäßigen Schwung auf den gleichen Weg zurück … Prima! Das wär's.

Alles was ich für diesen Erfolg tun muss, ist die Füße richtig zum Ball zu stellen, den Schläger richtig zu halten, Arme und Ellenbogen müssen sich innerhalb der vorgegebenen Schwungbahn bewegen. Dabei sollte das Handgelenk nicht „abgeknickt" werden, und der ganze Körper muss eine weiche Bewegung ausführen, sodass der Schlag nicht verrissen wird und der Schlägerkopf in einem gleichmäßigen, immer schneller werdenden Bogen auf den Ball zukommt, sich nach dem Treffen über der linken Schulter befindet. Dabei gilt es, das Gleich-gewicht zu halten, das Auge fest auf den Ball gerichtet und den Kopf leicht gesenkt, der während dieses ganzen Bewegungsablaufes unbe-wegt gehalten wird.

Dabei ist in Vergessenheit geraten, dass ich leicht plattfüßig, dickbäuchig und kurzsichtig bin. Außerdem habe ich oft gewisse Probleme mit dem Gleichgewicht.

Während ich nun diese Handicaps instinktiv ausgleiche, vergesse ich, den Ellenbogen nach innen zu drehen, den Griff fest zu fassen.

An diesem Punkt angekommen, pflegt der durchschnittliche Golfspieler durchzudrehen und beschließt, einfach drauflos zu schlagen.

Der Ball beschreibt eine irrwitzige Flugbahn und verschwindet im leichten Nieselregen auf Nimmerwiedersehen hinter einer links liegenden Gebüschgruppe.

Die zweite Grundregel tritt nun in Kraft:

„Nie verzweifeln oder aufgeben! … oder üben?

Einführung

Ein ganzes Buch nur zum Thema Üben und Wiederholen – und das in der Epoche der „Risikogesellschaft“, der „Erlebnisgesellschaft“, der „Freizeitgesellschaft“, der „Informationsgesellschaft“ und wie die gängigen soziologischen Schlagworte sonst noch lauten mögen, ist das nicht hoffnungslos antiquiert?

Üben in Zeiten der Erlebnisgesellschaft

Tun wir das, was im Jahre 2003 alle mit Pädagogik Befassten in der Bundesrepublik tun – greifen wir zur PISA-Studie:

- „Was ist die günstigste Spaghetti-Form, die bei konstanter Masse mit geringstmöglicher Fläche die Kochzeit verkürzt?“
- „Was müsste eine Theaterkarte des hiesigen Stadttheaters ohne die staatlichen Subventionen wirklich kosten (Freikarten und Ermäßigungen eingeschlossen)?“

Bei PISA-Aufgaben dieser Art scheiterten die deutschen Schülerinnen und Schüler kläglich! Schematische Lösungswege und stur auswendig Gelerntes nach „Schema F“ halfen bei der Bearbeitung solcher Aufgaben wenig, gefragt waren Übersicht, Reflexion und vor allem Kreativität. Bleibt die Frage: Wie gelangen Schüler in den Besitz solcher Kompetenzen? Durch gelungenes Infotainment der Lehrer? Oder vielleicht doch durch die saure Arbeit des sich Einprägens und Festigens? Aber dem Wiederholen und Üben haftet seit langem der Stallgeruch der Muffigkeit und des Überdrusses an.

Ein Blick auf den pädagogischen Buchmarkt bestätigt dieses: Es gibt seit vielen Jahren keinerlei Neuerscheinungen zu diesem Thema. Dies liegt sicher auch daran, dass das Üben in und außerhalb des Unterrichts weder bei den Schülern noch bei den Lehrern beliebt ist. Schüler (und Lehrer) verbinden die Begriffe Üben und Wiederholen mit Langeweile, Monotonie, Lustlosigkeit und mechanischer Ausführung. Sie begreifen entsprechende Aufgaben als Aufoktroyierung sinnloser Tätigkeiten. In Zeiten der Erlebnispädagogik, der Öffnung des Lernraums Schule nach außen, der Inszenierung handlungsorientierter Unterrichtsmethoden etc. scheinen das Üben oder das Wiederholen nicht nur aus der Mode gekommen, sondern auch völlig überflüssig zu sein. Lernen wird als spielerisch lustvoller Prozess aufgefasst. Dass zur wirklichen Beherrschung eines Sachgebietes bzw. einer

Fähigkeit oder Fertigkeit die sichere Verankerung des Neuen im Langzeitgedächtnis notwendig ist, gerät gewissen Spielarten moderner Pädagogik bisweilen aus den Augen. Die simple Tatsache, dass eben nur „Übung den Meister macht", scheint heutzutage nur noch in Bereichen wie dem Erlernen eines Musikinstruments oder dem Leistungssport zu gelten. Im Übrigen suggeriert uns unsere moderne Medienwelt, dass Arbeit und Anstrengung, Wiederholung und Monotonie beim Erlernen neuer Sachverhalte von gestern seien, der moderne Mensch könne ohne großes Vorwissen und ohne jede Einübung sofort die gewollten Kompetenzen erlangen. Der „Nürnberger Trichter" feiert mediengerechte Auferstehung – von der Sesamstraße bis zur Millionärsshow.

Wir möchten zeigen, dass das Üben, Wiederholen und Festigen unverzichtbare und elementare Bestandteile eines jeden Lernprozesses sind und dass jede Lehrerin, jeder Lehrer Übungsphasen mit ein wenig Überlegung und Planung so gestalten kann, dass die Schüler sie als fantasievolle und kreative Phasen des Unterrichts erleben und akzeptieren können. Als noch wichtiger empfinden wir, dass in den Köpfen der Schülerinnen und Schüler folgende Erkenntnis reift und sich festsetzt: Fantasie, Kreativität, Freude an gleich welcher Sache entstehen schrittweise mit der allmählich erlernten souveränen Beherrschung eben dieser Sache – und dieser Prozess ist durch eine lustvolle, stufenförmige Wechselwirkung geprägt: Je besser und souveräner ich eine Sache beherrsche, desto mehr Freude habe ich an der Beschäftigung mit ihr.

Bestandsaufnahme

Spontanumfragen unsererseits in beliebigen Klassen und Lerngruppen ergeben regelmäßig ein einheitliches Bild: „Üben macht keinen Spaß!" – so lauten die Antworten der Befragten fast unisono, wenn sie zum Üben befragt werden. Die ermüdenden, monotonen und immer gleichen Wiederholungsübungen sind offensichtlich in den Köpfen der Schülerinnen und Schüler sehr negativ fixiert.

Interessant wurde es immer dann, wenn wir nachgehakt und gefragt haben: „Wann macht euch das Üben denn Spaß?" Auf diese Frage erhielten wir die unterschiedlichsten Antworten, deren Kernaussagen sich mit der dieses Buches decken. Die Antworten lassen sich grob ordnen in drei Kategorien, von denen wir auf der folgenden Seite jeweils eine besonders typische wiedergeben:

Üben macht mir dann Spaß,

- wenn ich das Geübte gebrauchen kann.
- wenn mich etwas besonders interessiert und ich es unbedingt wissen will.
- wenn ich mit meiner Oma üben kann.

Die Qualität dieser Antworten ist weit entfernt von allen humanistischen Bildungsidealen, die uns Lehrern vielleicht immer noch im Kopf herumspuken, sondern sie ist von ausgesprochen pragmatischer Natur. Schüler sind zum Üben offensichtlich nur dann bereit,

- wenn sie damit einen ganz bestimmten Zweck verfolgen, der ihnen einen klar definierten Nutzen bringt,
- wenn sie aufgrund von individuellen Interessen und Vorlieben etwas wissen wollen,
- wenn sie die zwischenmenschliche Situation genießen, in der geübt wird.

Das Üben ist eine komplexe, in den gesamten Unterrichtsprozess eingebettete Tätigkeit, deren Ziele den Schülern offensichtlich ziemlich klar sind. Sie üben

- für schriftliche oder mündliche Prüfungen,
- für Referate und Facharbeiten,
- weil sie den Nachweis bestimmter Fertigkeiten erlangen wollen,
- um emotionale und soziale Anerkennung zu erlangen
- und um Selbstvertrauen und Selbstkompetenz zu erwerben.

Hybridqualifikationen und Kompetenzerwerb – oder: der Unterschied zwischen manuell-handwerklichem und kognitiv-geistigem Üben

Wer ein Musikinstrument (zum Beispiel ein Klavier) zu spielen lernt, wird im Regelfall durch tägliche mehrstündige Wiederholung der immer gleichen Bewegungsabläufe (Fingerübungen) sein Gehirn irgendwann einmal so weit gebracht haben, dass dessen Befehle über die Nervenstränge bis zu den Fingern so automatisiert sind, dass die linke wie die rechte Hand quasi automatisch, „im Schlaf“ die richtigen Tasten für den Akkord oder die Melodie treffen – und das unabhängig von der jeweils anderen Hand. Dieser Prozess ist hochkomplex und bedarf langer und ständiger Übung, und nur wenige Menschen bringen es zu der technischen Perfektion, die ein Konzertpianist als notwendige Basis seiner künstlerischen Kreativität braucht. Nichtsdestoweniger ist er unter lern- und übetheoretischen Gesichtspunkten ein verhältnismäßig einfacher Vorgang, bei dem eine bestimmte mechanische

Tätigkeit immer wieder ausgeübt und wiederholt wird. Prinzipiell Gleiches geschieht, wenn ein Tischler das perfekte Hobeln lernt, ein Profifußballer die vollkommene Ballbeherrschung trainiert oder die angehende Sekretärin das Tastaturschreiben mit 300 und mehr Anschlägen pro Minute einübt. Die Spezialisierung hat aber keine oder nur wenige Konsequenzen für die übrigen Lebensbereiche – was die erlangte Qualifizierung keineswegs abwerten soll! Es gilt bei dieser Art des manuellen Übens aber grundsätzlich Folgendes: Derjenige, der zum Beispiel das Klavierspiel perfekt beherrscht, kann deswegen noch lange nicht Geige spielen, denn die mechanischen Handgriffe für dieses Instrument sind eben ganz andere als beim Klavier. Ebenso wird der geniale Fußballspieler nicht automatisch ein exzellenter Motorradrennfahrer sein und der versierte Tischler kein Elektroinstallateur – das manuelle Üben verweist nicht unmittelbar über sich hinaus auf eine methodische Metaqualifikation!

Genau dieses ist aber beim kognitiven Üben der Fall: Wenn ein Lernender eine Technik entwickelt, eine Methode eingeübt hat, etwa wie er die wesentlichen Informationen aus einem Text herausholen kann, dann wird er diese Kompetenz problemlos auf Texte mit vergleichbarer Struktur übertragen können. (Zumindest dann, wenn sie vom Schwierigkeitsgrad her für ihn angemessen sind.) Unser Pianist muss, wenn er beschließt, nun auch noch Geige zu lernen, natürlich kein zweites Mal Notenschrift, Tonleitern oder Notenschlüssel einüben – diesen kognitiven Lernprozess hat er bereits hinter sich. Er kann das Gelernte ohne Probleme auf das neue Instrument übertragen. Gleichgültig, um welche kognitive Kompetenz es sich handelt: Wenn sie einmal erlernt und eingeübt worden ist, weist sie über den Einzelfall (an dem man sie vielleicht erlernt hat) hinaus auf allgemeine, weitergehende Anwendungsbereiche. Dies bedeutet, dass für den Prozess des schulischen Übens ganz wesentlich der Aspekt der Ausbildung methodischer Kompetenzen ist! (Etwas, was die PISA-Studie ja zu Recht als wesentliches Manko deutscher Schüler bezeichnet.)

Die Einübung und das Training geistiger Kompetenzen sind eben nicht eindimensional in dem Sinne, dass man im Prozess des Übens nur eine einzige, genau abgegrenzte und nur in einer speziellen Situation verwendbare Qualifikation erwirb. Der Maurer, der in der Ausbildung lernt, eine schnurgerade Wand zu mauern, kann mit dieser Fertigkeit außerhalb seines Berufes nichts anfangen. Schülerinnen und Schüler dagegen, die zum Beispiel im Deutschunterricht lernen, Texte zu interpretieren oder im Matheunterricht logisch zu denken, können diese erworbenen Kompetenzen im wahrsten

Sinne des Wortes „hybrid“, das heißt mehrdimensional, benutzen. Die Fähigkeit zur methodisch eingeübten und durch Training gesicherten Fertigkeit zum Umgang mit Informationen hilft eben auch bei der täglichen Zeitungslektüre, bei der Diskussion mit Eltern und Freunden oder beim Verfassen eigener Texte. Genau dies meint der in den heutigen Rahmenrichtlinien zentrale Begriff der Schlüsselqualifikationen: die sichere Verfügung über sachliche und methodische Kenntnisse, um sich in der immer komplexer werdenden Welt zu orientieren und diese Welt mitgestalten zu können.

Plädoyer für eine Didaktik des Übens

Zwei grundlegende Thesen bilden Basis und Kern der folgenden Kapitel:
These 1: „Übung macht den Meister“ – aber keineswegs automatisch. Das Sprichwort müsste korrekt heißen: „Richtiges Üben macht den Meister“. Falsches Üben nützt nicht nur nichts, sondern schadet dem fachlichen und methodischen Kompetenzerwerb, dem Vertrauen in die eigenen Fähigkeiten sowie der Ausdauer und der eigenen Motivation.
These 2: Das Üben darf nicht der häuslichen Zufallssituation überlassen bleiben, wie dies bisher in den deutschen Vormittagsschulen der Fall ist. Üben muss integrativer Bestandteil des Schulunterrichts werden. Dies wird nur gelingen, wenn bei Lehrern und Schülern die Kompetenz dazu aufgebaut wird.
Dieses Buch zeigt auf, welchen Sinn das Üben hat, welche Struktur des Unterrichts es begünstigt, was Schülerinnen und Schüler beim Üben lernen können, welche Ziele mit dem Üben verfolgt werden und welche Funktion und Form das Üben in und außerhalb des Unterrichts hat.
Jeder Erwerb von Fähigkeiten, Fertigkeiten und Geschicklichkeiten basiert auf regelmäßigen Wiederholungen und Übungen. Es erleichtert die manuelle wie kognitive Arbeit, führt aber auch dazu, dass die dazu erforderliche geistige Anstrengung abnimmt. Kontinuierliches Üben und Wiederholen steigert die Leistungsfähigkeit und prägt das Verhalten: Es läuft automatisch ab. Kurz andauernde und über lange Zeiträume verteilte Wiederholungen sind effektiver als einmalige Übungsanstrengungen. Zahlreiche Vorschläge zum Üben im Unterricht werden konkret vorgestellt und didaktisch kommentiert.

Eine Anmerkung sei gestattet: Wir verwenden in diesem Buch vornehmlich die männliche Form. Lehrerinnen und Schülerinnen sind selbstredend stets mit gemeint, wenn auch im Interesse des Leseflusses nicht immer explizit benannt.

Theoretische Bestandsaufnahme

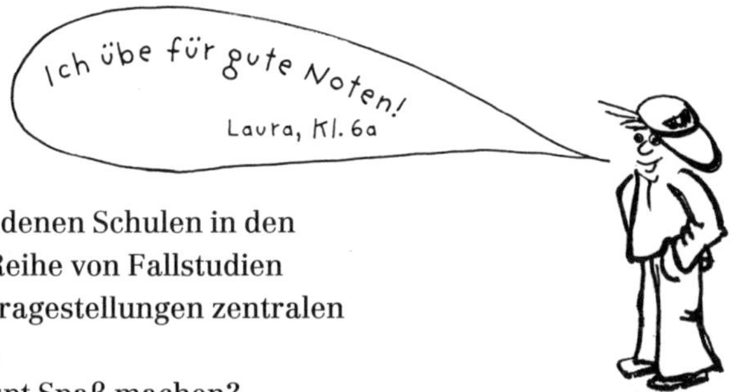

Wir haben an verschiedenen Schulen in den Klassen 5 bis 13 eine Reihe von Fallstudien durchgeführt, deren Fragestellungen zentralen Überlegungen folgten:

- Kann Üben überhaupt Spaß machen?
- Machen wir uns nicht etwas vor, wenn wir den Schülern glaubhaft verkaufen wollten, dass Üben lustvoll und kreativ sein kann?
- Ist Üben untrennbar mit Plackerei und öden Wiederholungen verbunden?

Wir haben keinen einzigen Schüler ausfindig machen können, der mit Lust und guter Laune übt – im Gegenteil – alle von uns Befragten sahen das Üben als unangenehme Mühsal an. Überraschend viele Schüler konnten dennoch den Sinn des Übens in Worte fassen:

- Sie wollen Sachverhalte verstehen, auf andere Bereiche anwenden und nicht gleich wieder vergessen.
- Sie wollen gute Noten in den Klausuren schreiben und dafür wiederholen sie den Unterrichtsstoff der Unterrichtseinheit.
- Sie möchten Kompetenzen erwerben, teils weil es ihnen selber Spaß macht, teils weil sie anerkannt werden wollen.

Die Fallstudien zeigen aber auch, dass kaum jemandem in der Schule vermittelt worden ist, wie effektives Üben aussehen kann. Zu den folgenden Fragen konnten fast alle Schüler keine angemessenen Antworten geben:

- Welche Techniken und Methoden gibt es, mit denen man besonders gut zum Beispiel Vokabeln lernen kann?
- Wie können gelernte Sachverhalte möglichst lange gespeichert und nicht wieder vergessen werden?
- Wie kann man sich schnell eine Übersicht über umfangreiche, definierte Stoffgebiete verschaffen?
- Wie kann man sich gezielt Gedächtnisstützen, Lernhilfen und Eselsbrücken konstruieren und nutzen?

Diese Ergebnisse zeigen uns deutlich, dass keiner der von uns Befragten in der Schule systematisch gelernt hat, welche Vorgehensweisen zum Üben für ihn persönlich die sinnvollsten, effektivsten und angemessensten sind. Daher erscheint es uns dringend erforderlich, nicht nur ein Fach- und Methodencurriculum, sondern auch ein Übungscurriculum zu entwickeln. Erst durch systematisches regelmäßiges Üben, verbunden mit entsprechenden individuellen Methoden und Techniken, werden Schüler in die Lage versetzt, selbstständig und effektiv zu lernen.

Die weiteren Ergebnisse unserer Fallstudien im Überblick:

1. Es gibt zur Zeit keine organische Vernetzung zwischen Unterricht und Üben. Üben geschieht zu Hause, im Wesentlichen in Einzelarbeit.
2. Methodische Übekompetenzen werden nicht systematisch im Unterricht trainiert, sondern bleiben mehr oder weniger zufällig dem einzelnen Schüler überlassen.
3. Schüler investieren weder Kreativität noch Fantasie in den Übungsprozess, sondern betrachten ihn als notwendige Plackerei.
4. Motivation und Erfolgskontrolle erfolgen ausschließlich extrinsisch, das heißt, Ergebnisse der letzten Überprüfungen sowie aktuelle Notenstände bilden bei fast allen das alleinige Kriterium.
5. Es gibt durchaus individuelle Übungsstrategien, die sich den verschiedenen Lerntypen zuordnen lassen. Dieses wird aber weder von den den Unterricht erteilenden Lehrern noch in der Auswahl der Medien und Materialien berücksichtigt.
6. Schüler verfügen nicht über ein angemessenes Zeitmanagement – die meisten fangen erst unmittelbar vor einer anstehenden Überprüfung (und damit viel zu spät) an, überfordern dann häufig ihr Aufnahmevermögen und lassen frustriert vom Üben ab.
7. Üben wird häufig gleichgesetzt mit sturem Auswendiglernen. Das hat zur Folge, dass die Prüfungsaufgabe dann, wenn sie auch nur ein Stück weit von dem auswendig gelernten Schema abweicht, nicht gelöst werden kann, weil das eigentliche inhaltliche Verständnis fehlt (vgl. PISA-Fragen).
8. Fast alle Schüler üben unreflektiert alles, was sie zur Erledigung einer Aufgabe meinen üben zu müssen. Sie sind kaum in der Lage, Wichtiges von Unwichtigem zu trennen. Sie standen daher unserer Frage nach dem Begriff „Schlüsselqualifikation“ hilflos gegenüber und konnten keine sinnvolle und angemessene Beschreibung dieses heute in der Bildungspolitik so zentralen Begriffes liefern.

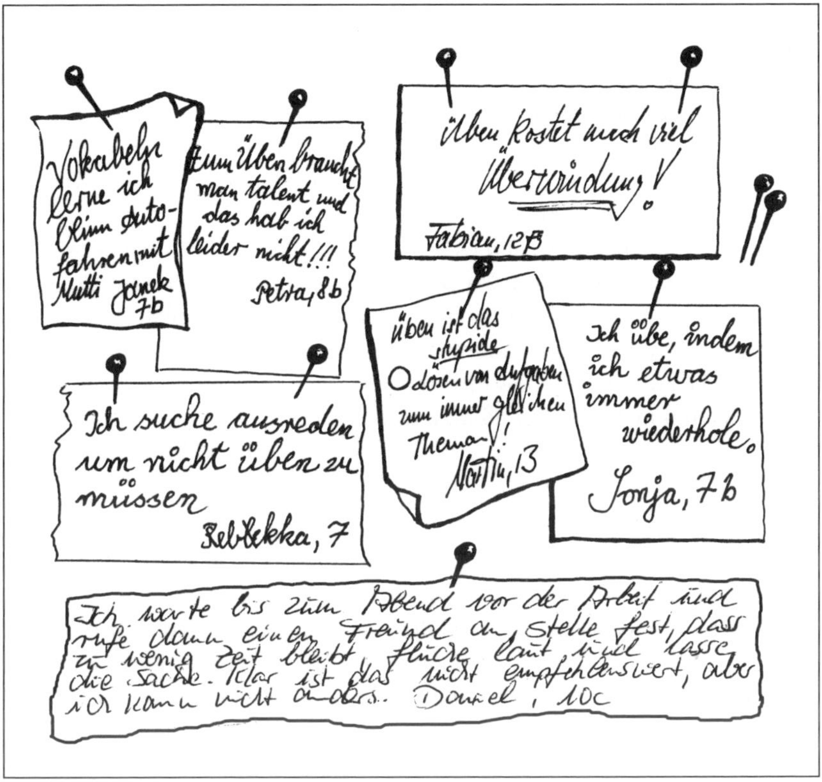

Schülernotizen zum Thema Üben

Begriffsklärung

Dass Üben etwas mit Lernen zu tun hat, wird niemand bestreiten, aber den genaueren Zusammenhang dieser beiden Tätigkeiten theoretisch auszuloten und begrifflich zu fassen, ist schon um einiges schwieriger. Es gilt, einen ganzheitlichen und komplexen Prozess analytisch-künstlich in unterschiedliche Teilbereiche zu untergliedern. Dennoch – oder gerade deswegen – werden in der didaktischen Theorie und Praxis diese Phasen deutlich voneinander getrennt, am rigidesten wohl in der Formalstufenkonzeption von Herbart, aber auch bei heutigen Unterrichtsmethodikern, und insbesondere auch in der schulischen Praxis: Kein Stundenentwurf – egal ob von einem Referendar oder einem berufserfahrenen Kollegen – kommt ohne eine Stundengliederung aus, in der nach der Phase der Erarbeitung eines neuen Stoffes die der Vertiefung, Übung, Anwendung ihren Platz hat. Und in der Tat lassen sich diese Phasen zumindest theoretisch voneinander trennen:

- In der **Erarbeitungsphase** wird etwas komplett oder in einigen Aspekten Neues mit Hilfe des Lehrers und geeigneter Unterrichtsmethoden und -materialien von den Schülern erfasst und in seinen Grundsätzen verstanden. In dieser Phase lernen die Schüler etwas Neues.
- In der **Übungsphase** wird dieses „Neu-Begriffene" durch einfache, variierende oder transferierende Übungen gefestigt. Das „Neu-Gelernte" wird mit sicheren Fundamenten versehen, vertieft und erweitert.

Das Lernen und das Üben stehen also in einem unauflösbaren Zusammenhang wie die zwei Seiten eines Blattes Papier, sie ergänzen einander und sind in der Realität nicht voneinander zu trennen.

Zum Thema Lerntheorien

Lerntheorien gibt es in großer Zahl und es würde den Rahmen dieses Buches sprengen, sie sämtlich fundiert zu referieren. Eines aber ist allen gemeinsam: Die Absage an die Hoffnung, kompakte Rezepte für das optimale Lernen zu liefern. Gerade für das schulische Lernen können Lerntheorien allenfalls Eckdaten und Rahmengesichtspunkte liefern, aber keine konkreten Handlungsanweisungen.

Ein Modell allerdings hat sich eine gewisse Vorrangstellung erobert, weil es für den schulischen Lern- und Übungsprozess handhabbar erscheint: Die Theorie der Informationsverarbeitung oder des *information processing.*

Menschliche Informationsverarbeitung ist eine andere Bezeichnung für Lernen und Gedächtnis. Das Modell, entwickelt in Anlehnung an die Arbeitsweise moderner Computer, gibt eine bildhafte Vorstellung der komplexen menschlichen Lernprozesse:

- eine Eingabe-(Input-)Ebene, in Bezug auf das Gehirn, also die Rezeptoren (Sinnensorgane),
- verschiedene Speicher, also die unterschiedlichen „Gedächtnisse",
- einen zentralen Prozessor, nämlich die Denk- und Urteilsfähigkeit generell,
- und schließlich so genannte Effektoren (Outputs), das Verhalten des Lernenden einem Problem gegenüber.

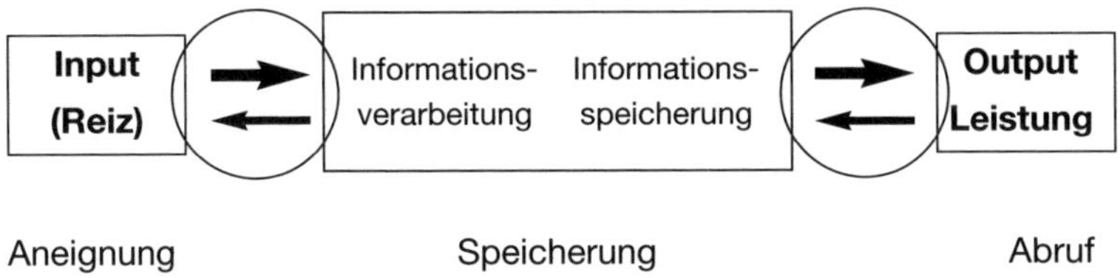

Entscheidend in diesem Modell (und wichtig für eine Didaktik des Übens) ist die Feststellung, dass Inputs nicht unmittelbar das Verhalten (Output) verändern können, sondern einen komplizierten und vom „Prozessor“ gesteuerten Verlauf nehmen: Es kommt im „Arbeitsspeicher“ zunächst zur Kodierung, zum Vergleich mit gespeicherten Informationen (Vernetzung), Bedeutungszuweisungen und zum Einbau in Strategien und Handlungsentwürfe, die über das Ultrakurzzeitgedächtnis in das Kurzzeitgedächtnis gelangen. Es handelt sich hier allerdings gehirnanatomisch nicht um getrennt voneinander lokalisierbare Gehirnbereiche, sondern um verschiedene Qualitäten der Verarbeitung der Informationen im Gehirn. Je wichtiger und einsichtiger dieses „Neue“ für den Menschen, desto „breiter“ wird der Weg in das Langzeitgedächtnis. Ohne Übung allerdings bleibt diese Speicherung im Langzeitgedächtnis aber so gut wie nie von Dauer, unabhängig von dem Relevanzgrad, der der neuen Information ursprünglich zugebilligt wurde. Die feste Verankerung im Langzeitspeicher kann nur durch Rekapitulation und Vertiefung – also durch Übung – erfolgen. Die Lernpsychologie hat diese Zusammenhänge in differenzierten Studien belegen können, die neurologische Erkenntnisse aufgreifen.

In pädagogischen Nachschlagewerken und Lexika findet sich eine ganze Reihe von Stichworten, die sowohl den Prozess des Übens inhaltlich beschreiben als auch erfolgreiche Übungsstrategien und ihre Grenzen umreißen. Die einfachste Definition lautet beispielsweise folgendermaßen: **„Die Übung ist die Wiederholung einer Tätigkeit zu dem Zwecke, dass man diese besser ausführen lerne“** (WILLMANN/ROLOFF 1913, S. 197).

Diese Definition des Übungsprozesses hat vorrangig motorische und kognitive Fertigkeiten im Blick. Sie ist für das Alltagsleben sicherlich angemessen: Ein gewisser Handgriff oder eine bestimmte Überlegung wird so lange wiederholt, bis er bzw. sie beherrscht wird. In dieser Kurzdefinition stecken sowohl das methodische Grundmuster jeder Übung – nämlich Wiederholung –, als auch ihr Zweck, nämlich routinierte Beherrschung. Eine weitere Funktion dieser rein mechanischen Form des Übens ist, dem Vergessen entgegenzuwirken. Dennoch reicht diese Definition bei weitem nicht aus, denn sie suggeriert, dass der Übungsprozess im Vergleich zum Lernprozess etwas Sekundäres, nicht so Wichtiges ist, das man dann, wenn man auf eine vollkommene Beherrschung nicht so viel Wert legt, auch unterlassen kann.

Dem rein mechanischen Üben steht das elaborierende Üben gegenüber, das durch variantenreiche Übungsformen gekennzeichnet ist. Dazu zählen etwa die Anwendung, der Transfer und weitere pädagogisch intendierte Verfahren. Dieses Üben ist fester Bestandteil eines jeden Lernprozesses, es dient der weiterführenden Ausarbeitung des Lernstoffes.

Üben in der Pädagogik: historisch betrachtet

Schon Johann Amos Comenius (1592–1670) beschreibt dauerhaftes Lehren und Lernen als nur dann möglich, wenn „alles durch fortwährende Übungen gefestigt wird“. „Daraus folgt, dass auch die gelehrte Bildung ohne häufiges und geschickt angelegtes Wiederholen und Üben zu keiner Dauerhaftigkeit gelangen kann“ (Comenius 1982, S. 108). Er entwickelt eine Reihe von Ideen und Vorschlägen, wie das Üben aussehen kann, und er schlägt u. a. vor, dass es für Wiederholungen empfehlenswert ist, wenn Schüler andere Schüler belehren.

Auch der wichtigste deutschsprachige Didaktiker des 19. Jahrhunderts – Johann Friedrich Herbart –, empfiehlt, Bekanntes zu wiederholen, um das Neue vorzubereiten. Die Übung dient der Festigung einer gewonnenen Erkenntnis und hat damit ihren festen Platz im Stufenschema der Herbartianischen Schule (starre schematische Handhabung von Übung). Sie dient allerdings nicht zur Gewinnung von neuen Erkenntnissen oder dazu, einen Lernprozess fortzuführen, sondern soll das Wissen festigen und qualifizierte Abschlüsse ermöglichen.

„In dem unscheinbaren Wort Übung verbirgt sich das Geheimnis aller menschlichen Geistesgröße, und zwar ebenso wohl der Größe der Intelligenz wie der Stärke des Willens. Selbst die größte Anlage oder die genialste Begabung ist ohne umfassende Übung völlig bedeutungslos [...]“ (Meumann 1920, S. 45). Meumanns Übungsbegriff verdeutlicht, dass das Üben ein wesentlicher Bestandteil des Lernens ist und dass wir in unserem Bemühen um Kenntnis und Wissen erfolglos bleiben werden, wenn wir nicht üben. Dies galt jahrzehntelang als Lehrmeinung: „Ohne Übung kann der Mensch überhaupt nicht Mensch werden, kann er gar nicht existieren, denn so ziemlich alle Fähigkeiten, alle Fertigkeiten muss er üben. Aber sie kann nicht als eine selbstständige Form menschlicher Aktivität gesehen werden. Die Übung ist ein Element des Lernens.“ (Bönsch 1986, S. 81).

Eine pädagogische Trendwende setzte mit der Rückbesinnung auf die „Reformpädagogik“ ein, die mit der Liberalisierung infolge der gesellschaftlichen Öffnung in den 1970er Jahren einsetzte. Man hielt Übung nunmehr für geradezu überflüssig, da sie nicht zur Erkenntnisgewinnung beitrage: „Was Wunder, dass sich die lerntheoretische Tradition seitdem weniger um die Einübung bereits gewonnener Erkenntnisse als vielmehr um die Gewinnung grundsätzlicher Einsichten und um die Schaffung dauerhafter Erlebnisse bemühte“ (Loser 1979, S. 104). Der ebenfalls in diesem Jahrzehnt ausgerufene „Bildungsnotstand“ ging paradoxerweise zeitgleich mit einer stärkeren Forderung nach Üben und Anwenden im Unterricht einher.

Durch die Zielorientierung auf das stetig wachsende Wissen hin und durch das Bestreben, Erkenntnisse zu gewinnen und Neues zu lernen, geriet das Üben sehr schnell wieder in den Hintergrund. Es wurde als sinnlose „Wiederholung und Einprägung“ deklariert, erhielt höchstens im Anwendungsbereich einen gewissen Stellenwert. Primär – und so belegen es auch die Rahmenrichtlinien und Lehrpläne – ging es und geht es auch heute noch um Erkenntnisgewinnung und – zumindest in der Oberstufe – Wissenschaftspropädeutik. Dadurch aber wächst eine noch größere Stofffülle, die überhaupt keine Zeit mehr für ausreichende Übungen und Wiederholungen zulässt. Zwar wird in vielen Richtlinien mittlerweile wegen dieser viel beklagten Stofffülle das Prinzip des exemplarischen und entdeckend/genetischen Lernens und damit der „Mut zur Lücke“ propagiert, aber wir befürchten, dass dies nur ein Strohfeuer ist: Die nach dem PISA-Schock von den Kultusministern hurtig eingeführten zentralen Überprüfungen und Leistungstests in mehreren Jahrgangsstufen dürften das Prinzip des exemplarischen Lernens konterkarieren, die „Stoffhuberei“ noch anwachsen lassen und dem ausführlichen Üben während des Unterrichts weiteres Wasser abgraben.

Wissenserwerb ist ziemlich selten der zündende Funke für eine Einsicht, vielmehr führten Vertiefung und stetiges Umlernen zum Erfolg. Mechanisches Üben kann den Lernprozess beschränken, zu Problemlösungsvarianten nach „Schema F“ verführen. Elaborierende Übung jedoch ist geeignet, die Flexibilität des Denkens zu erhöhen. Sie zielt auf Vertiefung, Transfer von Wissen, Problemlösungsfähigkeit und die Kompetenz zur Selbststeuerung. Bringen wir es auf die kürzestmögliche Formel: Ohne Üben ist jeder Lernprozess vergeblich! Ein Mensch, der in einem kürzeren oder längeren Erarbeitungsprozess etwas Neues lernt, kann sicherlich der Meinung sein, dieses Neue nach Abschluss des Lernprozesses vollständig zu beherrschen – er wird jedoch zwangsläufig die Erfahrung machen müssen, dass er das, was er zu beherrschen glaubte, nach einer Weile wieder vergessen hat: Es war eben nicht dauerhaft und zuverlässig im Langzeitgedächtnis gespeichert worden. Das Einspeichern von Telefonnummern zum Beispiel in dem neuen Komforttelefon beherrscht man nach der Lektüre der Bedienungsanleitung wahrscheinlich ziemlich schnell, wenn aber nach einem halben oder einem Jahr der Strom einmal ausfällt und die Nummern neu eingespeichert werden müssen, ist man ohne die Bedienungsanleitung völlig hilflos.

Wenngleich die Erforschung der Funktionsweisen des menschlichen Gehirns sicher erst am Anfang steht, so gibt es doch einige Erkenntnisse, die für die Psychologie des Lernens wesentlich sind. Das menschliche Gehirn und das menschliche Gedächtnis erfordern stets Wiederholung, um feste Synapsen, also Verbindungen im Gehirn, zu etablieren, die Denken in Zusammenhängen erst möglich machen. Derjenige, der vor langer Zeit gelernt hat, Gitarre zu spielen, dies damals kräftig geübt und anschließend viele Jahre lang nicht gespielt hat, wird, wenn er die Gitarre wieder zur Hand nimmt, erstaunt darüber sein, dass seine Finger „quasi automatisch“ die Griffpositionen für die Akkorde wieder finden – sein Körpergedächtnis lässt ihn nicht im Stich, weil er damals so intensiv geübt hat, dass sein Langzeitgedächtnis alles Wesentliche gespeichert hat. Natürlich wird er ein gut Teil seiner damaligen Virtuosität eingebüßt haben, aber er beginnt das erneute Gitarrenspiel keineswegs auf dem Level eines Anfängers und wird auch schneller zu seiner alten Geschicklichkeit zurückfinden als der „Neuling“. Am Üben führt wirklich kein Weg vorbei.

Unter Pädagogen und insbesondere Didaktikern herrscht aber nicht nur weitgehende Einigkeit über die Relevanz des Übungsprozesses, sondern auch darüber, wie erfolgreich geübt wird und wo die Grenzen des individuellen Kompetenzerwerbs liegen: „Übung ist die Steigerung der Leistungsfähigkeit durch regelmäßige Wiederholung. Im Grenzfall wird das Verhalten nach langer Übung automatisch. Jeder Erwerb von Geschicklichkeiten und von Können geht auf Übung zurück. Besonders wirksam sind kurz andauernde, aber über lange Zeiträume verteilte Wiederholungen" (dtv Lexikon, 1999, Bd. 17). Es tritt also neben die unbestrittene Notwendigkeit ein weiterer Parameter, der die Erfolgsaussichten des Übens mit bestimmt: das Zeitmanagement. Wir werden im weiteren Verlauf des Buches an konkreten Beispielen verdeutlichen, wie eine sinnvolle Zeitstruktur des Übens aussehen kann.

Eines sollte aber ganz klar sein: Übung macht zwar den Meister, aber nicht automatisch auch den Weltmeister. Natürlich ist klar, dass nicht jeder, der jahrelang täglich zehn oder mehr Stunden Tennis übt, zwangsläufig ein zweiter Boris Becker wird – das naturgegebene und von Pädagogen so gut wie gar nicht beeinflussbare Talent eines Menschen setzt auch dem Übungsprozess gewisse Grenzen. Das darf aber auf keinen Fall so verstanden werden, dass Lehrer den Schülern zu verstehen geben, dass ihr Übungseifer von einem bestimmten Punkt an keine weiteren Erfolge zeitigen wird. „Im Verlaufe einer Übungsfolge tritt oft ein Stillstand ein (Übungsplateau), der erst nach längerer Zeit überwunden wird" (HEHLMANN: Wörterbuch der Pädagogik, Stuttgart 1964).

Formen des Übens

Wenn man im Kontext schulischen Lernens den ganzen Umfang des Begriffsfelds „Üben" präzise ausloten will, stößt man schnell auf Probleme und Unklarheiten. Es gibt eine Reihe von Tätigkeiten, die ganz sicher etwas mit dem Übungsprozess zu tun haben, aber durchaus eigenständige Akzente setzen: wiederholen, anwenden, vertiefen, verknüpfen, übertragen, auswendig lernen, einführen, festigen, reaktivieren, neu ordnen, ausbauen, exerzieren, drillen, erlernen, einprägen, umwälzen, verfeinern, verallgemeinern, erweitern, trainieren, erproben, generalisieren ... Alle diese unterschiedlichen, aber doch miteinander verwandten Prozesse werden in der pädagogischen Theorie in unterschiedlichem Maße reflektiert.

Üben vs. Wiederholung?

Es finden sich sicher viele Gemeinsamkeiten zwischen Wiederholung und Übung. Unserer Auffassung nach sind beide Begriffe jedoch nicht identisch:

Nicht alle Wiederholungen sind auch gleichzeitig Übungen. Wiederholung trägt die Aspekte des Mechanischen, Erhaltenden, wird vielfach mit Drill und Pauken gleichgesetzt. In bestimmten Kontexten ist dies das Mittel der Wahl, um Lernen zu automatisieren. „Üben", wie wir es verstehen, dient der Vertiefung, ist elaborierend und variantenreich.

Dennoch: In jeder Übung finden wir Aspekte der Wiederholung und umgekehrt. „Während des Reproduzierens und Einprägens von Wissen werden gleichzeitig Fähigkeiten im Wiederholen, Systematisieren und Zusammenfassen sowie Fertigkeiten im Einprägen und Reproduzieren von Wissen entwickelt. So gibt es Nahtstellen zwischen Übung und Wiederholung." Klingberg bezeichnet Wiederholen als eine didaktisch-methodische Grundoperation: „Das Wiederholen hat nicht nur die Funktion des Einprägens von Wissen, die Wiederholung ist darüber hinaus methodisches Grundelement des Übens" (Klingberg 1982, S. 377).

Üben und Routinebildung

In Bezug auf die Beherrschung einer Fähigkeit können – grob gesagt – drei Stufen unterschieden werden:

1. **Stufe:** Jemand, der mit der Übung anfängt, verfügt über ein niedriges Leistungsniveau und will durch das Üben zu einem höheren gelangen.
2. **Stufe:** Derjenige, der schon eine gewisse Übung hat, wiederholt das grundsätzlich schon Beherrschte, um es zu verbessern und zu erweitern.
3. **Stufe:** Derjenige, der diese Stufe erreicht hat, ist im eigentlichen Sinne des Wortes „geübt". Er beherrscht das Geübte so perfekt, dass weitere Übungen nur noch dazu dienen, die Fähigkeit nicht wieder einzubüßen.

   Wer diese dritte Stufe erreicht hat, hat einen doppelten Vorteil:

- Die eingeübte Fähigkeit geht einem sehr viel leichter von der Hand als dem Ungeübten.
- Die erforderliche geistige Anstrengung zum Ausführen der Fähigkeit ist sehr viel geringer, die Übung bedeutet also eine deutliche Reflexionsentlastung.

  Ist dieser Zustand erreicht, sprechen wir von Routinebildung.

Arbeitsdefinition: Routinebildung

Routinebildung besteht aus der schrittweisen Automatisierung und Verinnerlichung von zunächst bewusst erlebten und gesteuerten Handlungs-, Entscheidungs- und Gefühlsprozeduren.

„Routine“ hat man, wenn man intuitiv das Richtige tut. Wer das hundertste Mal die Zähne putzt oder das tausendste Mal eine Schleife bindet, braucht über die notwendigen Handgriffe nicht mehr nachzudenken. Routinebildung ist daher im Sinne des darwinistischen *survival of the fittest* immer eine notwendige Voraussetzung gewesen, um das Überleben der Gattung Mensch und auch des einzelnen Individuums zu sichern. Der Urmensch, der ein Mammut jagt, hat ebenso wenig Zeit, über unterschiedliche Jagdmethoden zu reflektieren, wie der Autofahrer in einer plötzlich auftretenden Gefahrensituation die Zeit hat, über die Lage des Bremspedals nachzudenken.

Das Wort „intuitiv“ darf aber nicht im Sinne von Reflexhandeln missverstanden werden. Wir Menschen haben nur noch sehr wenige vom vegetativen Nervensystem gesteuerte Reflexe – zum Beispiel das Zusammenzucken bei Schreck, der Suchreflex des Neugeborenen nach der Mutterbrust, der vermehrte Speichelfluss bei Nahrungsaufnahme etc. Von diesen Ausnahmen abgesehen gibt es bei Menschen – im Gegensatz zu Tieren – keine natürlichen, quasi genetisch ein für alle Mal fixierten Routinen. Diese sind vielmehr immer eingeübte Verhaltensweisen, deren Entscheidungsgrundlagen bei Bedarf oder dann, wenn Routinehandeln nicht mehr funktioniert, wieder ins Bewusstsein gehoben werden können. Wir schlagen vor, folgende vier Typen von Routinen zu unterscheiden:

1. **Arbeits- und Organisationsroutinen**, mit deren Hilfe alltägliche Verrichtungen effektiv, ohne größere Anstrengung und oft genug auch elegant durchgeführt werden können: das Packen der Schultasche, das Mitschreiben im Unterricht, aber auch das Dösen bei gleichzeitig aufmerksamem Gesichtsausdruck, das Spielen mit dem Handy unter dem Tisch, das Erledigen von Hausaufgaben etc.
2. **Kognitive Leistungsroutinen**: Wer das hundertste Mal eine quadratische Gleichung löst, die Vorgänge bei der Knallgasprobe rekapituliert, in einem komplexen Satz die Kommas richtig setzt oder ein Gedicht nach Enjambements durchsucht, denkt nicht mehr ernsthaft nach – er wiederholt eingeschliffene Denkmuster.

3. **Interaktionsroutinen**, mit deren Hilfe ähnliche Interaktionssituationen gestaltet werden. Dazu zählen zum Beispiel die in immer wieder gleicher Form ablaufenden körpersprachlichen Rituale beim Pausenverhalten oder dem Flirt mit dem anderen Geschlecht, aber auch das manchmal komplexe Verabredungsritual zur Planung des Wochenendes.
4. **Reflexionsroutinen**: Dazu gehört zum Beispiel die angemessene Verarbeitung von Erfolgs- oder Misserfolgserlebnissen im Unterricht, aber auch die sinnvolle Beherrschung und Auswahl von Methoden zur Erarbeitung eines Stoffes.

Alle vier Formen von Routinen bringen für das menschliche Alltagsleben einen immensen Vorteil mit sich: Wo jemand Routinen ausgebildet hat, kommt er mit deutlich weniger Informationen zu Handlungsentscheidungen, in schwierigen Situationen ganzheitlich und zügig zu Planungskorrekturen und bewältigt mit geringer Gedankenarbeit den täglichen Kleinkram. Das Vorhandensein adäquater Routinen macht den Kopf frei für das, was in einem Augenblick wirklich wichtig ist: die wenigen neu zu durchdenkenden und die Methodenkompetenz herausfordernden Aufgaben. Allerdings gelten einmal erworbene Routinen nicht ein Leben lang, sondern sie müssen immer wieder hinterfragt, überprüft und gegebenenfalls an veränderte Situationen und Bedingungen angepasst werden.

Die gängige Literatur zum Üben im Unterricht thematisiert fast ausschließlich das, was wir als „Leistungsroutinen" definiert haben. Diese Blickrichtung ist unseres Erachtens zu eng, auch wenn klar ist, dass die Interaktions- und Reflexionsroutinen sehr viel schwieriger durch den Lehrer zu steuern sind.

Ansprüche an eine Didaktik des Übens

Obwohl die Phase des Übens während des schulischen Lernens ebenso umfangreiche wie komplexe Prozesse beinhaltet, steht sie völlig außerhalb des Focus der pädagogischen Blickrichtung – sowohl in der wissenschaftlichen Theorie als auch in der unterrichtlichen Reflexion der Praxis.

Gegen das Pseudoüben

Es wird zwar im Kontext des schulischen Lernens in und außerhalb des Unterrichts viel geübt, aber wenig reflektiert. Um dies an einem Beispiel zu illustrieren: Alle in der Referendarausbildung tätigen Lehrer – gleich welcher Schulform – bemängeln seit Jahrzehnten, dass in Lehrproben so gut wie nie Stunden mit Übungscharakter präsentiert werden, sondern die Konzentration der Referendare beinahe ausschließlich dem Einstieg oder der problematisierenden Vertiefung gilt. Zwar wird angesichts lernpsychologischer Erkenntnisse niemand in und außerhalb der Schule ernsthaft bestreiten wollen, dass das Üben notwendig ist, aber es führt ein von allen Beteiligten ungeliebtes Dasein als „Mauerblümchen".

Dabei wäre es durchaus wünschenswert, dass die Tätigkeit des Übens wieder positiver besetzt wird, dass das Üben einen hohen Stellenwert innerhalb des täglichen Unterrichts erlangt. Erstrebenswert wäre, dass die Tätigkeit des Übens im regelgeleiteten Unterrichtsprozess mindestens *einmal* vollständig vom Schüler ausgeführt worden sein muss. Im konventionellen Unterricht sieht das im Regelfall so aus, dass ein neues Problem gemeinsam in der Erarbeitungs- oder Vertiefungsphase angegangen wird, anschließend eine ebenso exemplarische Ergebnissicherung stattfindet und der eigentliche Übungsprozess in die Hausaufgabe gepackt wird. Im Mathematikunterricht zum Beispiel müssen die Schüler zu Hause haufenweise „Päckchen rechnen", im Fremdsprachenunterricht die neu eingeführte Regel an Dutzenden leicht variierter Beispiele realisieren, im Deutschunterricht die neuen Kommaregeln an einer Reihe von Sätzen üben etc.

Wir sind der Ansicht, dass durch das Erledigen dieser Art von Hausaufgaben „Pseudoüben" stattfindet. Die Schüler mühen sich an halb begriffenen und nur zum Teil beherrschten Aufgaben ab. Die Wahrscheinlichkeit, dass durch Pseudoüben ein bereits erreichtes Lernniveau wieder gefährdet wird, ist groß! Die Vernetzung mit bereits vorhandenem Wissen sowie die Erkenntnis, dass dem Neuen bereits geläufige Basisstrukturen zugrunde liegen, können in der individualisierten Hausaufgabensituation kaum erreicht werden. Die heutzutage von allen Seiten so vehement geforderte Vermittlung von Schlüsselqualifikationen und die Entwicklung von Teamfähigkeit in komplexen und vernetzten Systemen werden auf diese Weise nicht nur nicht gefördert, sondern sogar eher verhindert.

So sieht es auch Peter Haase, Chef der Personalentwicklung bei VW: „Fachlich sind die Schüler in Ordnung, aber es hapert mit den sozialen Fähigkeiten [...] Niemand hat den jungen Leuten beigebracht, im Team zu arbeiten. Viele haben immer nur ich-fixiert gelernt [...] Komplexe Probleme können sie heute nur mit anderen gemeinsam lösen. Dazu gehört, dass man seine Erkenntnisse in größere Zusammenhänge einordnen kann" (Der Spiegel Nr. 23/1992, S. 53). Fast zehn Jahre nach diesem Interview untermauerte die PISA-Studie Haases Aussage erneut.

Ziel dieses Buches ist es, in der Schule sowie bei der Erledigung der Hausaufgaben herrschende Übungsroutinen gegen den Strich zu bürsten, um die in ihnen grundsätzlich angelegten Chancen zum Erwerb von Schlüsselqualifikationen und zum Erwerb vernetzten Denkens freizulegen.

Gegen die Folgenlosigkeit des schulischen Übens

Das Üben kann in unterschiedlichen Formen auftreten:

- als Wiederholung, die dazu dient, sich Sachzusammenhänge einzuprägen, und die ein gesichertes und verfügbares Wissen ausbildet,
- als Anwendung, die das Gelernte mit den individuellen älteren Wissensbeständen verknüpft, indem sie ähnlich gelagerte Probleme bearbeitet und damit das Wissen festigt,
- als Vertiefung, die die Intensität der Sachverhalte verstärkt,
- als Transfer, der die erworbenen Kenntnisse jederzeit abrufbar auf alle angemessenen Bereiche übertragen kann,
- als Kontrolle, die momentan verfügbares Wissen abfragt.

Das schulische, individualisierte Üben beschränkt sich leider meist auf den ersten und den letzten Punkt, lediglich der Transfer kann in den höheren Klassen als dritter Aspekt hinzukommen (unter Fachleuten ist bis heute umstritten, wie Transferleistungen zu definieren sind). Alle anderen Aspekte –

insbesondere die Vernetzung mit „Außerschulischem" – bleiben weitgehend auf der Strecke. Dies liegt allerdings auch nicht unwesentlich daran, dass schulisches Üben fast ausschließlich einübenden und wenig bis gar keinen ausübenden Zweck hat. Die eingeübten Kenntnisse und Fertigkeiten brauchen die Schüler im Regelfall nur einmal – nämlich in der schriftlichen Lernkontrolle – „auszuüben". Die Sinnhaftigkeit der eingeübten Qualifikationen für andere Bereiche als diese Prüfung bleibt ihnen weitgehend verborgen – auch wenn der Erfolg handlungsorientierter Unterrichtsmethoden in den letzten zehn bis zwanzig Jahren hier eine gewisse Trendwende markiert.

Diese praktische Folgenlosigkeit des schulischen Übens hat ebenso direkte wie negative Konsequenzen für das intrinsisch und das extrinsisch motivierte Üben: Intrinsisch motivierte Tätigkeiten sind innerlich motiviert, stammen also aus dem Bedürfnisbereich der eigenen Person. Extrinsische Aktivitäten dagegen werden von außen gesetzt – zum Beispiel durch bestehende Zwänge, Leistungsanforderungen, Prüfungen etc. Das Üben im schulischen Bereich ist fast ausschließlich extrinsisch motiviert. Schüler lernen für Klausuren oder sonstige Prüfungen und/oder um bessere Noten zu erhalten. Üben aus persönlichem Erkenntniswillen und Interesse am Stoff findet kaum statt. Der Schüler zum Beispiel, der in der Theater-AG eine Rolle übernommen hat und seinen Text für die Aufführung einübt, dies Gelernte mit den Texten seiner Mitspieler verknüpft und unter Einbeziehung von Mimik und Gestik einen sinnvollen und nachvollziehbaren Ablauf der Premiere und den nachfolgenden Vorstellungen erreicht, bildet die Ausnahme.

Eine weitere und leider nicht aufhebbare Bedingung, unter der der Übungsprozess im Normalfall steht, sind allgemein menschliche Schwächen: Übungen sind anstrengend, oft monoton und erfordern ein beträchtliches Maß an Willenskraft. Der „Übungserfolg" stellt sich leider nicht automatisch dann ein, wenn die Motivation nur groß und die Dauer lang genug ist. Welcher junge Mensch möchte nicht gern ein großer Sportler, ein genialer Musiker oder ein weltberühmter Wissenschaftler werden – aber dieser Wunsch versandet im Regelfall schnell. Nur ein geringer Teil der Menschen erreicht die Leistungsspitze, denn die Bereitschaft zu energieaufwändigen Übungen schwindet weit schneller als der Traum.

Im Falle des schauspielernden Schülers sind der Druck der bevorstehenden Aufführung und die Angst, seinen Text nicht zu kennen und sich zu blamieren, im Regelfall groß genug, um den „inneren Schweinehund" zu überwinden – aber was ist mit den anstrengenden Zumutungen des Übens, wenn dieser direkte Zwang wegfällt?

Wir sind der Überzeugung, dass zum erfolgreichen Üben neben der Beachtung der Übungsregeln ganz wesentlich auch eine zielsichere Führung durch den Lehrer gehört, die für einen gewissen „Übungsdruck“ sorgt, damit die Bereitschaft nicht allzu schnell nachlässt. So wie das Lernen einer pädagogischen Anleitung und Führung bedarf, ist auch das Üben ein Prozess, der sich keineswegs naturwüchsig – zum Beispiel in der ungeleiteten Situation des Hausaufgaben–Erledigens – von selber entfaltet, im Gegenteil: Üben ohne die pädagogisch helfende Hand des Lehrers kann schnell zu ebenso sinnlosem wie frustrierendem „sich im Kreis Drehen“ führen und damit eher schaden als nützen.

Übung kostet viel Energie, innere Überwindung und Mühe, sie kann durchaus die Konzentrationsfähigkeit steigern und den Willen zur Leistung fördern, aber eben auch das Gegenteil bewirken.

Es gibt keine Lerntheorie, mit der wir lückenlos alles beschreiben und erklären könnten, was sich täglich vor unseren Augen im Klassenzimmer abspielt. Um die bunte Fülle unterrichtlicher Formen zu analysieren und zu strukturieren, sind verschiedene Theorien für unterschiedliche Formen des Lehrens, Lernens und Übens erforderlich, die allerdings aufeinander bezogen werden können:

Das Üben ist eben nicht nur

- passiv, rezeptiv, ergebnisorientiert, individuell, kollektiv, extrinsisch motiviert und lehrergeleitet,
- sondern auch aktiv, konstruktiv, prozessorientiert, kleingruppenorientiert, intrinsisch motiviert und schülergeleitet.

Und auch das Lehren ist in Bezug auf Übephasen nicht nur

- systematisch, stoffbezogen, lehrmethodenzentriert und lehrerdominant,
- sondern auch situiert, projektbezogen, überfachlich, offen und schülerdominant.

Zur Erreichung (selbst-) gestellter Übungsziele ist ein aktives und konstruktives Lernen ganz wesentlich. Damit sind nicht äußere Aktivitäten gemeint; es geht vielmehr darum, dass sich Schüler mit den Lerninhalten und mit den Übungssituationen aktiv auseinander setzen und ihr eigenes Wissen konstruktiv aufbauen.

Der Erwerb intelligenten Wissens ist und bleibt auch in Zukunft eine wesentliche Aufgabe des Unterrichts. Mit intelligentem Wissen sind nicht träge, mit der Lernsituation verlötete, eingekapselte, nur mechanisch anwendbare Kenntnisse gemeint, sondern es geht um ein sinnvoll geordnetes, untereinander und mit vielen Anwendungssituationen vernetztes, flexibel nutzbares und situativ leicht anpassungsfähiges Wissen und Können. Der Erwerb dieses so verstandenen intelligenten Wissens erfordert in der Regel viele Jahre intensiver Übung. Defizite lassen sich durch allgemeine Strategien der Informationsverarbeitung, durch kurze Trainings- oder schicke Animationsseminare nicht kompensieren.

Üben im Kontext schulischen Lernens

„Einmal ist keinmal." „Es ist noch kein Meister vom Himmel gefallen." „Früh übt sich, was ein Meister werden will." „Drei Dinge machen den Meister: Wissen, Können und Wollen." Es gibt unzählige Sprichworte und Volksweisheiten, die die Wichtigkeit des Übens herausstellen. Doch die Übung ist aus der Übung gekommen, zumindest was ihre theoretische Reflexion angeht: Übungen sind kein Forschungsgegenstand aus der alltäglichen Unterrichtspraxis. Es wird vorausgesetzt, dass jeder Referendar und jeder berufserfahrene Lehrer sie beherrscht. So haben wir auch immer wieder in den Seminaren der Universitäten festgestellt, dass den Studierenden keine Übungsstunden gezeigt werden – wie aber können sie das Üben im Unterricht lernen?

Theorien zum Thema Üben beschäftigen sich in der Regel mit der Psychologie des Lehrens und Lernens, mit dem Gedächtnis und seinen Funktionen des Behaltens und Vergessens. Pädagogische Fragen spielen dabei kaum eine Rolle.

Übungen benötigen aber nach unseren Vorstellungen nicht nur eine eigenständige pädagogische Konzeption mit Übungsgesetzen und Übungsweisen, sondern sie müssen in die Phasierung des Unterrichts integriert werden. Übungsmöglichkeiten werden im Regelfall nachträglich oder zusätzlich produziert, nicht aber schon bei der Unterrichtsplanung berücksichtigt und sinnvoll eingesetzt.

Deshalb sind (unter Nutzung der Eltern als Hilfslehrer) in den letzten Jahren zahlreiche Lernhilfen, Lernsoftware und Übungsbücher auf den Markt gekommen, und die Zahl der Nachhilfeinstitute und der privaten Nachhilfelehrer steigt ständig. Obwohl der Markt für diese Form privater Übungsinitiativen groß ist, wie sowohl die Verkaufszahlen der Bücher als auch der Run auf die Institute zeigen, stehen wir dieser Entwicklung eher skeptisch gegenüber:

- Lernhilfen und -software sind zwar im Regelfall didaktisch gut aufbereitet, können aber die zielsichere Führung, die für einen gewissen Übungsdruck sorgt, nicht ersetzen.
- Dieser Nachteil existiert beim privaten Nachhilfeunterricht zwar nicht, aber das Üben in dieser Form findet weder unter der Berücksichtigung individueller Lernstrategien und -gewohnheiten noch unter gezielter Anbindung an den Unterricht statt.

Üben wird daher erst dann pädagogisch sinnvoll, wenn es als pädagogische Aufgabe innerhalb eines pädagogischen Konzeptes verstanden wird. Es ist zwar nahe liegend, aber dennoch ein Irrglaube, zu meinen, die zuständige Wissenschaft für die Strukturierung des Übens sei die Lernpsychologie oder die Pädagogische Psychologie. Diese Wissenschaften sind notwendige, aber keineswegs privilegierte Disziplinen, denn die Frage des Übens umfasst sehr viel mehr als das, was Psychologen beantworten könnten.

Eine Didaktik des Übens muss für die folgenden Ebenen des Übungsprozesses ebenso schlüssige wie evaluierbare Antworten bereithalten:

Wer — was — wann — mit wem
wo — womit — wie — und wozu üben soll.

Um diese W-Fragen zu beantworten, sind Kenntnisse verschiedener, zum Teil mehrerer Teildisziplinen notwendig, so etwa der Sozialwissenschaften, der Pädagogik, der Psychologie, aber auch der politischen Wissenschaften:

- Die Frage, **wer** im schulischen Kontext üben soll, ist nicht dahingehend misszuverstehen, dass es Schülergruppen gäbe, die gar nicht üben müssten.
  Es geht vielmehr um die leistungsbezogene Differenzierung der Schüler, das heißt um die Frage, wer wie viel Übungsdisziplin aufbringen will (oder muss), um bestimmte Übungsziele zu erreichen. Wir sind der Meinung, dass nicht nur die genaue Diagnose von Übungsdefiziten zu den Aufgaben der Schule gehört, sondern auch die gezielte Förderung der Lernschwachen. Eigentlich ist zumindest nach unserem Verständnis die Notwendigkeit des privaten Nachhilfeunterrichts eher eine Armutserklärung an die Schule.

- Die Frage, **was** geübt wird (die Frage nach den Lerninhalten), ist sicher die „Gretchenfrage" einer Didaktik des Übens:
  Wird nur das unmittelbar in Tests abrufbare kognitive Faktenwissen geübt? Oder können Schüler auch üben, fit für Lernziele im emotionalen, sozialen, ethischen oder psychomotorischen Bereich zu werden? Nach unseren Erfahrungen ist das Üben im schulischen Kontext beinahe ausschließlich auf den ersten Aspekt bezogen. Intrinsische Motivation ergibt sich im Regelfall aber nicht aus bloßer „Faktenhuberei", sondern nur dann, wenn auch die anderen oben angegebenen Lernziele angemessen berücksichtigt werden.
- Die Frage, **wo** geübt wird (also die Frage nach den Lernorten) ist ein Politikum ersten Ranges, und es gibt grundsätzlich nur zwei mögliche Alternativen:
  Soll das Üben zu Hause in der Form von Hausaufgaben alleine, mit Hilfe der Eltern oder des bezahlten Nachhilfelehrers stattfinden? Oder soll es im Rahmen des Konzeptes der Ganztagsschule während bestimmter Unterrichtsphasen allein, gemeinsam, mit Klassenkameraden, jahrgangsübergreifend und/oder mit Hilfe des Lehrers organisiert werden?
- Die Frage, **wann** geübt wird, ist natürlich mit der vorhergehenden sehr eng verbunden:
  Finden die Übungsphasen in einer Ganztagsschule entweder in Phasen des normalen Unterrichts oder in speziell ausgewiesenen Stunden statt (zum Beispiel in Arbeitsplanstunden), hat das Üben den notwendigen verbindlichen Charakter und ist integraler Bestandteil des schulischen Unterrichts. Ist das Üben ein im Wesentlichen häuslicher Prozess, entscheidet sich diese Frage nach den persönlichen Vorlieben, zufälligen Gegebenheiten, Vorgaben der Eltern – also nach Bedingungen, die sach- und fachfremd sind und keine Rücksicht auf lernbiologische Voraussetzungen nehmen.
- Die Frage, **mit wem** geübt wird, muss in Abhängigkeit von der Schulform geklärt werden.
  Die Erledigung der Hausaufgaben einer Halbtagsschule wird überwiegend durch den Schüler allein erfolgen. Beaufsichtigt wird der Übungsprozess allenfalls von den im Regelfall wenig didaktisch geschulten Eltern oder – wenn das materielle Umfeld stimmt – von einem bezahlten Nachhilfelehrer, der aber weder das Lernklima in der Klasse noch die didaktischen Intentionen des Lehrers kennt.
  In einer Ganztagsschule können Übungsphasen in Einzel-, Partner- oder

Gruppenarbeit unter didaktischer Begleitung und den gegebenenfalls nötigen Hilfestellungen des Lehrers stattfinden, der im Rahmen des Stundenrasters oder der eigenen Stundenplanung den äußeren Rahmen setzt und gegebenenfalls mit dem notwendigen „sanften Druck“ die Übungsdisziplin aufrechterhält.
Gemeinsame Übungsphasen mit Mitschülern im häuslichen Rahmen und außerhalb der Schule sind nach unseren Erfahrungen sehr selten und höchstens vor Klassenarbeiten oder der gemeinsamen Vorbereitung von Referaten angesagt. Und auch in diesen seltenen Fällen haben wir die Erfahrung gemacht, dass die Schüler am nächsten Tag zu uns kommen, weil sie allein in der Gruppe ohne didaktische Führung nicht effektiv genug lernen und üben konnten.

- Die **Womit**-Frage bezieht sich auf den Medieneinsatz beim Üben.
  Wir möchten vor der Vorstellung warnen, dass der Medieneinsatz ein Übungscurriculum ersetzen kann. Je bunter, vielfältiger und raffinierter das häufig mit Musik unterlegte „Edu-“ oder „Infotainment“ ist, desto geringer ist häufig der Übungseffekt. Konzentrationsfördernd ist dieser „moderne“ Medieneinsatz nicht in jedem Fall. In Konzeption und Realisation sind Programmierer, Medientheoretiker, Psychologen, Künstler, Schulbuchautoren und andere mehr gefragt.
- Die Frage, **wie** geübt wird, bezieht sich auf die Übungsstrategien.
  Geht der Schüler eher plan- und hilflos an das zu übende Pensum heran, oder nutzt er während des Übungsprozesses die für ihn wirklich effektiven Techniken? Übt er zum Beispiel dadurch, dass er einen Text zwanzig Mal durchliest und glaubt, ihn so verstanden zu haben, oder benützt er spezielle Erschließungs-, Mnemo-, Planungstechniken? Nach unseren Erfahrungen ist die erste Alternative dann, wenn im Rahmen der häuslichen Übungsphasen einer Halbtagsschule geübt wird, der Normalfall. Schüler brauchen eine systematisch aufgebaute und vom Lehrer didaktisch begleitete Methodenschulung, um effektive Übungskompetenz erlangen zu können. Diese muss zum festen Bestandteil des Unterrichts zählen.
- Die **Wozu**-Frage ist die Zielfrage:
  Was soll beim Üben herauskommen? Welche vernünftigen Übungsziele sind unter schulischen Rahmenbedingungen zu erreichen? Antwort auf diese Frage geben von fachlicher Seite die Fachdidaktiken. Jenseits dessen bestimmen natürlich auch die Ziele der Eltern oder des Schülers selbst die Zielsetzung seines Lernens – in Gestalt eines Schulabschlusses.
  Nicht immer stimmen hier Wünsche und Möglichkeiten überein. Schule

kommt dann die Aufgabe der Beratung und Diagnose zu: Welche Ziele sind unter Berücksichtigung der gegebenen Begabung und Intelligenz auch durch intensivstes Üben nicht erreichbar, welche Ziele erscheinen im Augenblick vielleicht zu hoch gesteckt, sind aber durch entsprechenden Übungseinsatz realisierbar? Die Beratung der Schüler und Eltern in dieser so eminent wichtigen Frage ist Lehrern natürlich nur dann möglich, wenn sie das Übungsverhalten und die Übungskompetenz der Schüler genau einschätzen können, und das wiederum verweist erneut auf die Notwendigkeit der Methodenschulung.

Die Lernpsychologie stellt Kenntnisse über die physiologischen Hintergründe des Lernens bereit. Eine Didaktik des Übens muss darüber hinaus in eine umfassend gedachte Theorie des Unterrichts bzw. des Lehrens und Lernens integriert werden, die eine gewisse Ordnung in das Wirrwarr der Fragestellungen bringt.

> Eine Didaktik des Übens, die sich als Teildisziplin der Theorie des Unterrichts versteht, muss die vielfältigen personenbezogenen, inhaltlich-fachlichen, lerntheoretischen und institutionentheoretischen Teilaspekte des Übens in eine vernünftige Ordnung bringen.

Konkretisierungen des Übens

Wiederholende Übungen

Nach unseren Erfahrungen sind die Wiederholungen die am häufigsten praktizierten Übungen im Unterricht – im Regelfall als Stundeneröffnungsrituale.

In der letzten repräsentativen empirischen Untersuchung zum „Methodenrepertoire von Lehrern" (Hage 1985 – neuere Erhebungen dieses Umfangs gibt es nicht!) kommen die Schulforscher zu dem Ergebnis, dass neben der Hausaufgabenkontrolle die Wiederholung der Inhalte der letzten Stunden die am häufigsten praktizierte Stundeneröffnung ist. Sie greift den Unterrichtsstoff der letzten Fachstunde wieder auf, sie beschäftigt sich mit den Inhalten der gerade durchgenommenen Unterrichtseinheit und sie kann gelerntes Wissen in einen neuen Sachzusammenhang stellen.

Bleibt die – allerdings entscheidende – Frage, wie kann das Wiederholungsritual so gestaltet werden, dass es zum effektiven Lernen und Üben beiträgt?

Im Regelfall wird das fragend-entwickelnde Unterrichtsgespräch bzw. die „Nasepulfrage" die vorherrschende Methode sein. Selbstredend steht auch für uns außer Zweifel, dass diese Art des methodischen Vorgehens zu Erfolg versprechenden Unterrichtsergebnissen und Lernprozessen führen kann. Sie wird aber insbesondere dann, wenn sie ausschließlich und ohne jede Variante praktiziert wird, zu folgender Situation führen, die sowohl in der methodischen Fachliteratur immer wieder erwähnt wird als auch unseren eigenen Beobachtungserfahrungen entspricht: Zu Beginn der Wiederholphase versucht sich jeder Schüler möglichst so hinter seinem Vordermann zu verstecken, so allwissend zu schauen oder andere persönliche „Täuschen-Tricksen-Tarnen-Methoden" anzuwenden, dass es ihn gerade nicht erwischt. Die Entwicklung entsprechender Strategien führt in manchen Klassen zu wahren Meisterschaften. Die Schüler sind zwar verbal aufgefordert, aufmerksam zuzuhören, dieses gelingt ihnen aber – wenn überhaupt – nur für die kurze Phase, in der die Gefahr des eigenen „Drankommens" besteht, hinterher wenden sie sich erleichtert anderen, sie mehr interessierenden Tätigkeiten zu.

Um wirklich effektiv zu wiederholen, sollten ein inhaltliches und ein methodisches Kriterium bei der Vorbereitung dieser Unterrichtsphase zwingend beachtet werden:

- Sind die zu wiederholenden Fachinhalte wirklich so wichtig für den weiteren Verlauf des Unterrichts, dass eine Wiederholung unbedingt notwendig ist? Oder dient die Wiederholung lediglich der Disziplinierung?
- Kann durch ein bestimmtes methodisches Vorgehen an ein grundsätzliches Interesse der Schüler angeknüpft bzw. kann dieses Interesse geweckt werden?

Wenn wir davon ausgehen, dass die Einstiegswiederholung die Voraussetzung für die weitere Stundengestaltung bildet, kann es interessant und motivierend für die Schüler sein, das Gelernte zum Beispiel

- in einen neuen Sachzusammenhang zu stellen,
- auf eine Anwendungssituation zu beziehen,
- für einen Forschungsauftrag zu nutzen oder
- bei einer Fehlerquellensuche einzusetzen.

Auch mit Hilfe von bildhaften Darstellungen, anhand von Grafiken und Tabellen und durch Modelle lassen sich sinnvolle Wiederholungen durchführen. Zwei weitere grundsätzliche didaktische Fragen sollte man während der Vorbereitung klären:

- Sollen einzelne Schüler ganz gezielt das Gelernte wiederholen, um zum Beispiel vorhandene Defizite auszugleichen? Müssen also die Art und Weise der Wiederholung auf Einzelne zugeschnitten sein?
- Oder ist es sinnvoller, die Wiederholung von der ganzen Klasse zu fordern?

Diese Fragen lassen sich natürlich nicht allgemein, sondern nur konkret für die zu planende Stunde beantworten. Unsere Erfahrungen zeigen, dass es sinnvoll sein kann, die Schüler in die Vorbereitungen für die Wiederholungen einzubeziehen. Abwechselnd könnten einzelne Schüler oder auch kleinere Schülergruppen diese Aufgaben übernehmen.

Anwendende Übungen

Gelerntes kann erst dann angewandt werden, wenn es mit älteren individuellen Wissensbeständen verknüpft wird. „Die Anwendung setzt mehr voraus als die Wiederholung. Um anwenden zu können, muss man bereits wiederholt und gefestigt haben. Die beim Wiederholen gefestigten Kenntnisse und beim Üben entwickelten Fähigkeiten und Fertigkeiten müssen beim Anwenden in neuen Zusammenhängen aktualisiert und schöpferisch umgesetzt werden. [...] Jedes Anwenden ist gleichzeitig ein Wiederholen von Wissen [...]. Das alte Wissen muss mit der neuen Anwendungsaufgabe so in Zusammenhang gebracht werden, dass mit seiner Hilfe die neue Aufgabe bewältigt wird. Insofern geht das Anwenden über das bloße Reproduzieren von Wissen hinaus“ (Fischer 1973, S. 43).

Viele Pädagogen sehen in der Anwendung die Krönung oder das Ziel ihres Unterrichts. Auch sie ist eine Art der Übung, die zur Bearbeitung eines Problems notwendigen Fähigkeiten und Fertigkeiten werden vervollkommnet und gefestigt. Durch Anwenden wird das Gelernte im Gedächtnis behalten, also in das Langzeitgedächtnis aufgenommen, die individuelle Leistung wird verbessert und das Wissen erweitert. Gelerntes wird so gefestigt, da es mit den individuellen älteren Wissensbeständen verknüpft werden muss.

Anwenden bedeutet im weitesten Sinne auch Handeln. Diese Erkenntnis hat sich in den letzten Jahren durchgesetzt und Eingang in viele Rahmenrichtlinien gefunden. Dort finden sich Formulierungen wie: „Handelnd erworbenes Wissen ist dauerhafter als kognitiv vermitteltes“ (RRL Politik, Sek II, Niedersachsen).

Vertiefende Übungen

Die vertiefende Übung intensiviert die Auseinandersetzung mit einem Sachverhalt, sie klärt Sachzusammenhänge und stellt Assoziationen zu bereits gegebenen Wissensbeständen her. Sie geht damit – wie der Name sagt – von der bloßen Oberfläche des (auswendig) gelernten Wissens in die Tiefe, stellt Strukturen und Vernetzungen mit anderen Wissensbeständen her. Ohne Vertiefung sind Schlüsselqualifikationen nicht zu erarbeiten.

Wie aber wird Vertiefung erreicht? Einer der ersten deutschsprachigen Didaktiker, Herbart, findet eine ebenso einfache wie komplexe Antwort: Der Lehrer muss den Schülern „im richtigen Moment die richtigen Wissenselemente vermitteln, so daß sie neue und fruchtbare Gedankenverbindungen herstellen und zur Bildung ihres Gedankenkreises nutzen können" (HERBART 1965, Bd. 2, S. 66 f.). Nur: Was sind die richtigen Wissenselemente und was ist der richtige Moment? Was fehlt, ist ein verbindliches Übungs- und Vertiefungscurriculum.

Derjenige Schüler, der geniale Fähigkeiten im Bereich der IT-Technik entwickelt und nebenbei schon mit sechzehn Jahren eine Softwarefirma betreibt, erlangt dieses vertiefte Wissen genau so zufällig und weitgehend von der Schule unbeeinflusst wie derjenige Schüler, der sich zum schauspielerischen Allroundtalent gemausert hat – einzig das eigene Interesse ist hier die Ursache der Vertiefung, und der „Computerfreak" kann ebenso wie der gefeierte Schauspieler eine völlige „Null" in anderen Schulfächern sein.

„Der methodische Gang des Unterrichts erfordert einen regelmäßigen Wechsel von inhaltlicher Vertiefung und methodischer Besinnung. Die Vertiefung kann als beispielhafte Veranschaulichung, als Konkretion, als aktives Handeln, als meditierendes Versenken und gründliches Studieren des Details verstanden werden. Die Besinnung lädt ein zur Reflexion, zur abstrahierenden Anstrengung des Begriffs, zum Vergleich und zum Rückgewinn der inneren Ruhe" (MEYER 1988, S. 168). Durch die methodisch strukturierte und gelenkte Besinnung im Unterricht können sich neue Problemstellungen und Zusammenhänge entwickeln, die dann zu weiteren Vertiefungen führen.

Die Übung als Vertiefung konkretisiert sich im schulischen Lernen durch den Begriff der Zielstrebigkeit. Schüler und Lehrer haben ein konkretes Ziel vor Augen und wollen dieses auch erreichen: extrinsisch die Leistungsverbesserung, intrinsisch die Problemlösung und -vernetzung.

Transferierende Übungen

Vertiefung und Transfer gehören im praktischen Lernen und Üben untrennbar zusammen, die hier vorgenommene Trennung ist eine rein analytische. Transfer bedeutet zunächst einmal, Gelerntes auf neue Probleme zu übertragen, um diese lösen zu können. Dies ist streng genommen bei fast jedem Übungsprozess der Fall, es sei denn, man repetiert wirklich ein und dieselbe Sache mehrere Male (zum Beispiel das Auswendiglernen eines Gedichts). Im Prinzip ist also schon die zweite Rechenaufgabe in der Grundschule eine Transferaufgabe, da die zu addierenden Zahlen andere sind.

Es macht aber pädagogisch keinen Sinn, diesen Begriff so eng zu fassen. Wir schlagen vor, erst dann von Transfer zu sprechen, wenn folgende Bedingung erfüllt ist: Einmal gelernte Methoden und Schemata werden auf neue Situationen in der Weise angewandt, dass die alten Strukturen zwar erhalten bleiben, darüber hinaus aber neue und weiterführende entstehen. „Wir erkennen, dass es nur eine Frage der Größe des Transferschrittes und damit der Neuheit des nächsten Unterrichtsgegenstandes ist, ob wir noch von der Anwendung eines alten oder schon vom Aufbau eines neuen Begriffs, einer neuen Operation oder eines neuen Handlungsschemas sprechen werden" (Aebli 1977, S. 381).

Die Transferleistung kann also nur dann erfolgreich sein, wenn auf Seiten des Schülers folgende Bedingungen erfüllt sind:

- Das Problem muss in seiner Grundstruktur verstanden worden sein.
- Die für die Lösung Erfolg versprechenden Strategien sind in ihrem Prinzip und ihrer Vernetzung zu ähnlich gelagerten Problemlösungen erfasst worden.
- Das neu zu lösende Transfer-Problem darf nicht in seiner phänomenologischen Einzigartigkeit, sondern es muss als strukturverwandte Aufgabenstellung erkannt werden.

Sind diese Bedingungen erfüllt, wird der Schüler durch den Prozess des Übertragens immer mehr Selbstvertrauen und Zutrauen in seine eigenen Kompetenzen gewinnen. Er erweitert seinen Handlungsspielraum, kann neue Probleme zunehmend besser bearbeiten und wird zunehmend selbstständiger und emanzipierter. Dieser für die Entwicklung der Schülerpersönlichkeit so zentrale Bereich wird aber im Regelfall in die nachmittäglichen Hausaufgaben verbannt.

In der Schule wird dann normalerweise erwartet, dass Schüler selbsttätig gelerntes Wissen auf neue Situationen übertragen können. Das ist aber nicht selbstverständlich. Schüler müssen durch Übungen langsam dahin geführt werden, die Möglichkeiten und die Vorgehensweisen des Transfers kennen zu lernen. Sie sollten eigene Strategien für individuelle Problemlösungen entwickeln können und im Falle des drohenden Scheiterns in der Lage sein, sich kompetente Hilfe zu holen.

Kontrollierende Übungen: ergebnis- vs. prozessorientiertes Lernen

Die notwendigen Lernkontrollen und -überprüfungen werden fast ausschließlich ergebnisorientiert gehandhabt. Unabhängig davon, ob es sich um schriftliche Klassenarbeiten oder Klausuren, mündliche Prüfungen, Hausaufgabenkontrollen, Vokabeltests, „an die Tafel gerufen Werden" etc. handelt – immer geht es um Ergebnisse, Resultate, vorzuführende Fähigkeiten und Fertigkeiten etc. Wir möchten demgegenüber parallel zur Implementierung eines Übungscurriculums vorschlagen, Lernkontrollen prozessorientiert zu gestalten. Nicht die Produkte werden kontrolliert, sondern der Lernprozess wird reflektiert, die verinnerlichten „Wissensbestände" werden immer wieder erinnert, kontrolliert, ob sie auch wirklich zum festen Wissensrepertoire gehören. Dies bedingt einen Paradigmenwechsel im Bereich des schulischen Kontrollierens, der in den folgenden Thesen umrissen wird (vgl. auch MANDEL/FRIEDRICH 1992, S. 260 ff.).

Voraussetzungen für erfolgreiches Üben

1. Grundlage für den Aufbau neuen Wissens sind immer die Vorkenntnisse und das Vorverständnis der Schüler, ebenso sollten die verschiedenen Lernkonzeptionen berücksichtigt werden.
2. Schüler müssen die Relevanz und den Sinn der zu erlernenden Unterrichtsinhalte erkennen und nachvollziehen können, sie müssen ihnen deutlich gemacht werden.
3. Lernaktivitäten und Lernprozesse der Schüler müssen betont und sichtbar gemacht werden.
4. Routinebildung, Anwendung, Vertiefung und Transfer sollen Gegenstand des Unterrichts sein, denn Schüler sind nicht per se in der Lage, sie umzusetzen.
5. Unterricht, der zum aktiven Lernen auffordert und genügend Möglichkeiten zum Üben bietet, regt die Schüleran, mehr Verantwortung für ihr eigenes Lernen zu Übernehmen.

Eine prozessorientierte Kontrolle des Lernfortschritts hat für die Gestaltung des Unterrichts zur Folge, dass Lern- und Übungsstrategien in den verschiedenen Unterrichtsfächern zum Thema werden müssen. Die Schüler lernen dann, unterschiedliche Vorgehensweisen, ihre Effektivität und ihren angemessenen Einsatz zu hinterfragen und zu beurteilen, damit sie individuelle Strategien entwickeln und einüben können. Letztes und oberstes Ziel ist es, die Fremdkontrolle durch Selbstkontrolle zu ersetzen. Die Schüler müssen Prinzipien der Selbstdiagnose und der Selbstkontrolle kennen lernen und umsetzen, denn nur so werden sie in der Lage sein, das individuelle Lernen und Üben zu kontrollieren und zu korrigieren.

Rahmenbedingungen

Nach wie vor gibt es bis heute keine „allgemein gültige" Theorie darüber, wie wir lernen und wie wir das Gelernte dauerhaft und sicher behalten – und das ist auch gut so. Wie bereits weiter vorn dargestellt, gehen vielfältige Ansätze davon aus, dass es ein Ultrakurzzeit-, ein Kurzzeit- und ein Langzeitgedächtnis gibt, in denen Informationen gespeichert werden. Informationen gelangen erst dann in das Kurzzeitgedächtnis, wenn sie für uns eine emotionale Bedeutung haben, wenn wir Verbindungen zu alten Wissensbeständen herstellen können. Wir vergessen diese neuen Informationen wieder, wenn wir sie nicht ständig wiederholen, sie mit unserem Wissen und unseren Fertigkeiten verknüpfen, sie mit anderen Informationen vernetzen. Erst durch den ständigen Gebrauch werden die Informationen im Langzeitgedächtnis gespeichert. Wenn wir diese Informationen bei Bedarf präsent haben, wenn wir sie bewusst nach Bedarf nutzen können, dann hatte unser Lernen Erfolg.

Wichtigste Rahmenbedingung für das eigene Lernen ist die individuelle alltägliche Lebenswelt. Jeder Mensch hat seine eigenen Erfahrungen gemacht, hat seine eigenen subjektiven Strukturen im Kopf, lebt in einem sehr individuellen Umfeld und ist geprägt vom Umgang mit Eltern, Freunden und vielen anderen. Alles, was ein Mensch neu hinzulernt, versucht er mit dem Vorhandenen zu verknüpfen. Er versucht Verbindungen zu etwas Bekanntem, bereits Erlebtem herzustellen, um es einordnen zu können.

> ***Lao-Tse:***
> ***Sag' es mir,***
> ***und ich werde es vergessen.***
> ***Zeig' es mir,***
> ***und ich werde mich daran erinnern.***
> ***Beteilige mich,***
> ***und ich werde es verstehen.***

Wie der Mensch am besten lernt, ist in vielen Untersuchungen erforscht worden. Die Ergebnisse all dieser Studien zeigen, dass wir dann erfolgreich lernen, wenn möglichst viele Sinne beteiligt sind.

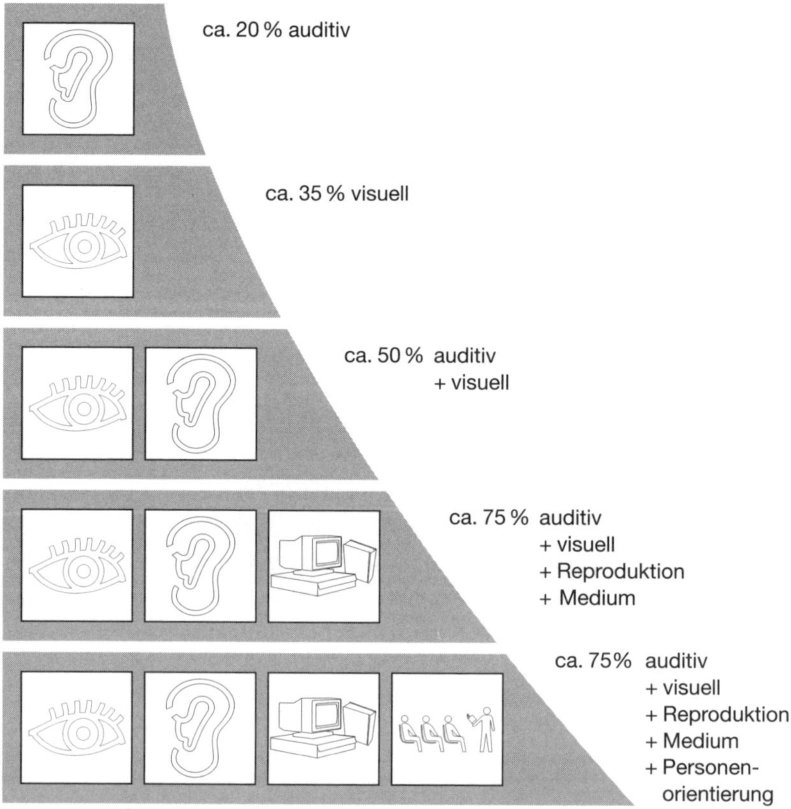

Der Lernerfolg steigt mit der Zahl der Eingangskanäle

Die Aufgabe der Schule ist es, die Voraussetzungen und die Möglichkeiten zu schaffen, dass auch und gerade die Übungsphasen während des Unterrichts so gestaltet werden können, dass möglichst viele Sinnesorgane beim Lernen angesprochen werden. Die Grundlagentheorie zum Vorgang des Lernens stammt von Frederic Vester, der als Basis seiner Aussagen folgende Überlegungen anstellt: Eine entscheidende Rolle für die Entwicklung von Persönlichkeit und damit Voraussetzung für erfolgreiches Lernen ist die Fähigkeit, Dinge und Vorgänge zu erkennen und kognitiv zu verarbeiten – also die Wahrnehmungsfähigkeit. Diese Fähigkeit führt zum Denken – dem Speichern der Information – und damit zum Lernen – gespeicherte Informationen abrufbar machen. Vester unterscheidet hauptsächlich zwei Lerntypen – den visuellen und den auditiven Lerntyp. Die Feststellung der Wahrnehmungspräferenz kann zum Beispiel durch drei Übungen erfolgen:

1. Lesenlassen eines Begriffs,
2. Zeigen eines abgebildeten Gegenstandes (visuell),
3. Sagen/Hören eines Begriffs (auditiv).

Die Ergebnisse des Lerntypentests sind die Grundlage für ein Wahrnehmungstraining mit dem Ziel, ein ausgewogenes Verhältnis in der Nutzung der unterschiedlichen Lernwege bei den Schülern zu entwickeln und um entsprechende Differenzierungsmöglichkeiten zur individuellen Förderung zu nutzen. Eine wichtige Voraussetzung zum optimalen Kompetenzerwerb ist, den Schülern zu verdeutlichen, dass sie unterschiedlich lernen, dass es unterschiedliche Lerntypen gibt. Sie müssen dazu befähigt werden, ihr Lern- und Übungsverhalten selber einzuschätzen und individuelle Wege zu finden, um Informationen aufzunehmen, zu verstehen, zu begreifen, möglichst lange zu behalten und bei entsprechender Gelegenheit abzurufen und zu präsentieren. Sie können dann durch die Kenntnisse über ihren individuellen Lernstil ihr Übungsverhalten optimieren und verbessern. Es gibt vielfältige Übungen, um individuelle Lernstile möglichst gut umzusetzen.

Aber auch die äußeren Umstände des Übens sind für den Lernerfolg wichtig. Nicht nur der individuelle Lerntyp bestimmt die Lernleistungen des Schülers, sondern ebenso das soziale Umfeld mit seinen zeitlichen und räumlichen Bedingungen. Für den Übungsprozess ist das Spannungsfeld zwischen dem Herausforderungscharakter einer Tätigkeit und dem Grad der Fertigkeit, mit dem diese bewältigt werden kann, von besonderer Bedeutung. Ist die Herausforderung des Lern- und Übungsstoffes zu hoch und bei den Schülern keine genügend hohe Fertigkeit zur Bewältigung der Aufgabe gegeben, ist die Reaktion zumeist Angst. Dieses tritt besonders bei Prüfungen und Tests auf, in denen besondere Leistungen abgefragt werden. Umgekehrt kommt es aber auch zu Problemen (zum Beispiel Langeweile-Syndrom), wenn die Herausforderung zu gering ist. Aufgrund der Orientierung des Lehrenden am Durchschnitt fühlen sich viele Schüler psychisch unterfordert und beklagen, dass der Schulalltag langweilig sei. Noch problematischer wird es, wenn sich geringe Leistungsfähigkeit mit ungeeigneter Herausforderung paart. Die Schüler sind für Lernanreize nicht mehr zu gewinnen, schalten im Unterricht ab, verweigern die Mitarbeit und erwachen erst wieder in den Herausforderungen einer Erlebnisorientierung im Alltag.

Wenn Lernerfahrungen positiv sein sollen, dann müssen die Informationen, die ins Bewusstsein dringen, mit den Zielen des Schülers übereinstimmen. Positive Rückmeldung stärkt das Selbstwertgefühl, wodurch weitere Aufmerksamkeit freigesetzt wird. Lernen wird dann erfolgreich, wenn verschiedene Ebenen miteinander in Beziehung gesetzt werden.

Nicht die Dinge sind so,
sondern unsere innere Einstellung
macht sie so. (Epiktet)

1. Innere Einstellung

Nur eine positive, mentale Einstellung ist Voraussetzung für erfolgreiches Lernen, denn Ängste, Ablenkung und Aufhebung der Konzentration durch nicht zielführende Gedanken gefährden den Erfolg.

2. Lernumgebung

Das Lernumfeld muss so „ästhetisch“ gestaltet sein, dass Lernen überhaupt erst stattfinden kann, um dann erfolgreich zu sein.

3. Verhaltensebene

Zum Erwerb einer Sprache benötigen wir einen Wortschatz und Strukturen, zum Lösen mathematischer Probleme brauchen wir bestimmte Regeln und eine geeignete Fachsprache.

4. Fähigkeitsebene

Die Fähigkeit, das Verhalten situationsadäquat einzusetzen, ermöglicht alltägliche Kommunikation (Reproduktion contra Beherrschung). Eine Fähigkeit ist dann gegeben, wenn Menschen situationsadäquat so handeln können, wie sie es sich vorstellen.

5. Werte und Normen

Unsere eigenen Werte und Normen, aber auch unsere Neugierde bestimmen, warum wir etwas lernen oder nicht lernen wollen.

6. Identität

Der Grad des „Einverstanden-Seins“ mit den Erziehungszielen der Schule oder Schulform bestimmt die individuelle Zufriedenheit des Einzelnen.

Realisierungsstrategien

Strukturen des Übens

Das Üben sollte zum festen Bestandteil aller Planungsraster und Realisierungsmodi gehören und in der Phasierung jeder Unterrichtsstunde gebührend berücksichtigt werden. Geübt wird im Anschluss an Aneignungs- und Erarbeitungsphasen. Erst wenn eine Tätigkeit auf einem niedrigen Geschmeidigkeitsniveau beherrscht wird, kann man darangehen, sie zu üben. Der Umgang mit der Zeit sollte sich in Übungsphasen von dem in Aneignungs- und Erarbeitungsphasen unterscheiden. Wenn sich Schüler eine Kompetenz neu aneignen, wenn sie etwas entdecken und erarbeiten sollen, dann sind Drängeln und Druck seitens des Lehrers gänzlich überflüssig. Zum Üben gehört demgegenüber die Formulierung einer Leistungserwartung: Üben und Tempo hängen nicht immer, aber doch häufig zusammen. Ziel ist, dass die Schülerinnen und Schüler das Übungstempo immer häufiger selbst bestimmen.

In der pädagogischen Theorie werden bis zu sechs unterschiedliche Strukturebenen des Unterrichts beschrieben: Zielstruktur, Inhaltsstruktur, Sozialstruktur, Zeitstruktur, Handlungsstruktur und Raumstruktur (vgl. zum Beispiel JANK/MEYER 2002, S. 61). Da Unterricht ein ganzheitlicher und komplexer Prozess ist, lassen sich diese Ebenen im konkreten Vollzug des Unterrichts nicht voneinander trennen, sie sollen hier daher nur als rein analytische Fokussierungen im Hintergrund benannt werden:

- didaktisch strukturierte Aufgabenstellung des Unterrichts (Zielstruktur),
- didaktisch strukturierte Themenstellung (Inhaltsstruktur),
- didaktisch strukturierte Beziehungsarbeit (Sozialstruktur),
- didaktisch strukturierter Prozess (Zeitstruktur),
- didaktisch strukturiertes methodisches Handeln (Handlungsstruktur),
- didaktisch strukturierte Schulumwelt (Raumstruktur).

Zielstruktur: Die Zielstruktur ergibt sich aus den Absichten der Lehrenden (Lehrziele, Lehrlogik), der Lernenden (Handlungs- und Lernziele, Entwicklungs- und Lernlogik) und aus der Eigenlogik, die aufgrund der inneren Zielgerichtetheit von Ziel-, Inhalts- und Methodenentscheidungen entsteht. Die

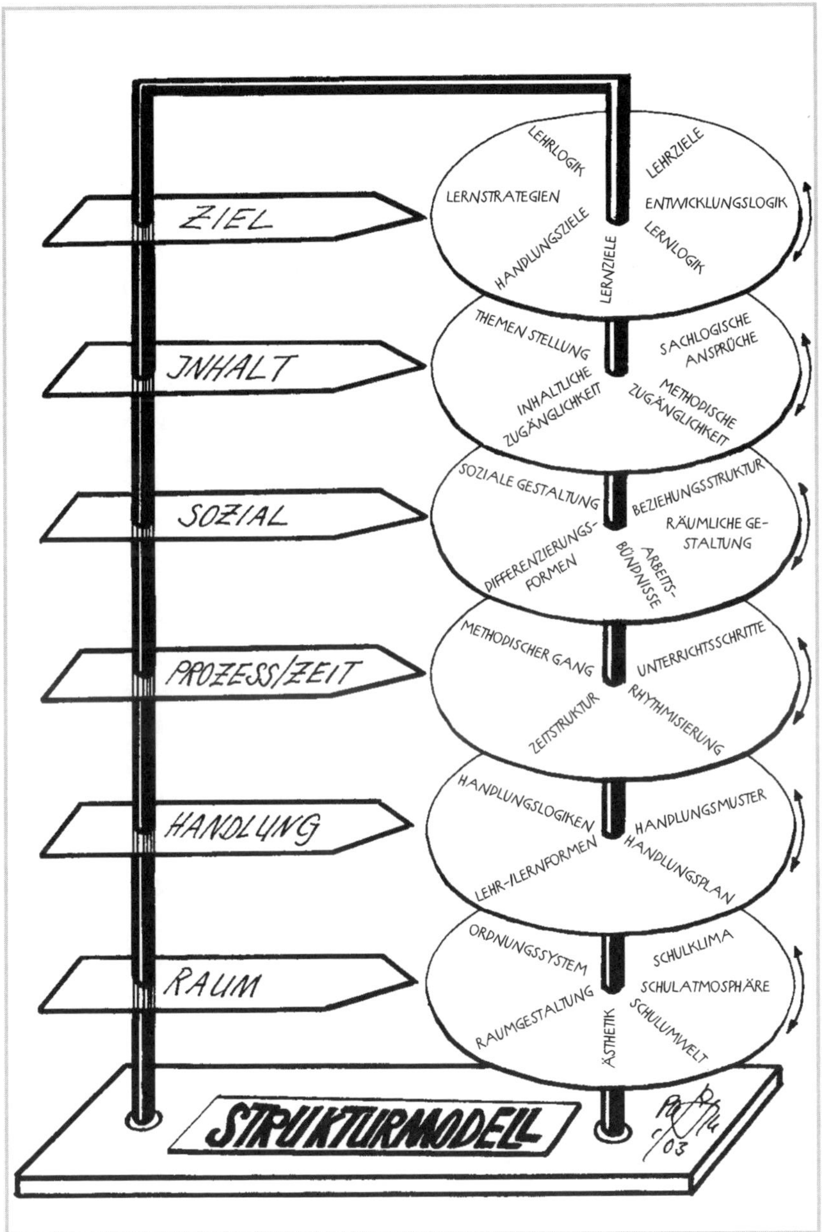

Strukturmodell des Unterrichts als Scheibenmodell

Logik des Lehrens und die verschiedenen Logiken des Lernens müssen in der Aufgabenstellung des Unterrichts zusammengeführt werden.

Inhaltsstruktur: Es gibt bestimmte Ansprüche an die Gestaltung der Inhaltsstruktur, die sich aus der Sachlogik ergeben. Weiterhin stellt sich die Frage nach der Zugänglichkeit der Inhalte für die Lernenden. Nur das, was sich den Schülern im Unterrichtsprozess als Inhalt erschließt, wird wirklich angeeignet. Sachlogische Ansprüche an die Gestaltung des Inhalts und seine methodische Zugänglichkeit müssen in der geschickten Formulierung der Themenstellung zusammengefasst werden.

Sozialstruktur: Die soziale Gestaltung der Lehrer-Schüler-Interaktionen regelt die Sozial- und Beziehungsstruktur des Unterrichts ebenso wie die verschiedenen Differenzierungsformen (pädagogische Beziehungen, Beziehungsarbeit). Durch die Wahl der Differenzierungsformen und die von allen Beteiligten zu leistende Beziehungsarbeit kann ein Arbeitsbündnis von Lehrenden und Lernenden hergestellt werden.

Prozessstruktur (Zeitstruktur): Die Prozessstruktur besteht aus der Gliederung des Unterrichts in bestimmte Zeitintervalle (Unterrichtsschritte) und aus der Frage nach der Folgerichtigkeit der einzelnen Unterrichtsschritte (methodischer Gang). Durch die Untergliederung der gestellten Aufgabe in mehrere Unterrichtsschritte (Rhythmisierung) und die Klärung des methodischen Gangs des Unterrichts kann eine plausible Verlaufsplanung hergestellt werden.

Handlungsstruktur: Die Handlungsstruktur besteht aus den beobachtbaren Lehrer-Schülertätigkeiten, die sich in den eingesetzten Lehr- und Lernformen materialisieren, und den Handlungslogiken (Handlungsmuster). Durch die Wahl der Lehr-Lernformen und die Beachtung der ihnen zugrunde liegenden Handlungslogiken kann ein plausibler Handlungsplan entwickelt werden.

Raumstruktur: Sie ergibt sich aus der funktionellen Gestaltung der Schulumwelt, die den Lehrern und Schülern entgegentritt (Raumgestaltung). Hierbei spielen nicht nur ästhetische Aspekte eine Rolle, sondern insbesondere das Schulklima und die Schulatmosphäre, die durch klare und eindeutige Strukturen und durch Funktionalität gekennzeichnet sein sollten.

Es gibt vielfältige Wechselwirkungen zwischen den Zielen, Inhalten und Methoden des Unterrichts. Sie sind nicht gleichförmig, sondern verändern sich je nach Erkenntnisinteresse:

1. Bei der **Planung von Unterricht** herrscht der Primat der Zielstellung. Die Zielstellung bestimmt die Aufgabenstellung, diese die Themenstellung, diese die Handlungsplanung und diese die Wahl der Sozial- und Differenzierungsformen.
2. Bei der **Realisierung von Unterricht** herrscht der Primat der Sozial-, Prozess- und Handlungsstrukturen. Voraussetzung ist ein Arbeitsbündnis zwischen Lehrer und Schülern für die Handlungsplanung, diese bestimmt den methodischen Gang. Der Grad der Zielerreichung und die gewählten Differenzierungsformen beschränken die Palette nutzbarer Handlungsmuster (und Sozialformen und Differenzierungsinstrumente).
3. Bei der **Analyse von Unterricht** spielen zwei Grundrelationen eine entscheidende Rolle:
   - Die erste Grundrelation (Lernen-Lehren-Relation) formuliert die dialektische Verknüpfung von Lehren und Lernen (didaktische Beziehung), wodurch Unterrichtsprozesse konstituiert und vorangetrieben werden.
   - Die zweite Grundrelation (Unterrichten-Erziehen-Relation) spricht die Erziehungsfragen an: Durch die angemessene Wahl der Differenzierungsformen wird die Beziehungsarbeit erleichtert, durch die gemeinsame Vereinbarung der Aufgabenstellung wird die Verantwortung für den eigenen Lernprozess geweckt, und durch die Vermittlung von Methodenkompetenzen wird die Selbstständigkeit der Schüler gefördert.

Dimensionen des Übens

Das Üben kann sich auf die Sicherung von Kenntnissen, aber auch auf die Gefühlsbildung oder das Training von Fähigkeiten und Fertigkeiten beziehen. Es gibt also verschiedene Aspekte oder Lernbereiche des Übens, die sich in folgende drei Dimensionen unterscheiden:

1. Dimension: Das Üben der Verstandeskräfte
Wissen, Kenntnisse und kritische Einsichten werden trainiert, diese Dimension wird in der Psychologie als kognitive Dimension bezeichnet – Stärkung des Intellekts.

2. Dimension: Das Üben von Einstellungen
Haltungen, innere Ansichten, Gefühlslagen und Sozialverhalten werden ausgebildet, diese Dimension wird als emotionale oder affektive Dimension bezeichnet – Stärkung der Empathie.

3. Dimension: Das Üben von Fähigkeiten und Fertigkeiten
Geistige und manuelle oder körperliche Arbeiten werden miteinander verknüpft (beim Schreibenlernen, beim Fahrradfahren), diese Dimension wird in der Psychologie als psychomotorisch oder enaktiv bezeichnet – Stärkung der Handlungskompetenz.

Eine solche Dreiteilung von Verstandes- und Geisteskräften hat eine lange Tradition. Sie findet sich schon bei Aristoteles, bei Kant in den Ausführungen zur Kritik der theoretischen Vernunft, der Urteilskraft und der praktischen Vernunft. Auch Pestalozzis Forderung des Lernens mit Kopf, Herz und Hand bezieht sich auf diese Dreiteilung.

> Üben ist immer ganzheitlich. Es hat sowohl eine kognitive als auch affektive und psychomotorische Dimension, auch wenn einzelne Dimensionen im Bewusstsein des Übenden und dem Übungsarrangement in den Hintergrund treten können.

Wegen des Ungleichgewichts zwischen kognitiver, affektiver und psychomotorischer Dimension wird es wechselnde Schwerpunkte der Aufmerksamkeit des Übenden und des Übungsleiters geben, nie jedoch eine völlige Ausblendung aller drei Dimensionen.

Unterschiedliche Lernziele erfordern verschieden starke Übungsintensität und verschiedene Übungsformen.

Kognitive Dimension: Informationsverarbeitungsstrategien

Auf dieser Ebene wird neues Wissen durch die Präsentation von Informationen oder das Erklären von Konzepten aufgenommen. Dieses Wissen muss verstanden, verarbeitet und gespeichert werden mit dem Ziel, es jederzeit abrufbar zur Verfügung zu haben, anwenden und auf beliebige Situationen angemessen übertragen zu können. Die der kognitiven Dimension zugeordneten Lernziele lassen sich in drei weitere Kategorien gliedern:

- deklarativ: Diese Kategorie umfasst Faktenwissen im engeren Sinne („Wissen, dass …“);
- prozedural: Diese Kategorie umfasst Wissen über Prozeduren, Algorithmen und Vorgehensweisen zur Problemlösung („Wissen, wie …“);
- kontextual: Diese Kategorie betrifft das Wissen über mögliche Anwendungssituationen („Wissen, wozu …“);

Das Erreichen dieser Lernziele setzt voraus, dass Schüler und Lehrer über ein hohes Maß an Methodenkompetenz und damit an Lern- und Übungstechniken verfügen. Folgende Aspekte könnten Übungsstrategien dabei berücksichtigen:

1. Informationen verstehen

- Nachschlagen in Lexika, Fachbüchern, Atlanten …
- Experten befragen (Lehrer, Mitschüler …)
- Verbindung zu alten Wissensbeständen herstellen
- Informationen ordnen, strukturieren, gliedern
- Wichtiges von Unwichtigem unterscheiden und markieren
- Regeln und Gesetze erkennen

2. Informationen behalten

- Mnemotechniken anwenden
- Erschließungstechniken einsetzen
- Systematisierungshilfen angemessen und situationsbedingt nutzen

3. Informationen anwenden

- Konkrete Beispiele für abstrakte Regeln finden
- Abstrakte und übergeordnete Gesetzmäßigkeiten formulieren
- Hypothesen generieren und hierbei die Fähigkeit zur logischen Stringenz entwickeln

Affektive Dimension: Interaktionsstrategien

Die zu dieser Dimension gehörenden Lernziele lassen sich in zwei Bereiche differenzieren: das Lernen von Einstellungen und das Lernen von Sozialverhalten.

Das Erreichen dieser Lernziele ist sehr von der Persönlichkeit des Einzelnen, von dessen Einstellungen und Verhaltensweisen bestimmt. Das soziale Gefüge in einer Klasse lässt sich nicht einfach „verordnen“, es ist vom guten

Willen der Beteiligten, deren Motivation und nicht zuletzt von der Glaubwürdigkeit des Lehrers abhängig. Die Umsetzung der Ziele lässt sich nur hermeneutisch kontrollieren, denn das nach außen gezeigte Verhalten lässt sich zwar beobachten, innere Sichtweisen dagegen bedürfen der Deutung und Interpretation. Kooperativer Unterricht, bei dem der Schwerpunkt auf der Sozialform der Gruppenarbeit liegt, kann die diskursive Grundlage für die gemeinsame Arbeit sein.

Die Übungsstrategien auf dieser Ebene dienen als Hilfsstrategien, das heißt, sie müssen keinen unmittelbaren sachlichen Bezug zu den Inhalten des zu Übenden haben, sondern beziehen sich in erster Linie auf die innere Einstellung zum Übungsprozess. Es wäre in unseren Augen trotzdem fatal, diese Dimension zu ignorieren, denn Lernen ist grundsätzlich auf emotionale und motivationale Begleitumstände angewiesen.

Im günstigsten Falle gibt es einen multiplikativen Effekt, das heißt, die kognitive und affektive Dimension ergänzen und effektivieren einander. Aber auch kompensatorische Aspekte sind im Übungsprozess zu beobachten, zum Beispiel können Defizite im kognitiv-intellektuellen Bereich durchaus durch erhöhte Motivation oder ein angenehmes Lernklima ausgeglichen werden. Affektive Übungsstrategien konstituieren sich wie folgt:

- sich selbst Übungsziele setzen;
- Übungsziele regelmäßig überprüfen und gegebenenfalls revidieren, ohne sich selbst zu überfordern;
- Planungstechniken einsetzen;
- eigene Lernmotivation bewusst hinterfragen;
- klare Trennung von Übungs- und Freizeitphasen. Während der Übungszeiten haben „Versuchungen“ zu unterbleiben (wer dies nicht beherrscht, wird sehr viel Energie in die stets gefährdete eigene Motivation investieren müssen und diese damit dem Übungsprozess entziehen);
- eigene Stimmungen durch eine konzentrationsfördernde und als angenehm empfundene Umgebung positiv beeinflussen;
- dazu gehört auch der pflegliche Umgang mit den eigenen Ressourcen, um Erschöpfung und Überforderung zu vermeiden und die eigene Leistungsfähigkeit und Kreativität zu erhalten;
- der soziale Aspekt kann, muss aber nicht in jedem Fall den Übungsprozess effektivieren: Für viele – aber nicht für alle – ist es motivational verstärkend und damit leistungsfördernd, in Kooperation mit anderen zu üben;
- im Kontext mit anderen die eigenen Übungsstrategien revidieren und effektivieren.

Psychomotorische Dimension: Aktivierungs- und Handlungsstrategien

„Mens sana in copore sano!", bemerkte der römische Satiriker Iuvenal (oft fälschlich dem legendären Turnvater Jahn zugeschrieben). Diese Spruchweisheit wird von Schülern wie Lehrern gleichermaßen sicherlich oftmals mehr oder weniger heimlich belächelt, denn was hat die intellektuelle Kapazität des menschlichen Geistes mit der Fähigkeit zu tun, einen Handstand-Überschlag fehlerfrei hinzukriegen oder über einen Schwebebalken zu balancieren? Indes geben neuere Forschungen – nicht nur auf dem Gebiet der Kinesiologie – dem römischen Satiriker Recht: Optimal funktioniert unser Gehirn nur dann, wenn beide Gehirnhälften möglichst eng zusammenarbeiten. Sowohl die linke, die für das rationale Denken und die Abstraktion zuständig ist, als auch die rechte, die für Kreativität, Intuition und Gefühle steht.

Auf einer frühen Stufe seiner Entwicklung – etwa zu Beginn der Grundschule – „denkt das Kind sozusagen mit dem Auge und der Hand" (PIAGET). Die Muskeltätigkeit selber begleitet nicht nur den Lernprozess, sondern konstituiert ihn auch. Für die Grundschulpädagogik ist dies selbstverständlich: Psychomotorische Lernziele treten nicht einfach neben die kognitiven und affektiven, sondern sie bedingen sich gegenseitig. Lesen hat während des Lernprozesses (oder auch später bei sehr ungeübten Lesern) neben der kognitiven Ebene des Verstehens auch eine psychomotorische Komponente, nämlich zum Beispiel die Bewegung der Hand oder des Fingers, Bewegung der Lippen, lautes oder halblautes Lesen etc. Aber gerade auch der geübte Leser wird dann, wenn er eine der Schnelllesetechniken (etwa das diagonale Lesen) einsetzt, merken, dass es ohne die psychomotorischen Hilfsmittel nicht geht.

Sicherlich tritt dieser psychomotorische Lernzielbereich mit Beginn der Sekundarstufe I in den Hintergrund, verschwindet aber keinesfalls. Wer zum Beispiel nicht lernen wird, im Mathematikunterricht geschickt und flüssig mit Zirkel, Lineal und Geodreieck umzugehen, wird ebenso wenig Erfolg haben wie derjenige Schüler, der für ein Rollenspiel oder eine szenische Interpretation im Deutschunterricht nicht die Fähigkeit des empathischen Nachvollzugs von Haltungen und Handlungen erlernt hat.

Die zur psychomotorischen Dimension gehörenden Lernziele beziehen sich auf den Auf- und Ausbau der praktischen Fähigkeiten. Es reicht nicht aus, kognitiv psychomotorische Kenntnisse zu entwickeln, sondern das eigene „Tun" ist gefragt, denn ohne das selbstständige Ausführen manueller

Tätigkeiten und das Nachvollziehen von Bewegungsabläufen können keine Fertigkeiten entwickelt werden. Altersangemessene und realitätsnah gestaltete Situationen sollten die Grundlage für die Entwicklung von Handlungskompetenz bilden.

Auf dieser Ebene entwickeln die Schüler Strategien, wie das kognitive Wissen und die affektiven Einstellungen handelnd umgesetzt werden. Psychomotorische Übungsstrategien können sich beziehen

- auf der untersten Ebene auf eine saubere, deutliche und übersichtliche Schrift in allen Fächern,
- auf die Entwicklung der Fähigkeit, etwas freihändig skizzieren und zeichnen zu können,
- auf den sachangemessenen Umgang mit Hilfsmitteln für den Fachunterricht – vom exakten Einsatz des Geodreiecks über das schnelle Durchblättern eines Wörterbuchs bis zur sicheren Beherrschung eines Linolschneidemessers,
- auf die Fähigkeit zum Bau von Modellen und zum Aufbau von Versuchen,
- auf den sinnvollen Einsatz von Materialien und Medien, zum Beispiel die Gestaltung von Folien oder Wandzeitungen, den sachangemessenen Einsatz von Dias oder Filmausschnitten, die didaktischen Möglichkeiten des Internets,
- auf das Training der Empathie durch das sich Hineinversetzen in eine andere (reale oder fiktive) Person mit dem Ziel, sich das Körpergedächtnis dieser Person zu Eigen zu machen, um ihre Motive und Handlungen nachvollziehen und nacherleben zu können.

Diese unterschiedlichen Übungsstrategien wirken im Regelfall nicht unabhängig voneinander. So ist zum Beispiel zu beobachten, dass ein hochmotivierter Schüler seine kognitiven Defizite überspielen oder kompensieren kann, dass eine funktionierende Arbeitsgruppe auch einen Schüler mit geringem Vorwissen zur Arbeit motivieren kann sowie dass durch die Zusammenarbeit mit anderen die kognitiven Fähigkeiten erweitert und verbessert werden. Aber auch der gegenteilige Effekt kann eintreten, wenn zum Beispiel kein Gruppenmitglied in der Lage ist, das anstehende Problem zu lösen. Die Frustration ist dann groß, das Vorwissen ermöglicht keine Problemlösung, nichts kann kompensiert werden. Nicht nur die Auswahl der zu bearbeitenden Aufgabe, sondern auch die Bearbeitungsintensität bestimmen häufig das Zusammenwirken unterschiedlicher Übungsstrategien und damit das Ziel.

Wir haben die Erfahrung gemacht, dass es dennoch sinnvoll ist, die unterschiedlichen Übungsstrategien getrennt voneinander im Unterricht zu behandeln. Nur so war es den Schülern möglich, sie konkret umzusetzen, zu erläutern und zu verändern – sie also individuell „zuzuschneidern". Erst wenn ein Schüler sieht, welche positiven Erfolge er mit einer Veränderung der Übungsstrategie erzielt, ist er in der Lage, diese zu verändern.

Arten des Übens

An den Beginn dieses Kapitels möchten wir das berühmte Beispiel des wichtigsten französischen Reformpädagogen Celestin Freinet stellen.

Celestin Freinet: Verlasst die Übungsräume!

Seien wir ehrlich: wenn man es den Pädagogen überlassen würde, den Kindern das Fahrrad fahren beizubringen, gäbe es nicht viele Radfahrer.

Bevor man auf ein Fahrrad steigt, muss man es doch kennen, das ist doch grundlegend, man muss die Teile, aus denen es zusammengesetzt ist, einzeln, von oben bis unten, betrachten und mit Erfolg viele Versuche mit den mechanischen Grundlagen der Übersetzung und mit dem Gleichgewicht absolviert haben.

Danach – aber nur danach! – würde dem Kind erlaubt, auf das Fahrrad zu steigen. Oh, keine Angst vor Übereilung, ganz ruhig. Man würde es doch nicht ganz unbedacht auf einer schwierigen Straße loslassen, wo es möglicherweise die Passanten gefährdet. Die Pädagogen hätten selbstverständlich gute Übungsfahrräder entwickelt, die auf einem Stativ befestigt sind, ins Leere drehen, und auf denen die Kinder ohne Risiko lernen können, sich auf dem Sattel zu halten und in die Pedale zu treten.

Aber sicher, erst wenn der Schüler fehlerfrei auf das Fahrrad steigen könnte, dürfte er sich frei dessen Mechanik aussetzen. Glücklicherweise machen die Kinder solchen allzu klugen und allzu methodischen Vorhaben der Pädagogen von vornherein einen Strich durch die Rechnung. In einer Scheune entdecken sie einen alten Bock ohne Reifen und Bremse, und heimlich lernen sie im Nu aufzusteigen, so wie im Übrigen alle Kinder lernen: ohne irgendwelche Kenntnis von Regeln oder Grundsätzen grapschen sie sich die Maschine, steuern auf den Abhang zu und ... landen im Straßengraben. Hartnäckig fangen sie von vorn an und – in einer Rekordzeit können sie Fahrrad fahren. Übung macht den Rest.

Am Anfang jeder Eroberung steht nicht das abstrakte Wissen – das kommt normalerweise in dem Maße, wie es im Leben gebraucht wird – sondern die Erfahrung, die Übung und die Arbeit.

Verlasst zu diesem Jahresanfang die Übungsräume:

Steigt auf die Fahrräder!

Alles klar? Üben nur ganzheitlich und im Lebenszusammenhang? Alles andere ist Unsinn, und wir können uns zu Recht mit Freinet darüber lustig machen?

Sachte – so einfach ist es dann doch nicht: Man stelle sich vor, Kinder/Jugendliche würden auf diese Art das Autofahren oder das Fliegen eines Flugzeugs erlernen ... schon liegt man auf der Nase. Das Erlernen der Fähigkeit, ein Auto sicher, ohne Gefährdung der Umwelt und der eigenen Person, zu beherrschen, ist nur durch eine geschickte Kombination elementarer, ganzheitlicher, kreisförmiger etc. Übungen zu erreichen. Weil die Lebensverhältnisse der Menschen immer komplexer geworden sind, reicht eben die bloße Nachahmung der Erwachsenen oder das autodidaktische Herumprobieren nicht mehr aus – die historische Antwort auf diese Entwicklung bestand aus nichts anderem als der Herausbildung unserer heutigen Schule und dem ihr zugrunde liegenden Prinzip des systematischen Lernens unter Einbeziehung der im Folgenden beschriebenen Übungsarten.

	kreisförmig	**spiralförmig**	**linear**
elementar	Wiederholung grundlegender Kenntnisse	Anwendung und Erweiterung sicher beherrschter Kenntnisse	Linearer Aufbau systematischen Wissens
ganzheitlich	Wiederholung kontextbezogener Kenntnisse	Entwicklung von Kenntnissen in immer komplexer werdenden Kontexten	Linearer Aufbau kontextualisierten Wissens

Elementare Übungen

Probleme werden in ihre kleinsten Bestandteile zerlegt, diese werden auf die jeweiligen Grundlagen reduziert und – so weit möglich – voneinander getrennt. Der Übungsprozess konzentriert sich dann jeweils möglichst weitgehend auf ein einzelnes Element. Diese Elementarteile werden zunächst isoliert intensiv geübt, die Zusammenfügung zu einem größeren Ganzen erfolgt abschnittsweise erst später. Bekanntestes Beispiel für die elementare Vorgehensweise ist die „Buchstabenmethode" beim Lesenlernen.

Ganzheitliche Übungen

Ein bestimmtes Problem wird von vornherein nicht isoliert, sondern in seiner Gesamtheit und den Bezügen zu seiner Umgebung begriffen. Dahinter steht die Erkenntnis, dass ein Ganzes oft mehr ist als die Summe seiner Teile, die bloße Addition einzelner Elemente also kein sachadäquates Vorgehen ist. Der ganzheitliche Aspekt des Lern- und Übungsprozesses kann auch sehr weit gefasst werden: bis hin zum sozialen Lernen „mit Kopf, Herz und Hand" (Pestalozzi), der Kinesiologie oder der Meditation. Ein allen bekanntes Beispiel ist die „Ganzwortmethode" beim Lesenlernen.

Kreisförmige Übungen

Kreisförmige Übungen sind immer wiederkehrende Wiederholungszyklen, die keinen anderen Zweck haben, als den erreichten Lernstand zu erhalten und zu sichern, ein Lernfortschritt findet also grundsätzlich hier nicht statt. Diese Übungen sind insbesondere in zwei Bereichen wichtig und notwendig:

1. Sie dienen dazu, gewisse manuelle oder taktile Fertigkeiten auf einem bestimmten Niveau zu halten: Der Schüler, der ambitioniert Klavier spielt, macht jeden Tag seine Fingerübungen, und auch der sportbegeisterte Schüler, der Fußballprofi werden will, übt jeden Tag die Ballannahme, sie benötigen diese kreisförmigen Übungen, um die einmal erreichten Fertigkeiten auf diesem Niveau zu stabilisieren.
2. Sie sind – allerdings in unterschiedlichem Maße – für fast alle Schüler nötig, um bereits erreichte Kompetenzen zu erhalten. Natürlich gilt dies besonders für lernschwache Schüler mit schlechtem Gedächtnis, mit ADS-Syndrom, mit Legasthenie oder Dyskalkulie etc., aber auf kreisförmige Übungen kann grundsätzlich niemand, der etwas lernen möchte, verzichten.

Spiralförmige Übungen

Spiralförmige Übungen zeichnen sich dadurch aus, dass ein bestimmtes Problem – zum Beispiel Rechtschreibfälle – zunächst an sehr einfachen Beispielen so lange eingeübt wird, bis es in Bezug auf dieses einfache Problem vollständig beherrscht wird. Zu einem späteren Zeitpunkt wird dieses Problem (Rechtschreibfälle) in einem komplexeren Zusammenhang, also an anspruchsvolleren Beispielen, wiederholt. Ziel ist einerseits die Rekapitulation der früher gelernten Fähigkeiten und Kenntnisse, andererseits die Ausweitung des schon Beherrschten auf neue schwierigere Sachverhalte. Dieser Schritt wird mehrfach wiederholt: Stets wird dasselbe Problem (die Regel, der Lösungsalgorithmus, die Formel etc.) bearbeitet und auf einem höheren Niveau erweitert angewendet. Spiralcurricula in der Schule wenden diesen Wiederholungszyklus im Regelfall jahrgangsbezogen an – wir halten dies für viel zu selten und sind der Meinung, dass spiralförmige Übungen sehr viel häufiger und intensiver in den Prozess des schulischen Lernens einbezogen werden müssen.

Lineare Übungen

Das lineare Üben geht noch einen Schritt weiter als das spiralförmige, es stellt die anspruchsvollste, aber auch effektivste Form des Übens dar. Es ist primär geeignet für Schüler, die zumindest in dem zu übenden Teilbereich über eine hohe Intelligenz, eine schnelle Auffassungsgabe und ein überdurchschnittlich gutes Gedächtnis verfügen. Ein ganzer Problem- oder Themenkomplex wird beim linearen Üben systematisch, fortlaufend und immer komplexer werdend entfaltet. Wiederholungen im Sinne kreis- oder spiralförmiger Übungen finden so gut wie gar nicht statt. Das besondere Problem ist, dass es viele Schüler gibt, die je nach Fächern eine sehr unterschiedliche Leistungsfähigkeit haben. Ein Schüler, der zum Beispiel geniale Fähigkeiten in Mathematik, aber bestenfalls durchschnittliche in den Fremdsprachen hat, wird in Mathe wunderbar linear üben können, in den Fremdsprachen aber mit dieser Art von Übungen mit hoher Wahrscheinlichkeit scheitern – auch hier werden unseres Erachtens die Schüler von der Schule zu wenig beraten und begleitet.

Diese Matrix stellt nur einen sehr groben Versuch einer Systematisierung dar und ist primär als Orientierungshilfe gedacht. Sie soll den konkreten Differenzierungsprozess, der auf die spezifischen Fähigkeiten der einzelnen Schüler abgestimmt werden muss, erleichtern und begleiten.

Gütekriterien für effektives Üben

Beinahe alles, was Menschen planen und rational begründbar unternehmen, muss sich Kontrolle und Kritik gefallen lassen – von der einfachsten manuellen Tätigkeit bis zum hochkomplexen wissenschaftlichen Forschungsdesign ist die Überprüfung durch andere ein selbstverständlicher Teil des Arbeitsprozesses. Unterricht als bewusst geplante und didaktisch konstruierte Angelegenheit macht hier keine Ausnahme, im Gegenteil: Die behauptete oder angezweifelte Qualität des schulischen Unterrichts steht häufig im Mittelpunkt des öffentlichen Interesses. Als problematisch an der Kontrolle und Überprüfung des Unterrichts hat sich aber immer wieder die nur sehr begrenzt vornehmbare Objektivierung und Operationalisierung der Messkriterien erwiesen. Hinzu kommt, dass die innere Seite des Lernprozesses (vgl. MEYER 1987) ohnehin der direkten Beobachtung entzogen ist und sich nur der interpretierenden hermeneutischen Deutung erschließt. Dennoch gibt es einige aussagekräftige empirische Untersuchungen über Erfolgs- und Gütekriterien von Unterricht (zum Beispiel WEINERT 1997). Es sind dies im Wesentlichen:

- klare Strukturiertheit des Unterrichtsablaufs,
- „Reibungslosigkeit“ der Lehrerinterventionen,
- fachliche Korrektheit,
- klar formulierte und kontrollierte Leistungserwartungen,
- erfolgreiche Steuerung der Schüleraufmerksamkeit,
- lernfreundliche, positive Unterrichtsatmosphäre,
- Methodenvielfalt,
- das regelmäßige Einholen von Schüler-Feedback.

Allerdings sind diese Ergebnisse wissenschaftlicher Unterrichtsevaluation nicht im Sinne einer bloßen Rezeptur zu verstehen: Unterricht ist ein viel zu komplexer Prozess, als dass man nach dem Motto „Man nehme ...“ verfahren könnte, um automatisch guten und effektiven Unterricht zu erhalten. Sie sind eher als Bedingungen zu verstehen, als „conditio sine qua non“.

Von diesen Vorüberlegungen ausgehend haben wir in Zusammenarbeit mit einer Gruppe von Studenten und mit einer Reihe von Schulklassen versucht, Indikatoren für gute Übungen und Übungsprozesse zu entwickeln. Die Grundlage für diese Untersuchung sind die individuellen Erfahrungen der Beteiligten, die ein erhöhtes Maß an Möglichkeiten einfordern, um das, was sie gelernt haben, zu üben und anzuwenden. Ihr eindeutig formuliertes Ziel ist die Leistungsverbesserung. Leider fehlen Schülern häufig die begründeten Urteile und Rückmeldungen der Lehrer über ihre Kenntnisse und Schwächen im fachlichen und methodischen Bereich.

Diese Defizite sind nach überwiegender Meinung der Schüler auf die ungleiche Verteilung von Informations-, Problematisierungs- und Übungsphasen des Unterrichts zurückzuführen: Die Präsentation von Informationen und die problematisierende Diskussion werden zu Lasten des Übens, Wiederholens und Anwendens des Gelernten überproportional ausgedehnt.

Sie kritisieren, dass erworbene Fähigkeiten und gelernte Fertigkeiten nur selten über einen längeren Zeitraum systematisch wiederholt und angewendet werden. So gibt es für sie kaum eine Chance, Informationen zu behalten und zu speichern. Die Einbettung des neu Gelernten durch unterschiedliche Aufgabenstellungen gestaltet sich meistens so, dass nur eine Reihe von fast gleichen Aufgaben (entweder mit anderen Zahlen oder in leicht variierter Aufgabenstellung) als Hausaufgabe oder in der kurzen Übung im Unterricht behandelt wird. Sie sind sich sicher, dass sie nur die Informationen lange behalten und speichern können, die sie auch intensiv geübt haben und die damit jederzeit abrufbar sind – vorausgesetzt, sie sollen sie in ähnlich gelagerten Situationen anwenden. Fertigkeiten, die sie einmal erworben haben, aber nur teilweise gekonnt oder geübt haben, waren sehr viel schneller wieder vergessen, nach einem Jahr ohne Übung müssen sie sogar völlig neu gelernt werden. Insbesondere umfangreiche und komplexe Lernprozesse erfordern ein weitaus höheres Maß an praktischen Übungen als einfache und leicht nachvollziehbare Denkprozesse.

Die Entwicklung von Übungsmethoden und -strategien ist Schülern unseren Untersuchungen nach weitestgehend unbekannt. Einige erinnern sich, den Begriff Lernstrategie „irgendwo“ schon ’mal gehört zu haben, verbinden aber wenig bis nichts mit diesem Begriff.

In diesem gemeinsamen Reflexionsprozess von Lehrern, Studenten und Schülern ist es uns gelungen, die bei allen bereits vorhandenen Übungsstrategien durch nachträgliches lautes Denken zu verbalisieren, durch gemeinsame Diskussionen zu verfeinern und zu verbessern und unter Berücksichtigung der einzelnen Schüler-Lerntypen individuell zuzuschneiden und anzupassen. Als zentrale Erfahrung formulieren alle, dass die unterschiedlichen Übungsstrategien so viel schneller und wirksamer angewendet werden können. Alle Beteiligten bemängeln unisono, dass gerade die Hausaufgaben eine wenig geeignete Form der Übung sind, da sie im Regelfall ohne methodische Anleitung und Kontrolle durch den Lehrer oder andere Mitschüler erledigt werden.

Wir sind einhellig zu der Meinung gelangt, dass häusliche Stillarbeit in Form von Hausaufgaben wenig effektiv ist. Uns allen erscheint es besser, in den Unterrichtsprozess Übungs-, Wiederholungs- und Festigungsphasen zu integrieren (zum Beispiel Arbeitsplanstunden), diese produzieren nicht nur ein höheres Maß an Verbindlichkeit, sondern ermöglichen auch die Effektivierung des Übungsprozesses durch wechselnde Sozialformen und Methoden. Dann können die Schüler besser selbstständig üben und sich eigene Aufgaben aussuchen, es können bessere Anwendungszusammenhänge hergestellt werden, die für die Schüler interessant sind und die das selbstgesteuerte Lernen fördern. Am Ende dieses Projektes stand für uns Lehrer, die Studenten und die Schüler fest, wie sinnvolle Gütekriterien für erfolgreiches und effektives Üben aussehen.

Gütekriterien für effektives Üben

Subjektive Bedeutsamkeit des Übungsgegenstandes für den Schüler

Wenn der Gegenstand oder das Thema einer Übung für den Schüler subjektiv wichtig ist, dann wird der Erfolg des Übens erhöht. Nicht nur die Lehrer, sondern auch die Schüler merken sich die Informationen besser, die sie interessieren. Wir haben die Erfahrung gemacht, dass sich derjenige Schüler, der seine Freizeit mit den Pfadfindern verbringt, alle Pflanzen- und Tiernamen schnell und umfassend merken kann. Die grammatikalischen Begriffe dagegen hat er auch nach mehreren Jahren noch nicht behalten – obwohl die Struktur der Lernleistungen sehr ähnlich sind.

Hoher Grad an Schüler-Selbsttätigkeit und Entwicklung von Selbstständigkeit

Die Erziehung der Schüler zur Selbstständigkeit setzt voraus, dass sie im Unterricht die Möglichkeit haben, selbsttätig zu handeln, selber Lösungsschemata zu entwickeln, Modelle zu konstruieren, eigene Gesetzmäßigkeiten zuentwickeln etc. Ein hoher Grad an Selbsttätigkeit erhöht den Erfolg des Übens.

Sinnvoll strukturierte Sinn-, Sach- und Problemzusammenhänge der Informationen

Zusammenhangslose Informationen bleiben weniger lange im Gedächtnis haften als sinnvoll strukturierte. Der Erfolg beim Üben wird immer dann größer, wenn zum Beispiel Strukturierungshilfen beim Lesen eines Textes genutzt werden, wenn Rhythmen das Auswendiglernen eines Gedichtes unterstützen, wenn Signalwörter den Biologietext gliedern, wenn logische Verknüpfungen deutlich gemacht werden, wenn Bilder oder Eselsbrücken das Auswendiglernen unterstützen etc.

Logische Verknüpfungen mit älteren Wissensbeständen

„Ach ja, das habe ich schon mal im Deutschunterricht gehört – ich erinnere mich." Wenn Schüler dieses Aha-Erlebnis so oft wie eben möglich im Unterricht und beim Üben haben, dann kann man davon ausgehen, dass sie sich auch die neuen Informationen deutlich besser merken und behalten können.

Einführung ähnlicher Inhalte nicht parallel oder gleichzeitig

Die Ähnlichkeit neuer Informationen führt dazu, dass man sich weder an das eine noch an das andere erinnern kann. Der Erfolg des Übens ist also davon abhängig, dass zum Beispiel nicht in der ersten Stunde englische Vokabeln gepaukt werden und in der zweiten Stunde französische oder dass nicht gleichzeitig die Multiplikation und die Division von Brüchen eingeführt werden.

Mäßiges, aber regelmäßiges Üben

Der Übungserfolg wird nicht dadurch erhöht, dass sich der Schüler einen Tag vor der Klassenarbeit hinsetzt und den gesamten Unterrichtsstoff der Einheit wiederholt. Am nächsten Tag hat er einen großen Teil schon wieder vergessen. Erfolg versprechend ist der rechtzeitige Beginn des Übens, damit man Zeit hat, in regelmäßigen Intervallen (selbst gewählt) die Inhalte zu üben und sich einzuprägen.

Berücksichtigung unterschiedlicher Lerntypen durch differenzierte Arbeitstechniken, -materialien und -medien:

Einen vorgetragenen Text, der durch ein Bild oder einige Grafiken verdeutlicht wird, kann man sich viel besser merken als nur das gehörte

Wort. Mancher liest sich den Sachtext auch selbst laut vor, weil ihm dann mehr davon in Erinnerung bleibt. Der größte teil der Schüler übt dann am besten, wenn möglichst viele Sinne berücksichtigt werden. Daher ist es sinnvoll und hilfreich, im Unterricht und bei den Übungen die unterschiedlichen Lerntypen zu berücksichtigen und differenzierte Materialien und Medien einzusetzen.

Regelmäßige Reaktivierung und Anwendung des Gelernten

Was für den Fußballprofi oder den Konzertpianisten völlig klar ist – nämlich dass er seinen Beruf nur dann ausüben kann, wenn er regelmäßig übt – muss auch den Schülern „in Fleisch und Blut" übergehen. Neues Wissen muss also immer wieder reaktiviert werden – nach zehn Minuten, nach einer Stunde, oder nach einem Tag, nach zwei Tagen, nach einer Woche usw., denn sonst ist es nach kurzer Zeit schon wieder in Vergessenheit geraten.

Das Üben der Schüler ist eine komplexe, in den gesamten Unterrichtsprozess eingebettete Tätigkeit. Deshalb ist keine einzige Übung denkbar, in der nicht immer mehrere der aufgelisteten Gesetzmäßigkeiten eine Rolle spielen dürften.

Beispiele zur Evaluierung der Realisierungsstrategien

Übungsstrategien spielen sich im Kopf ab und sind daher im Regelfall nicht beobachtbar, sondern bedürfen der deutenden Interpretation. Es ist also notwendig, sie durch entsprechende Methoden explizit zu machen, das heißt, Denken und Handeln müssen handlungsbegleitend oder nachfolgend verbalisiert werden. Die folgenden Methoden zur Bewusstmachung der eigenen Übungsstrategien haben wir selber erfolgreich erprobt, und wir möchten sie (ohne jeden Anspruch auf Vollständigkeit) hier kurz vorstellen:

Lautes Denken

„Lautes Denken zielt darauf, die Gedanken der Versuchsperson im Zuge einer Handlung unmittelbar zu erfassen, und diese Erfassung des Denkprozesses soll nicht nur deshalb zeitlich unmittelbar mit dem eigentlich interessierenden Denkprozess erfolgen, weil sonst Vergessensprozesse auftreten, sondern weil gehofft wird, eben den Denkprozess selbst bzw. Teile davon durch die Versuchsperson verbalisiert zu erhalten“ (BROMME 1981, S. 77 f.).

Simultanes lautes Denken
Die Methode des simultanen lauten Denkens ist nicht mit der nachträglichen Reflexion eines Denkprozesses zu verwechseln. Es geht also nicht darum, etwas nach erfolgreichem Abschluss in seinem Verlauf zu beschreiben, sondern um das unmittelbare Bewusstmachen der Gedankenabläufe während des Prozesses. Wir stellen diese Methode anhand eines Beispiels ausführlich vor.

Unsere positiven Erfahrungen zeigen, dass die spontanen Gedankenäußerungen eines Menschen einen guten Aufschluss über seinen Denkprozess geben. Zu berücksichtigen sind allerdings in jedem Fall die Bedingungen, unter denen diese Aussagen gemacht werden. Steht ein Schüler „unter Druck“, weil er zum Beispiel Ärger mit seiner Freundin hatte, ist der Lärmpegel so hoch, dass man sein eigenes Wort kaum verstehen kann o. Ä. – dann sind die Daten kaum noch unverfälscht und verändern sich bei einer erneuten Besprechung. Geschieht das laute Denken in einer für alle angenehmen Atmosphäre, sind die Daten authentisch und bieten eine gute Basis für die Verbalisierung der individuellen Übungsstrategien.

Am leichtesten können die Schüler ihre Vorgehensweisen und Übungsstrategien formulieren, wenn sie mit ihrem eigenen Vorgehen Schwierigkeiten haben oder wenn ihr Weg nicht zum erwünschten Ergebnis geführt hat. Es hat sich für uns auch gezeigt, dass durch die Verbalisierungen für uns besser nachvollziehbar wird, was die Schüler unter dem Begriff Routine verstehen.

Mit Hilfe von Interviews oder Fragebogen erhalten wir häufig Antworten, die sich an unseren Fragestellungen orientieren. Sie formulieren nicht die als unwichtig erachteten Aspekte. Beim lauten Denken kann der Schüler selbst den Bedeutungsgehalt seiner Worte bestimmen und darstellen und er hat immer die Möglichkeit, seine Gedankengänge erklärend darzustellen. So manche Übungsstrategie ist dem Schüler erst während des lauten Denkens bewusst geworden.

Es gibt unterschiedliche Möglichkeiten, die Gedanken zu protokollieren:

- Der Schüler schreibt selber ein Protokoll, während er laut denkt.

Aufgabe:

$$\eta: \vec{x} = \begin{pmatrix}1\\4\\\kappa\end{pmatrix} + \lambda \begin{pmatrix}2\\4\\t\end{pmatrix}$$

$$g: \vec{x} = \begin{pmatrix}3\\8\\5\end{pmatrix} + \mu \begin{pmatrix}1\\2\\2\end{pmatrix}$$

Bestimmen Sie κ und t so, dass

a) η parallel zu g
b) η gleich g
c) η und g einen Schnittpunkt haben

a) Richtungsvektoren gleichsetzen

$$\begin{pmatrix}2\\4\\t\end{pmatrix} = \tau \begin{pmatrix}1\\2\\2\end{pmatrix} \qquad \tau = 2 \quad t = 4$$

z. B. sei $\kappa = 7$

So, jetzt schaue ich erst mal die alten Sachen an – parallele Vektoren, ne, das hieß linear abhängig oder kollinear ...
Und bei Geraden – wie war das noch? Parallel, dann sind die Richtungsvektoren gleich, oder?
– dann muss einer ein Vielfaches des anderen sein.
– Ich muss t ausrechnen.
– Alles mal 2 nehmen, dann muss t = 4 sein.

Die zu der Geraden g Parallele Gerade lautet:

$$\eta: x \vec{=} \begin{pmatrix}1\\4\\7\end{pmatrix} + \lambda \begin{pmatrix}2\\4\\4\end{pmatrix}$$

Parallele Geraden: Stützvektoren können unterschiedlich sein. Egal, was ist, es muss nur anders sein als beim anderen Stürzvektor.

b) g und η mit dem Kollinearen Richtungsvektor gleichsetzen

$$\begin{pmatrix}1\\4\\\kappa\end{pmatrix} + \lambda \begin{pmatrix}2\\4\\4\end{pmatrix} = \begin{pmatrix}3\\8\\5\end{pmatrix} + \mu \begin{pmatrix}1\\2\\2\end{pmatrix}$$

Wenn gleich, hm ...
Nicht nur die Richtungsvektoren kollinear, was mit wahrer Aussage

$$1 + 2\lambda = 3 + \mu$$
$$4 + 4\lambda = 8 + 2\mu$$
$$\kappa + 4\lambda = 5 + 2\mu$$

$$2\lambda = 2 + \mu$$
$$2\lambda = 4 + 2\mu$$
$$\kappa + 4\lambda = 5 + 2\mu$$

$\mu = 2\lambda - 2$ einsetzen

$$4\lambda = 4 + 2\,(2\lambda - 2)$$
$$\kappa + 4\lambda = 5 + 2\,(2\lambda - 2)$$

oder (–)
$-\kappa = -1$

<u>0 = 0</u> für $\kappa = 1$

Die Gerade $\eta: \vec{x} = \begin{pmatrix}1\\4\\1\end{pmatrix} + \lambda \begin{pmatrix}2\\4\\4\end{pmatrix}$

ist mit g identisch

Erst mal übersichtlicher – Gleichungen mit 3 Unbekannten, mal sehen, was Ole da raus hat. Der zeigt, dass der eine Stützvektor minus dem anderen Stützvektor ein Vielfaches vom Richtugnsvektor sein muss. Versteh ich nicht. Löse die Gleichung so ... ich muss ne <u>wahre Aussage</u> erhalten
Passt für 1, na prima, muss ich nur noch mal mit Ole abgleichen ...

Simultanes, lautes Denken (Mathe GK, Daniel, Klasse 12 – Auszug)

- Zwei Mitschüler protokollieren die ausgesprochenen Gedankengänge des Schülers und gleichen sie hinterher miteinander ab.
- Die „lauten Gedanken“ eines Schülers werden mit einem Kassettenrekorder aufgenommen und hinterher gemeinsam besprochen und ausgewertet.
- Der Schüler wird beim lauten Denken mit einer Videokamera aufgenommen, die Aufnahme wird hinterher gemeinsam besprochen. Das hat den Vorteil, dass auch Gestik und Mimik beobachtet und kritisch hinterfragt werden können.

Nachträgliches lautes Denken

Eine weitere Variante des lauten Denkens ist das nachträgliche laute Denken. Konkrete Situationen, in denen ein bestimmter Schüler während der Übungsstunden agiert, werden auf Tonband oder Video aufgezeichnet. Unmittelbar nach der Stunde wird das Band vorgespielt und an bestimmten Stellen, die dieser Schüler selber auswählt, angehalten. Der Kern der Methode besteht darin, dass dieser Schüler im Nachhinein laut ausspricht, was ihm in dieser konkreten Situation durch den Kopf gegangen ist. Die Aussagen werden protokolliert und mit den anderen Gruppenmitgliedern und dem Lehrer besprochen.

Auch wenn die Methode des lauten Denkens ein eher mühsames und zeitintensives Unterfangen ist, so sprechen doch die positiven Ergebnisse für den Einsatz, wenn es darum geht, individuelle Übungsstrategien zu verbalisieren und öffentlich zu machen. So mancher Schüler hat mit Hilfe dieser Methode im Nachhinein erkannt, wie er beim Üben vorgeht und welche Strategien er verfolgt, sodass die Effektivität dieser Strategien gezielt hinterfragt und verbessert werden konnte.

Methodentagebuch

Die Führung eines Methodentagebuchs verlangt von den Schülern eine nicht unerhebliche Leistung auf der methodischen Metaebene des Übungsprozesses: Die Erfassung des Denkprozesses wird nicht wie beim simultanen lauten Denken verbalisiert, sondern die Schüler notieren ihre Gedanken schon beim Üben – das heißt parallel zur fachlich inhaltlichen Vorgehensweise. Diese Methode ist eher für ältere Schüler geeignet, denn das gleichzeitige Aufschreiben und Arbeiten behindern so manchen Gedankengang oder dessen Bewusstwerdung. Allerdings gilt auch hier, dass Übung den Meister macht, das heißt, ein systematisches Training dieser Methode kann schon in den unteren Klassen der Sekundarstufe I ansetzen, sodass dann mit zunehmendem Alter dieses Vorgehen erleichtert wird.

Als wenig effektiv hat sich folgendes Vorgehen erwiesen, von dem wir in Bezug auf die hier vorgestellte Methode deshalb auch abraten möchten: Am Stundenende erhalten die Schüler ca. fünf Minuten Zeit, um ihre Gedanken zum Üben bzw. ihre Strategien aufzuschreiben. Wir haben immer wieder feststellen müssen, dass bei dieser zeitlichen Trennung die Fachinhalte, die methodischen Vorgehensweisen und das individuelle Übungsverhalten nicht deutlich voneinander getrennt werden, sodass die Intention dieser Methode – die Erfassung des Denkprozesses – nicht in genügendem Maße realisiert werden konnte. Auch wenn es für Schüler und Lehrer zunächst gleichermaßen ungewohnt ist, zwei Tätigkeiten parallel nebeneinander auszuführen, so hat sich doch erwiesen, dass diese Parallelität letztlich die ergiebigste Form des Tagebuchschreibens ist.

Methodentagebücher sind allerdings nur dann eine große Hilfe zur Erfassung und Effektivierung von Übungsstrategien, wenn sie regelmäßig und systematisch von den Schülern geschrieben und ebenso kontinuierlich vom Lehrer gelesen und kommentiert werden. Auch die gemeinsame Besprechung zu zweit oder in der Gruppe ist ein unverzichtbarer Bestandteil dieser Methode, denn nur so erhalten die Schüler ein angemessenes Feedback. Der Zeitaufwand ist daher erheblich, aber das Methodentagebuch stellt eine geradezu ideale Möglichkeit dar, individuell und differenziert mit den Schülern zu kommunizieren und sie und ihre Übungsstrategien so besser kennen zu lernen.

Es hat sich als besonders praktikabel erwiesen, die Schüler zu bitten, für das Methodentagebuch möglichst eine Din-A4-Kladde mit festem Einband anzulegen. Die Seiten werden so unterteilt, dass entweder die untere Hälfte des Heftes oder die rechte Hälfte durch einen deutlich markierten Strich abgetrennt wird. Hier schreiben die Schüler dann ihre Vorgehensweisen und Übungsstrategien auf. So weiß der Schüler, was ihn in diesem Bereich erwartet, und der Lehrer kann mit einem Blick die fachliche Bearbeitung von den Strategien trennen.

Ziel dieses Bewusstwerdungs- und Interpretationsprozesses ist es, den Schülern ein differenziertes und individualisiertes Repertoire von Übungstechniken und -instrumenten an die Hand zu geben. Die Schüler müssen ihre unterschiedlichen Wirkungen, Vor- und Nachteile kennen und eigenständig auf die entsprechenden konkreten Anwendungsbedingungen (wie, was, wo, wann, warum?) übertragen können. Je weiter dieser Prozess der Einsicht in die Strategien des eigenen Übens fortschreitet, desto größer wird ihre Übungskompetenz.

Aufgaben:	**Erläuterung:**
$\sin 410^\circ - \sin (50^\circ + 360^\circ)$ $= \sin 50^\circ$	– worum geht es, nichts verstanden? – Beispiel angesehen – ganzen Kreis genommen (360°) + den Winkel, um auf 410° zu kommen
$\sin 420^\circ = \sin (60^\circ - 360^\circ)$ $= \sin 60^\circ$	– ganzen Kreis genommen – den Winkel bis 420° genommen
$\sin 480^\circ = \sin (120^\circ + 360^\circ)$ $= \sin 120^\circ$	– ganzen Kreis genommen – + Winkel bis 480°
	Jetzt habe ich es verstanden, nachdem ich zwei ähnliche Aufgaben gelöst habe. Ich teile die Winkel, die größer als 360° sind, auf in 360° und den Restwinkel. Der Sinus von 360° ist nämlich gleich 0. Eigentliche hätte ich auch ohne das Beispiel darauf kommen können, wenn ich mir eine Kreisscheibe zu Hilfe genommen hätte.

Beispiel: Methodentagebuch

Integration in den Unterricht

Wie können Übungsphasen organisch und sinnvoll in den Unterricht eingebettet werden? Wir stellen in diesem Kapitel Vorschläge für die Integration dieser Phasen in die Planung und die strukturierte Durchführung von Unterricht und in die Organisation von Schule vor und illustrieren diese jeweils anhand einiger Beispiele. Wir wollen eine konkrete Didaktik des Übens im Unterricht umreißen.

Übung als Ein- und Ausstiegsritual

Viele Kollegen – insbesondere die gestandenen – verbinden mit dem Wort „Ritual" die Erinnerung an eher überholte und autoritäre Gebräuche der früheren Obrigkeitsschule. Sicher sind einige althergebrachte Rituale zu Recht abgeschafft worden! Was allerdings zeitweilig verloren ging und erst langsam wieder in den Blickpunkt rückt, ist die didaktische Reflexion der verschiedenen Funktionen von ritualisierten und nach immer gleichem Schema ablaufenden Unterrichtsphasen. Glaubwürdige Rituale haben durchaus eine ganze Reihe von positiven Funktionen, sie können das gesamte schulische Leben wie den Unterrichtsprozess strukturieren. Rituale zur Übung bzw. Wiederholung sind weitestgehend standardisiert und stereotyp, das heißt, sie laufen mehrmals täglich in immer der gleichen Weise ab.

> Übungsrituale bestehen aus immer wiederkehrenden und daher sofort verständlichen, verkürzten und standardisierten Handlungen, die vielfach in symbolischen Andeutungen mit Aufforderungscharakter verdichtet sind.

Kurze Übungsrituale (am Beginn oder Ende einer Stunde) haben folgende Funktionen:

- Sie können eine klare Unterrichtsstruktur fördern, sie schaffen deutlich sichtbare Eckpunkte für unterschiedlichste Unterrichtsphasen.

- Von Schülern und Lehrern gemeinsam verabredete und aufgestellte „Spielregeln“ müssen konsequent eingehalten werden. Sie können die stets gefährdete „Machtbalance“ zwischen Lehrer und Schülern immer wieder stabilisieren.
- Sie wirken durch die Rhythmisierung des gemeinschaftlichen Lebens in der Klasse integrierend und geben damit eine verlässliche Orientierung für das Zusammenleben.

Besonders am Stundenanfang brauchen Schüler eine kurze und möglichst hoch ritualisierte Phase, um sich innerlich aus dem Pausengeschehen oder der vorherigen Stunde zu lösen und sich auf die neue Stunde einzustellen. Der immer gleiche Ablauf wirkt beruhigend, da die Schüler wissen, was auf sie zukommt, und er diszipliniert gleichzeitig, weil sie klar kalkulieren können, welche Verhaltenserwartungen an sie herangetragen werden.

Rituale verkörpern innerhalb der Dialektik von Verlässlichkeit und Freiheit/Spontaneität, die für guten Unterricht unverzichtbar ist, den ruhenden, vertrauten Pol, auf den man sich als Schüler ohne „Risiko“ verlassen und einlassen kann. Übungsrituale müssen selbstredend immer wieder auf ihre inhaltliche Rechtfertigung überprüft und gegebenenfalls modifiziert werden. Dies gilt insbesondere für den Aspekt der Altersangemessenheit. Sie dürfen ebenso wenig zum „Unterwerfungsritual“ verkommen wie zur kindischen Spielerei, wenn sie gegenseitigen Respekt zum Ausdruck bringen sollen.

Der Fantasie sind bei der Gestaltung der Rituale natürlich keine Grenzen gesetzt, das einzig Wichtige ist, dass eine in jeder Stunde gleiche, etwa zwei bis fünf Minuten dauernde Phase deutlich gekennzeichnet wird, sei dies nun durch sprachliche, akustische, optische oder sonstige Hilfsmittel. Auch psychomotorische Übungsrituale (zum Beispiel „Affe und König“, „Reise nach Jerusalem“, kinesiologische Übungen etc.) sind hilfreiche Varianten zur Steigerung der Konzentration und einer positiven Arbeitshaltung. Dem häufig geäußerten Gegenargument, man würde mit Ritualen viel kostbare Unterrichtszeit verschenken, möchten wir zwei Gedanken entgegenhalten:

- Ohne Einstieg geht es nicht, selbst wenn alle pünktlich da sind, muss erst einmal Ruhe eintreten.
- Rituale erhöhen die Konzentration, was einen minimalen Zeitverlust mehr als rechtfertigt.

Beispiele für Ein- und Ausstiegsrituale

Die „Lernscheibe“: eine große Scheibe aus Holz, mit Tafellack gestrichen, aufgebaut wie ein Glücksrad zum Drehen (auch von ungeübten Heimwerkern ohne Mühe herstellbar). Die Lernscheibe wird zu Stundenbeginn oder am -schluss vorn in den Klassenraum gestellt. In vielen Unterrichtsfächern können Sie mit ihrer Hilfe regelmäßige Wiederholungsübungen inszenieren. Die Übung kann Wettbewerbscharakter erhalten, wenn Sie die Klasse in zwei oder mehr Gruppen aufteilen, die dann gegeneinander antreten. Dieser Wettbewerb kann über einen längeren Zeitraum stattfinden und durch das Führen einer „Bundesligatabelle“ begleitet werden. Die Scheibe kann zum Beispiel im Fremdsprachenunterricht (Vokabellernen), im Mathematikunterricht (Kopfrechnen), im Grammatikunterricht (Wortarten/Zeiten/Fälle ...), im Biologieunterricht (deutsche und lateinische Bezeichnungen von Tieren und Pflanzen), im Geschichtsunterricht (Geschichtszahlen und Daten) etc. eingesetzt werden. Die Form der Lernscheibe hat sich auch als Drehscheibe mit unterschiedlichen Übungsmöglichkeiten bewährt. Ein Schüler dreht die Scheibe – wie bei der Lotterie – und es wird die Übung durchgeführt, auf die der Pfeil stehen bleibt. Der Zufall macht das gemeinsame Üben spannender.

Die „...-schlange“: Die Klasse wird in zwei Gruppen geteilt, die sich in einer langen Reihe hintereinander so aufstellen, dass die beiden ersten Schüler jeder Reihe sich gegenüberstehen. Die Lehrerin oder der Lehrer stellt eine Aufgabe und die Schülerin oder der Schüler mit der richtigen und schnelleren Antwort darf sich wieder hinten in der eigenen Reihe anstellen, während die oder der andere sich setzen muss. Dann treten die jeweils zweiten in der Reihe gegeneinander an und so fort. Verloren hat diejenige Gruppe, in der zuerst alle sitzen.

Der „...-crack“: Beim ersten Einsatz dieser Methode stellt die Lehrerin oder der Lehrer zu Stundenbeginn der gesamten Klasse eine mehrteilige Aufgabe. Wer zuerst die richtige Antwort sagt, wird für diese Stunde „Rechencrack“ (oder „Vokabelcrack“ o. Ä.) und darf sich zu Hause für die nächs te Runde eine entsprechende Aufgabe ausdenken und so fort. Da auf diese Weise aber nur die Besten das Spiel unter sich ausmachen würden, sollten Sie als Lehrer für jeden gewesenen Crack eine „Sperrfrist“ verhängen, in der er allenfalls außer Konkurrenz mitlösen darf, um die Schwächeren nicht zu demotivieren. Zusätzlich können Sie die Klasse in mehrere Leistungsgruppen aufteilen, in denen dann jeweils ein „Crack“ gefunden wird, sodass auch die Leistungsschwächeren Spaß an dieser Aufgabe bekommen.

Der „Eierknacker": erfordert ein bisschen Sammeltätigkeit (notwendig sind etwa 60 bis 70 Döschen: die Kapseln aus Überraschungseiern oder leere Filmdosen o. Ä.) und Vorbereitung. In jede Dose kommt eine Aufgabe, zum Beispiel eine Rechenaufgabe, mit einer Kennziffer. Der Gewinner der letzten Runde erhält ein Blatt mit den Lösungen (also zum Beispiel: Bei Aufgabe Nr. 17 kommt 249 heraus) und leitet das Spiel. Jede Schülerin und jeder Schüler darf sich aus einem Sack eine Dose herausnehmen und öffnen. Wer glaubt, die richtige Lösung errechnet zu haben, geht zum Spielleiter und trägt das Ergebnis vor. Wer sich verrechnet hat, scheidet aus, wer die richtige Lösung gefunden hat, darf ein neues Ei öffnen. Gewinner ist, wer die meisten Eier „geknackt" hat. Sie oder er übernimmt die Funktion des Spielleiters in der nächsten Runde.

Die Zeitstruktur des Übens in der Phasierung des Unterrichts

Die folgende Grafik verdeutlicht, welchen qualitativen und quantitativen Stellenwert wir dem Übungsprozess in der Phasierung einer Unterrichtsstunde und -einheit zumessen.

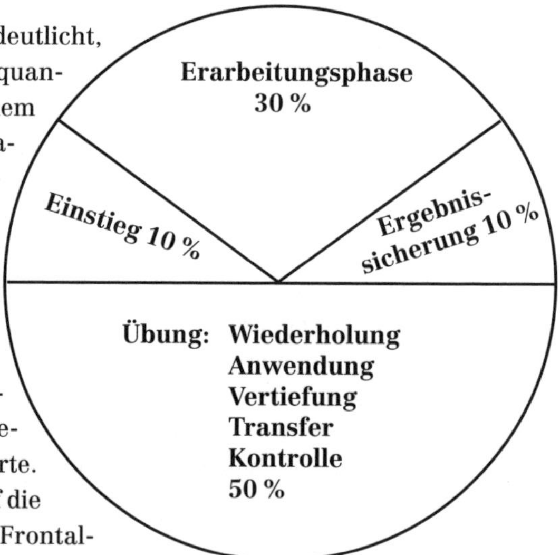

Zeitstruktur des Übens

Zur Erläuterung der Grafik muss noch Folgendes gesagt werden:

- Die angegebenen Prozentzahlen sind selbstredend nur grobe Richtwerte.
- Die Grafik ist primär auf die klassische Situation des Frontalunterrichts abgestimmt: In der so genannten „Informationsphase" der Stunde wird – im Regelfall vom Lehrer – ein neues Problem präsentiert und erläutert.
- Auf handlungsorientierten und/oder schülerzentrierten Unterricht kann diese Gewichtung nicht ohne weiteres übertragen werden.

Die angegebenen Prozentzahlen sind natürlich nur geschätzt, dennoch steht wohl eines außer Frage: Üben kostet viel Zeit, und da diese im Unterricht immer ein knappes Gut ist, muss an anderer Stelle „gespart" werden: an der Menge des zu vermittelnden Stoffes. Diese Erkenntnis hat inzwischen auch Eingang in manche Rahmenrichtlinien gefunden: „Auf die Vermittlung überflüssigen Depotwissens ist zu verzichten" (RRL Politik, Sek II, Nds.). Aber unseres Erachtens sind – gerade nach PISA – Zweifel an den gegebenen Plänen zur Reduktion der Stoffmenge angebracht, denn häufig wird das schlechte Abschneiden der deutschen Schüler im internationalen Vergleich mit den zu geringen quantitativen Kenntnissen erklärt. Die Stoffmenge allein ist kein sinnvoller Indikator für den tatsächlich erreichten Lernerfolg. Wir halten die sorgfältig eingeübten instrumentellen und methodischen Kompetenzen der Schüler für erheblich wichtiger. Systematisch und strukturiert können diese Kompetenzen während des Unterrichtsprozesses aber nur unter bewusster Kontrolle durch den Lehrer entstehen. Um dies zu gewährleisten, müssen in die Planung und Phasierung des Unterrichts von vornherein Übungsphasen integriert werden.

Beispiel für eine Übungsphase – Mathematik Klasse 6
Thema: Bruchteile von beliebigen Größen – verschiedene Bruchsituationen
Gegenstand: Stundenverlaufsplanung

Phase	Inhalt	Erwartetes Schülerverhalten	Methode	Medien
Einstieg	Wiederholung der Grundrechenarten	– rechnen im Kopf	Schülervortrag	Karteikarte
Erarbeitung	Problem: mehrere Ganze werden verteilt	– berichten – machen Vorschläge – diskutieren verschiedene Vorgehensweisen	Unterrichtsgespräch	
Übung	Bruchsituationen: – Bruchteile eines Ganzen – Bruchteile als Teil mehrere Ganzer – Bruchteile als Anteil	– entwickeln Verteilungsideen und übertragen sie auf andere Ganze – finden verschiedene Lösungswege	Gruppenarbeit	differenzierte Arbeitsblätter
Ergebnissicherung	Präsentation unterschiedlicher Lösungen	– stellen ihre Ergebnisse vor	Unterrichtsgespräch	Tafel

Exkurs: Hausaufgaben

Schule ohne Hausaufgaben ist unter den gegebenen Umständen leider nur eine schöne Vision. Hausaufgaben in Frage zu stellen bedeutet, die Institution Schule bzw. deren gegebene Struktur zu hinterfragen: Hausaufgaben werden nur dann entbehrlich, wenn Schüler in Schulen mit Ganztagesbetrieb ausreichend lange Phasen der Still- und Einzelarbeit zur Verfügung haben, in denen sie sich all die Fähigkeiten und Fertigkeiten aneignen können, die sonst mit der Erledigung von Hausaufgaben verbunden sind. Solche Schulen gibt es und ihre Zahl hat in den letzten Jahren zugenommen. Dennoch dominiert bislang die Halbtagsschule, und diese kann auf Hausaufgaben schlicht und einfach nicht verzichten. Deshalb möchten wir diese näher in den Blick nehmen.

Hausaufgaben können höchst verschieden sein, gemeinsam ist ihnen allen, dass sie eine selbstständig anzufertigende Alleinarbeit außerhalb der Unterrichtszeit darstellen. Die Schulpädagogik benennt folgende Funktionen von Hausaufgaben: Festigung, Erweiterung und Systematisierung des Wissens und Könnens, Transfer auf vorgegebene oder selbst zu suchende Situationen und Beispiele und Hinführung auf neu zu behandelnden Stoff (vgl. Otto/Schulz 1995, S. 463),

Der Spielraum zur eigenständigen Gestaltung dieser Bereiche durch den Schüler hängt allerdings sehr stark von der Art der Aufgabenstellung durch den Lehrer und von den weiteren Verabredungen zwischen Lehrer und Schüler ab. Die Praxis des Hausaufgaben-Stellens steht in unmittelbarem Zusammenhang mit dem realisierten Unterrichtskonzept, das heißt, der Erfolg der erledigten Hausaufgaben ist abhängig von der Art der Aufgabenstellung und den jeweils individuellen Lernvoraussetzungen eines Schülers.

Hausaufgaben haben nicht nur positive Auswirkungen. Sie zu erledigen heißt, dass der Schüler – alleine und in Erwartung von Sanktionen – täglich vorgegebene Anforderungen erfüllen und entsprechende Leistungen erbringen muss. Um den befürchteten Sanktionen dann, wenn der „innere Schweinehund“ nicht zu besiegen ist und die Aufgaben nicht erledigt werden, zu entgehen, führt das System natürlich auch zum Täuschen, Tricksen, Abschreiben, Lügen und damit unter Umständen zu schulischem und/oder häuslichem Stress. Hausaufgaben werden im Regelfall dann zu Hause problemlos von den Schülern erledigt, wenn das Elternhaus „mitspielt“. Dies kann man allerdings nicht zwingend voraussetzen. „Wenn wir von der Arbeit nach Hause kommen, dann wollen wir gemeinsam mit den Kindern etwas unternehmen (Freizeit haben) und nicht auch noch Hausaufgaben kontrollieren", hört man oft bei Elterngesprächen.

Die gängige Praxis des Hausaufgabenstellens ist in der Regel von zwei ganz wesentlichen Mängeln begleitet:

- Hausaufgaben werden völlig undifferenziert für alle Schüler der Klasse oder Lerngruppe gleich gestellt.
- Hausaufgaben werden gestellt, weil sie gestellt werden müssen.
- Hausaufgaben werden nicht organisch mit den in der Schule erlernten Methodenkompetenzen verknüpft. Dies führt dazu, dass Schüler keine Möglichkeit haben, autodidaktisch Übungs- und Methodenkompetenzen zu erwerben, da jegliche Anleitung fehlt.
- Hausaufgaben dienen dazu, didaktische und methodische Defizite des Lehrers zu kompensieren. Das, was man als Lehrer im Unterricht nicht geschafft hat, weil man es nicht erklären konnte oder die Zeit irgendwie „verdaddelt" hat, wird in die Hausaufgabe gepackt – der unseres Erachtens negativste Aspekt.

Alles in allem kein überzeugendes Instrument, wie wir meinen. Wenn Hausaufgaben im Sinne eines umfassenden Übungscurriculums einen Sinn haben sollen, müssen sie nach neuen Kriterien gestellt werden.

Kriterien für sinnvolle Hausaufgaben

- Individuelle Anpassung an die Lernvoraussetzungen der Schüler,
- unterschiedliche Schwierigkeitsgrade für unterschiedliche Lerntypen und Leistungsvoraussetzungen,
- Vielfalt von Differenzierungs- und Wahlmöglichkeiten, um Konzentration und Eigenverantwortung zu fördern,
- konsequente regelmäßige inhaltliche und formale Kontrolle der Hausaufgaben.

Der Lehrer sollte die Möglichkeit nutzen, individuelle Lernvoraussetzungen zu berücksichtigen und auf die Stärken und Schwächen der einzelnen Schüler einzugehen, um Über- oder Unterforderungen zu vermeiden. Das Hauptziel solcher Art gestellter Aufgaben wäre dann die Gewöhnung der Schüler an das eigen- und selbstständige Arbeiten ohne unmittelbare Kontrolle durch den Lehrer. Das hätte zur Folge, dass die Schüler individuelle Lern- und Übungsstrategien entwickeln könnten.

Übungen im Schulstundentakt

Jeder Jahrgang der Sekundarstufe I hat im Rahmen der Stundentafeln ausgewiesene Stunden zum Arbeiten und Üben oder für Förderunterricht. Um kontinuierliche und sinnvolle Übungsstunden zu institutionalisieren, ist es nach unseren Erfahrungen notwendig, die Stundentafel so umzugestalten, dass mindestens eine Stunde pro Schultag ausgewiesen ist. Wenn die Stundentafel für die Klasse oder den Jahrgang diese zusätzlich benötigte Stunde aus irgendwelchen Gründen nicht „hergibt", weil zum Beispiel andere Fördermaßnahmen die ausgewiesenen Stunden schon ausnutzen, ist es durchaus möglich, in Absprache mit den anderen Kollegen der Klasse oder des Jahrgangs den einzelnen Fächern Übungsstunden „abzuzwacken". So können sich beispielsweise diejenigen Kollegen, die in der Klasse die Langfächer unterrichten, darauf einigen, dass jedes Fach eine Wochenstunde in den gemeinsamen „Übungspool" abgibt. Dies bedarf allerdings dann, wenn dieses Verfahren an einer Schule noch unüblich ist, einer gewissen Überredungskunst und Zähigkeit von Seiten desjenigen, der diese Regelung initiieren möchte. Andererseits wird das Vorhaben immer dann erleichtert, wenn ein erhöhter Übungs- und Trainingsbedarf für die Schüler unbedingt für die fachliche Qualifikation erforderlich ist – und wann wäre das nicht der Fall?!

Institutionalisiert haben sich diese Übungsstunden im Laufe des letzten Jahrzehnts in der bundesrepublikanischen Schulrealität hauptsächlich in Form der Arbeit mit Plänen. Daneben tritt die Freiarbeit, auf die wir hier aber nicht weiter eingehen können und wollen, da sie nur mittelbar etwas mit Übungsprozessen zu tun hat (vgl. Sehrbrock 1993). Wie die Arbeit mit einem Plan strukturiert und realisiert werden kann, möchten wir im Folgenden beispielhaft anhand der so genannten Arbeitsplanarbeit erläutern.

Arbeitsplanarbeit

Im Regelfall arbeiten und üben die Schüler mit differenzierten Arbeitsplänen, die für einen verbindlichen und periodischen Zeitraum (im Regelfall eine Woche) das Übungspensum festlegen. Die Inhalte der Pläne stehen einerseits in engem Zusammenhang zum Fachunterricht, fördern andererseits aber auch spezielle Begabungen oder beheben Lerndefizite der Schüler. In diesen Stunden haben die Schüler die Möglichkeit, individuell und differenziert zu üben. Verbindlich vorgegeben ist das fachliche Pensum, die Schüler selber können aber bestimmen über:

- die Sozialform, in der sie arbeiten möchten,
- die Methoden der Aneignung des Stoffes
- und die Reihenfolge der zu bearbeitenden Aufgaben.

In den Arbeitsplanstunden steht der Lehrer den Schülern als Übungsleiter mit Rat und Tat zur Seite, das heißt, er fungiert innerhalb des durch den Plan vorgegebenen Lernarrangements als fakultativer Berater. Da dieses didaktische Arrangement zu Problemen mit mangelnder Fachkompetenz auf Lehrerseite führen kann (ein Deutschlehrer zum Beispiel hat Aufsicht in einer AP-Stunde, in der ein Schüler ein mathematisches Problem erklärt haben möchte), raten wir dazu, möglichst alle beteiligten Fachlehrer abwechselnd an der Aufsicht zu beteiligen.

Es gibt verschiedene Vorgehensweisen zur Vorbereitung und Gestaltung dieser Übungsstunden:

- Der jeweilige Fachlehrer bereitet die Übungsmaterialien und Medien vor und legt die Aufgabenstellungen fest.
- Der Lehrer erstellt gemeinsam mit den Schülern einen Arbeitsplan für die Übungsstunden.
- Die Schüler wissen selber sehr genau, in welchen Fächern und auf welchen Ebenen sie Übungsbedarf haben. Sie entwickeln individuelle Arbeitspläne.

Die gezielt auf den Fachunterricht bezogenen Übungen werden in Themenplänen fixiert, die weiter gefassten Arbeitspläne sind fach- und lernzielübergreifend gestaltet.

Zu Arbeitsbeginn ist es hilfreich, insbesondere mit ungeübten Schülern ein Planungsgespräch zu führen. Hier können Wünsche formuliert, Anregungen gegeben, Aufgaben abgesprochen und Vorlieben oder Abneigungen festgehalten werden. Es können auch Sozialformen oder praktikable Methoden verabredet werden – bei jüngeren Schülern ist es sinnvoll, methodische Vorgaben zu machen, um sie langsam an das selbstständige Arbeiten zu gewöhnen.

Mit zunehmender Gewöhnung an diese Form der schulischen Übungen können die Pläne zunehmend selbstständig gestaltet werden. Diese Planung der Übungsstunden bietet die große Chance, individuelle Pläne mit Aufgaben, Forschungsaufträgen, Spielanregungen und Erkundungsgängen zu erstellen, auch das individuelle Arbeitstempo einzelner Schüler wird berücksichtigt. Durch die Festlegung von Pflicht- und Wahlaufgaben sind die Arbeitsbereiche klar eingegrenzt, durch unterschiedliche Schwierigkeitsgrade der Aufgaben sind zusätzliche Wahlmöglichkeiten gegeben. Ziele der

Planarbeit sind die eigenständige Aneignung von Sach- und Fachwissen, der Aufbau einer stabilen Arbeitshaltung, die Vermittlung von Methodenkompetenz und die Entwicklung individueller Übungsstrategien.

Alle gestellten Aufgaben sollten eine Selbstkontrolle ermöglichen, so hat der Lehrer in seiner Rolle als Beobachter und Berater die Chance, einzelne Schüler individuell zu betreuen. Unbedingt notwendig ist daher die Präsentation der Arbeitsergebnisse, da sie die Selbstkontrolle objektiviert und gleichzeitig die Schüler zu fantasievollen Darbietungen anregen kann und so den eigenverantwortlichen Umgang der Schüler mit ihrem Plan stärkt. Da jeder Schüler entsprechend seinen Lernvoraussetzungen qualitativ unterschiedliche Ergebnisse erzielt, kann sich die Auswertung zudem entsprechend interessant und spannend zeigen.

Als Beispiel: Unsere Schule

Die integrierte Gesamtschule, an der wir unterrichten, ist eine Ganztagsschule, an der die Schüler jeden Tag von 8:00 bis 16:00 Uhr unterrichtet werden. Ein weiterer Unterschied zur herkömmlichen Vormittagsschule ist, dass die Schüler vom Anfang der Klasse 5 bis zum Ende der Klasse 10 in einem festen Klassenverband zusammenbleiben und auch das Klassenlehrerteam im Regelfall nicht wechselt. In unserer Stundentafel sind für die Jahrgänge folgende Arbeitsplan-Wochenstunden eingearbeitet:

Schul-jahrgang	**AP-Stunden**	**Abgebende Fächer**	**Förderstunden A + Ü-Stunden**
5	8	DE, GE, NW, MA	2 + 2 Ganztageszuschlag
6	8	DE, GE, NW, MA	2 + 2 s. o.
7	8	DE, EN, GE, NW	2 + 2 s. o.
8	8	DE, GE, NW, MA	2 + 2 s. o.
9	7	DE, GE, MA	2 + 2 s. o.
1	6	DE, GE	2 + 2 s. o.

Die Abkürzungen für die abgebenden Fächer bedeuten :
DE = Deutsch, GE = Gesellschaftslehre, NW = Naturwissenschaften, MA = Mathematik

Arbeitsplan-Wochenstunden in der Stundentafel

Jeder Jahrgang entscheidet für das nächste Schuljahr, welches Fach aus seinem „Topf" Stunden für die Arbeitsplanarbeit abgibt. Im Regelfall sind es nicht die Fächer, in denen Stunden gekürzt wurden oder die laut Stundentafel weniger Stunden zur Verfügung haben. Auch im Anfangsunterricht Englisch in den Jahrgängen 5 und 6 werden keine Stunden abgegeben.

Durch die zwei Extra-Stunden für Schulen mit Ganztagsbetrieb – vorausgesetzt man setzt sie als Arbeitsplanstunden ein – lassen sich in den Jahrgängen 5 bis 8 insgesamt 8 AP-Stunden pro Woche in den Stundenplan integrieren und in den beiden folgenden Jahrgängen je eine weniger. Aber auch in Schulen ohne Ganztagszuschlag ist es möglich, mit Hilfe der Förderstunden und nach Absprache mit den Fachkollegen, Arbeits- und Übungsstunden im Stundenplan auszuweisen. Nach unseren Erfahrungen stellt eher das „Abgeben" einzelner Fachstunden das Problem dar – es ist aber einen Versuch wert, denn fehlende Übungskompetenz macht sich in allen Fächern bemerkbar. Individuelle Absprachen mit den Kollegen und das „Umlegen" der Fächer (jeder ist mal dran) erleichtern das Vorgehen.

Wir haben die Erfahrung gemacht, dass das systematische Üben von Klasse 5 bis 10 dazu führt, dass die Schüler nach einer gewissen Zeit wissen, welche Übungstechniken und -instrumente für sie die geeignetsten sind. Mussten wir in den Jahrgängen 5 und 6 noch viele Hilfestellungen und Hinweise geben, so können Schüler spätestens ab Jahrgang 9 ihre eigenen Übungen konzipieren – natürlich steht der Lehrer immer für Hilfen und Nachfragen zur Verfügung. Unsere Arbeitspläne sind jeweils für eine Woche im Voraus terminiert. Sie werden montags in der ersten Stunde an die Schüler verteilt. Am Freitag in der letzten Stunde wird alles eingesammelt und zur Kontrolle an die Fachlehrer weitergereicht.

Die Klassenlehrer erhalten rechtzeitig von den am Arbeitsplan beteiligten Fachlehrern die Pflicht- und Wahlaufgaben für die nächste Woche, sodass der neue Plan rechtzeitig fertig gestellt werden kann. Dies Verfahren mag auf den ersten Blick sehr aufwändig erscheinen, ist aber nach kurzer Zeit zur Routine geworden, die leicht von der Hand geht. Die neuen Medien – Computer, Internet und E-Mail – haben zudem in den letzten Jahren bei uns zu einer deutlichen Erleichterung und Beschleunigung der Organisationsroutinen geführt.

Lena erzählt: Wir arbeiten mit einem Arbeitsplan

In unserer Klasse sind 28 Schülerinnen und Schüler, wir sitzen in Vierer-Tischgruppen (TG). Am Montag in der ersten Stunde bekommt jede Tischgruppe einen oder je nach Bedarf auch vier Arbeitspläne. Dann haben wir zuerst eine kleine Lesepause und dann eine Tuschelpause. (Wenn wir etwas nicht lesen können oder nicht verstehen, dann besprechen wir das in der TG.) Danach entscheiden wir vier gemeinsam, in welcher Reihenfolge wir in dieser Woche die Aufgaben bearbeiten wollen. Eine oder einer aus der TG ist der „Chef" für diese Woche. Der ist verantwortlich für alles, was in den AP-Stunden gearbeitet wird. Jetzt arbeiten wir an unserem Plan von Montag bis Freitag. Unsere Arbeitsergebnisse heften wir in den Tischgruppenordner ab. Am Freitag kontrolliert der „Chef", ob alles vollständig ist. Wenn ja, dann unterschreibt er den Kontrollzettel, auf dem wir in Stichworten notieren, was wir gemacht haben.

Dieser Zettel, auf dem auch Nachrichten für die Lehrer oder an die Eltern stehen können, wird dann zu Hause unterschrieben. So können unsere Eltern immer sehen, was wir in der Schule bearbeitet und geübt haben – und ob wir fleißig waren.

Unser jeweiliger „TG-Chef" legt die vier Kontrollzettel unserem Klassenlehrer vor, der bespricht die Erledigung der Aufgaben mit uns und unterzeichnet sie. Eine Frage muss aber noch geklärt werden: Was ist, wenn einer aus der Tischgruppe seine Aufgaben nicht geschafft hat (weil er krank war oder weil er keine Lust zum Arbeiten hatte)? Bekommt dann die ganze Gruppe keine Unterschrift? Das wäre ja eigentlich unfair …, aber auf der anderen Seite sollen wir als TG ja auch dafür sorgen, dass jeder seine Aufgaben macht (manchmal bringen wir die AP-Aufgaben auch bei einem Kranken zu Hause vorbei).

Nach der Kontrolle werden die fertigen Zettel in die Fachmappen abgeheftet und die Fachlehrer gucken unsere Aufgaben durch.

Arbeitsplan

Nr. 24

für Montag, den 10. bis Freitag, den 14.03.2003

TG: 5	Reihenfolge:
Chef:	Gesellschaft
Mitglieder der Tischgruppe	Englisch
	Deutsch
	Mathematik
	NW
	Zusatz-Wahlaufgabe

Mathematik:

- Bis **spätestens Mittwoch,** den 12.3.03, musst du mir mitteilen, ob du dich an der Sammelbestellung für einen Taschenrechner beteiligen möchtet. Falls nicht, musst du ihn privat anschaffen (evtl. teurer!). Kläre dies bitte mit deinen Eltern.
- Weitere Aufgaben bekommst du am Montag!

Naturwissenschaft:

Weißt du noch, wie die drei Nährstoffe hießen, mit denen wir uns im Unterricht beschäftigt haben? Ihr habt sie in ganz unterschiedlichen Nahrungsmittel nachgewiesen.

- Lege in deinem Heft eine Tabelle nach nachfolgendem Muster an und trage die Ergebnisse der Untersuchungen ein.

Nahrungsbestandteil	Beispiel	besonders enthalten in	Funktion im Körper
Vitamine			
Mineralstoffe			
Spurenelemente			
	Eisen		

- Nutze für diese Aufgabe die Materialien auf unserem Ernährungstisch, unsere Lexika und dein Biologiebuch!

Bearbeite Aufgabe 1 und trage die Informationen, die du findest, in die letzte Zeile ein!

English:

E-kurs:

- Vocabulary Training: Find a partner and practise 25 words out of the newest vocabulary or repeat irregular verbs. Do it the way you are used to (including corrections). Write all the words you have learned on a sheet with both name and date(!) on it. Hand this sheet over to your English teacher after the Friday lesson.
- Passive voice II: Fill in the worksheet „Passive voice 2“

Beispiel: Arbeitsplan

Arbeitsplan
Nr. 24
für Montag, den 10. bis Freitag, den 14.03.2003

G-Kurs 1:
- Übersetze die Sprechblasen mit Fragen auf S. 52: „Interviewing Robinson Crusoe".
- Bearbeite die Vokabelzettel (Abl).

G-Kurs 2:
- Wiederhole die Vokabeln aus Unit 5.
- Bearbeite im Workbook, S. 46, die Aufgaben A 8 und A 9. Die Aufgaben werden am Dienstag, den 18.03.03, kontrolliert.

Gesellschaftslehre:

Im Unterricht hast du ein AB bekommen, es enthält einen langen Text zum Thema „Rodung des Regenwaldes".

- Lies den Text.
- Unterstreiche die Wörter, die dir unbekannt sind. Kläre ihre Bedeutung, indem du in einem Lexikon nachschlägst oder dich mit deinen Klassenkameraden austauschst. Schreibe die Worterklärungen in dein Heft.
- Arbeite heraus, welche unterschiedlichen Meinungen die Forscher über die Enwicklung des Weltklimas vertreten.
- Begründe: Wirkt sich die Rodung des Regenwaldes positiv oder negativ auf das Weltklima aus?
- Beschreibe in Stichworten: Was müsste geschehen, damit der Regenwald nicht länger zerstört werden kann?

Tipp: Wenn du Lust hast, kannst du dich mit der CD „Regenwald" beschäftigen.

Deutsch:

Erinnerung: Am 17.03.03 schreiben wir ein Diktat. Du kannst dich darauf vorbereiten, indem du Kommaregeln 1–4 und die Groß- und Kleinschreibung wiederholst.

Bearbeite bitte in Partnerarbeit: Sprachbuch, S. 64/65, „Die Wikinger", Aufgabe 1–4

Beispiel: Arbeitsplan

Arbeitsplan
Nr. 24
für Montag, den 10. bis Freitag, den 14.03.2003

	Inhalte
Gesellschaft	Zerstörung des Regenwaldes Arbeitsblatt
Englisch	E-Kurs Arbeitsblatt zu P. Voice Voklabeln: Lernkartei
Deutsch	Sprachbuch ab Seite 61, Diktat
Mathematik	Prozentrechnen
Naturwissenschaften	Nährstoffe = eine Tabelle
Zusatz-/Wahlaufgabe	

Bemerkungen zum AP: Die Tabelle war schwierig.

Krankheitstage:

Mitteilungen Notizen an den Schüler/ die Schülerin/ die Eltern: 21. 3. 03
Bitte an die 16 Euro für den Taschenrechner
denken!

[illegible]

Verantwortlicher	Eltern	Klassenleitungsteam
[illegible]	[illegible]	[illegible]

Beispiel: Arbeitsplan, Auswertung

Übungsparcours

Hinter der Idee des Übungsparcours stecken Lernarrangements und -situationen, die in den vergangenen Jahrzehnten ausprobiert und institutionalisiert worden sind: die Lerntheke, die Lernwerkstatt und das Stationenlernen. Der Übungsparcours funktionalisiert die Elemente dieser Lernformen im Blick auf ein konsistentes Übungscurriculum an einer Schule. Um zu erläutern, was sich hinter diesem Begriff verbirgt, möchten wir die Übungsparcours an unserer Schule hier kurz beschreiben.

Wie aus der Skizze ersichtlich, sind die Jahrgänge in unserer vierzügigen Schule jeweils auf einer Ebene untergebracht und haben einen gemeinsamen ringförmigen Flur, der das Treppenhaus umgibt. In diesen Fluren sind jeweils für die verschiedenen Jahrgänge die Lernparcours gestaltet. Auf Tischen, Bänken und in Regalen sind die entsprechenden Materialien und Medien so aufgebaut, dass sie hohen Aufforderungscharakter für die Schüler haben.

- Der Übungsparcours lässt sich um alle anderen Schulfächer erweitern.
- Die Örtlichkeit des Flures ist für Schüler und Lehrer eines Jahrganges besser zugänglich als Fachräume oder Lernwerkstätten.
- Durch die räumliche Nähe zu den Klassen übernehmen die Schüler die Verantwortung für den einwandfreien Zustand der aufgebauten Materialien und Medien.
- So ist sowohl in den Arbeitsplanstunden (A + Ü-Stunden) als auch in der Mittagsfreizeit ein schneller Zugriff zu den Angeboten gegeben.
- Ein Übungsparcours ist mit einer erweiterten Bibliothek vergleichbar: Nachschlagewerke, Lexika, Atlanten, Computer, Lernprogramme, Arbeitsblätter, alternative Lehrbücher, Wörterbücher, Modelle, Demonstrationsversuchsaufbauten, Versuchsanleitungen zum Nachbau etc. – entsprechend den zu behandelnden Themen im Jahrgang.
- Die Lautstärke während der offenen Arbeitsphasen stellt ein Problem dar. Es lässt sich dadurch lösen, dass man gemeinsam mit den Schülern das „arbeitsame" Flüstern probt und vereinbart, das heißt, es müssen Regeln zur Benutzung des Parcours verabredet und eingehalten werden.
- Unser Vorschlag zur Arbeit auf dem Parcours: Stehpulte – sie nehmen wenig Platz ein, bieten aber viel Platz zum Schreiben und Arbeiten.
- Aber: Fluchtwege und Brandschutzbestimmungen müssen eingehalten werden. Eigentlich müssen Flure frei sein, aber in Absprache mit dem Schulleiter und dem Hausmeister lassen sich so manche Arrangements finden und vereinbaren.

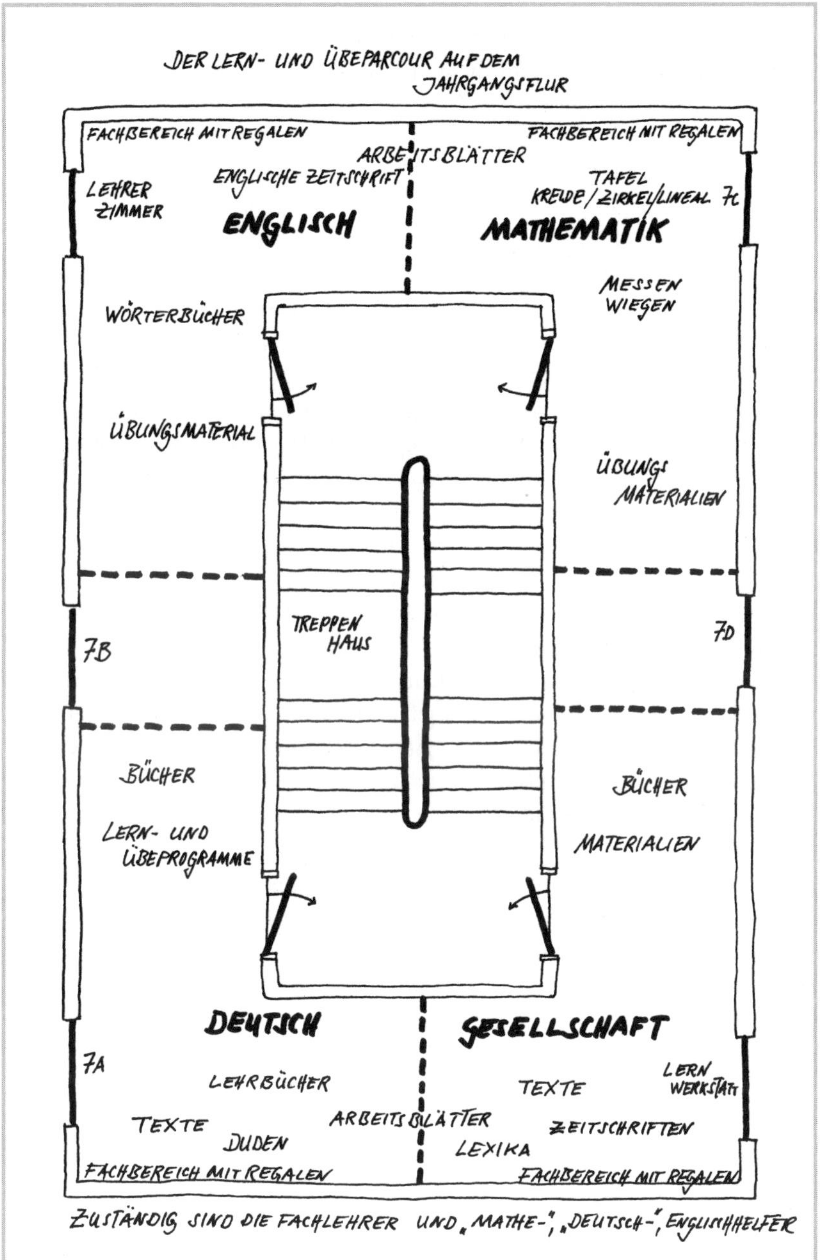

Übungsparcours, aufgebaut auf einem Jahrgangsflur

- Übungsparcours sind auch für manche Fachstunden eine Fundgrube für Übungsphasen oder gar für die ganze Stunde.
- Arbeitsintensiv ist die Vorbereitung eines Parcours, denn die Materialien müssen eventuell erstellt (falls keine fertigen vorhanden sind) oder organisiert, aufbereitet und bereitgestellt werden. Gemeinsam mit den Kollegen eines Jahrgangs lässt sich diese Aufgabe gut bewältigen.

Alle Schüler des Jahrgangs haben grundsätzlich immer die Möglichkeit, während freier Phasen – in den Pausen oder der Mittagsfreizeit – die Übungsangebote des Parcours zu nutzen. Auch Aufgaben der Wochenarbeitspläne können sich auf den Parcours beziehen. Besonders beliebt ist der Übungsparcours auch dann, wenn kurzfristig Unterricht ausfällt und eine Klasse oder Lerngruppe beaufsichtigt werden muss, denn die aufsichtsführende Person, die ja im Regelfall nicht auf die Vertretungsstunde vorbereitet ist, hat lediglich die formalen Aufsichtspflichten wahrzunehmen.

Die Situation eines „lernwilligen" Schülers in diesem Parcours ist außerhalb der Arbeitsplanstunden auf den ersten Blick vergleichbar mit der Lage desjenigen, der zu Hause alleine Hausaufgaben anfertigt. Diese äußerliche Analogie täuscht aber, denn die Situation auf dem Übungsparcours zeichnet sich durch drei Gegebenheiten aus:

- Da die Sozialform frei wählbar ist, arbeiten unsere Schüler häufig zu zweit oder in kleinen Gruppen. Aber auch dann, wenn sie sich zur Einzelarbeit entschlossen haben, können sie jederzeit diejenigen Mitschüler um Rat fragen, die diese Arbeit schon erledigt haben.
- Im Regelfall ist eine aufsichtsführende Lehrkraft in der Nähe, die auf Wunsch beratend und unterstützend eingreifen kann.
- Wenn weder Mitschüler noch die Aufsicht weiterhelfen können, sind unsere Schüler angehalten, ihr Problem in der nächsten Fachunterrichtsstunde zu präsentieren.

Wir haben diese Lern- und Übungsparcours vor mehreren Jahren eingeführt und zunächst mit großer Skepsis betrachtet. Zwei Befürchtungen unsererseits standen im Vordergrund:

- Zunächst einmal die Sorge um die Haltbarkeit der Übungsmaterialien. Wie in allen Schulen geht es in den Pausen hoch her, und wir waren anfangs in Sorge, dass der Lernparcours vorsätzlich oder unbeabsichtigt schnell zerstört sein könnte. Dies hat sich nicht bewahrheitet – im Gegenteil. Wir sind immer wieder darüber erstaunt, wie sehr die einzelnen Jahrgänge „ihren" Lernparcours als etwas Eigenes und Persönliches ansehen, das sorgsam behandelt werden muss und auch wird.

- Der zweite mögliche Einwand betraf die Akzeptanz des Lernparcours bei den Schülern, also das Risiko, dass die Angebote überhaupt nicht zur Kenntnis genommen, geschweige denn bearbeitet werden. Auch hier hat sich gezeigt, dass unsere Sorge grundlos war – die Schüler beschweren sich eher bei einzelnen Lehrern darüber, dass noch keine neuen Angebote auf dem Parcours bereitliegen.

Sicher wird der eine oder andere argumentieren, dass die räumlichen Gegebenheiten so nicht an jeder Schule vorzufinden sind. Aber auch unter „abgespeckten" Bedingungen haben wir mit dem Übungsparcours positive Erfahrungen gemacht. Wir haben den „kleinen" Übungsparcours im Klassenraum oder in der Lernwerkstatt eingeführt: Materialien und Medien zum Üben werden ansprechend in Regalen, auf Extratischen, durch den Computer oder in der Mitte des Raumes präsentiert (Übungstheke, Übungstische). Die Schüler können in den Übungsphasen und –stunden je nach fachlichen Vorgaben mit diesen Übungsmaterialien arbeiten.

Unsere konkrete Utopie: Das schulspezifische Übungscurriculum

Wie in der Grafik auf Seite 88 skizziert, könnte die Vernetzung eines Übungscurriculums mit den Methoden- und Fachcurricula einer Schule konkret aussehen.

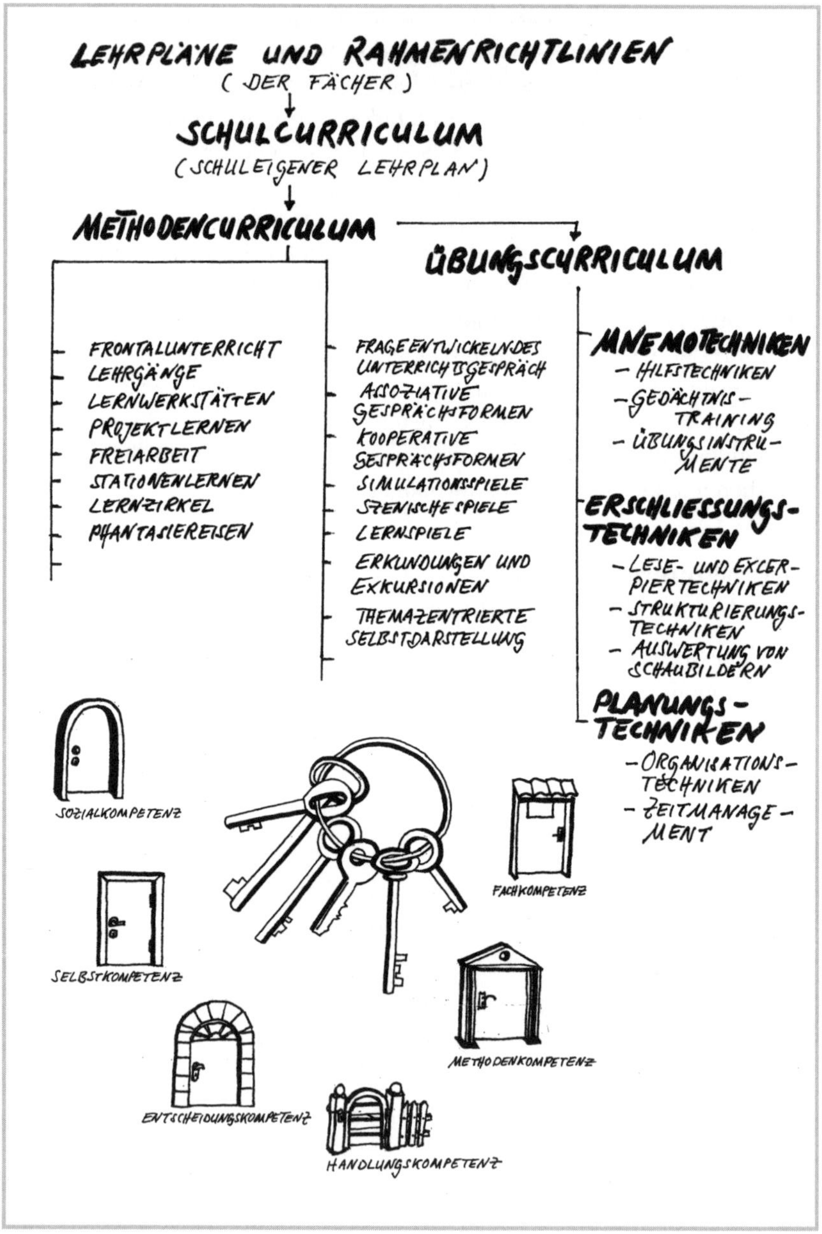

Übungscurriculum

Übungsmaterialien und -medien

Wer sich an seinen Schreibtisch setzt, um etwas gezielt zu üben, hat im Regelfall die Recherchephase hinter sich, das heißt, das Material, mit und an dem geübt werden soll, liegt vor – vom Lehrer bzw. dem Schulbuch vorgegeben oder auch selbst recherchiert. Der eigentliche Übungsprozess hat aber mit dieser Recherchephase relativ wenig zu tun, auch wenn sich immer wieder Überschneidungen ergeben. Strategien zur Präsentation des Gelernten werden während des eigentlichen Übungsprozesses ebenso in den Hintergrund treten, denn über Präsentationsmöglichkeiten – sofern überhaupt erforderlich – kann man sich eigentlich erst dann Gedanken machen, wenn man das zu Präsentierende sicher beherrscht.

Der Schwerpunkt des Übungsprozesses – und damit auch der Schwerpunkt dieses Buches – liegt in der individuellen Gestaltung, Strukturierung und Aufbereitung der Übungsmaterialien. Diese persönliche Gestaltung lässt sich in drei voneinander unterschiedene Kategorien aufteilen:

- die Mnemotechniken,
- die Erschließungstechniken
- und die Planungstechniken.

Mnemotechniken

Mnemotechniken sind traditionelle Gedächtnisverfahren, deren Ursprung auf die Antike zurückgeht. Die Möglichkeit der schriftlichen Aufzeichnungen war nur in sehr begrenztem Maße und mit ausgesprochen umständlichen Verfahren vorhanden, daher mussten die Menschen ihre wichtigen „erleuchteten" Gedanken im Gedächtnis behalten. Mit Hilfe der Mnemotechniken versetzten sich die Menschen in die Lage, Erzählungen, Reden oder Gedichte allein durch das Hören so intensiv aufzunehmen und in ihrem Gedächtnis zu speichern, dass sogar die gehörten Betonungen während des eigenen Vortrags wiedergegeben werden konnten. Auch wenn das gleichmäßige Metrum etwa des Hexameters das Auswendiglernen erleichtert, muss uns heutige Menschen doch erstaunen, dass es für die Rhapsoden der Antike selbstverständlich war, mindestens den gesamten Homer und den Vergil aus dem Gedächtnis ebenso spontan wie perfekt wiedergeben zu können – und das sind immerhin viele hundert Seiten Text. Durch die Entwicklung der Schrift und die Erfindung des Buchdrucks sind diese Fertigkeiten in der Neuzeit verblasst, da es die vitale Notwendigkeit des Auswendiglernens nicht mehr gibt. Das ist zwar bedauerlich, aber nicht zu ändern, zumal die bloße Menge des heutigen Wissens jede Gehirnkapazität um ein Vielfaches übersteigt.

Es bleibt aber die Frage: „Wie können Mnemotechniken heute im Unterricht eingesetzt und umgesetzt werden?" Das Gedächtnis versucht nicht nur den Inhalt eines Textes zu memorieren, sondern stellt assoziative Verbindungen zu bildhaften Vorstellungen, zur äußeren Form, zu allen möglichen anderen Gedankeninhalten her. Das Gehirn bringt Informationen in einen Zusammenhang, die eigentlich in keinem stehen und keine logische Verbindung zueinander haben. In der Literatur wird auch von „merktechnischen Umwegen" gesprochen. Es gibt eine Reihe unterschiedlicher Verfahren in der Mnemotechnik, die wir ausführlich vorstellen.

Erschließungstechniken

Erschließungstechniken haben, wie der Name schon sagt, das Ziel, dem Schüler einen komplexen Sachverhalt „aufzuschließen". Ein Problem, das zum Beispiel in der Form eines Textes, einer mathematischen Aufgabe, einer Geschichtsquelle etc. dem Schüler gegenübertritt, wird „klein gearbeitet", das heißt in Einzelprobleme zerlegt, in Abschnitte unterteilt, auf Hauptprobleme reduziert etc.

Das menschliche Gehirn ist nach Ansicht vieler Forscher nicht nur „linear" strukturiert. Lineare Strukturierung meint einen Aufbau, der der gesprochenen oder geschriebenen Sprache ähnelt, in der ja immer ein Wort nach dem anderen gehört oder gelesen werden muss und der ganze Verstehensprozess immer schön der Reihe nach, Wort für Wort abläuft, eben „linear". Große Teile unseres Gehirns funktionieren „simultan", also gleichzeitig. Wer mit jemandem redet, achtet gleichzeitig auf dessen Körpersprache, auf paraverbale Daten usw. Wer ein Bild betrachtet, sieht gleichzeitig eine Menge von Einzelheiten, erst die anschließende Bildbeschreibung (egal, ob mündlich oder schriftlich) verlangt das geordnete Nacheinander der Worte und Sätze. Aus dieser für jeden leicht beobachtbaren Tatsache hat sich die Meinung entwickelt, dass es sinnvoll ist, einen umfangreichen und/oder komplizierten Text zu strukturieren bzw. zu ordnen oder zu gliedern.

Die Entscheidung darüber, ob ein Text oder sonstige Informationen lieber mit einem „klassischen“ Exzerpt oder etwa einer Mindmap ausgewertet wird, hängt ganz individuell vom einzelnen Schüler und seinen Fähigkeiten ab. Wichtig und unbedingt notwendig ist nur, dass die Schüler alle Erschließungsmethoden kennen gelernt und selbst ausprobiert haben, damit sie Kriterien entwickeln können, welche Vorgehensweise sich für einen bestimmten Text, für vorliegendes Datenmaterial oder für die Ansammlung von Anschauungsmaterialien besonders gut eignet und welche eigenen Vorlieben sie entwickelt haben.

Planungstechniken

Planungstechniken beschäftigen sich sowohl mit dem Zeitmanagement als auch mit Organisationstechniken. Zeitmanagement bedeutet in diesem Zusammenhang, dass Schüler die Notwendigkeit erkennen, Strategien zur sinnvollen zeitlichen Planung und Strukturierung von antizipierten Lernprozessen zu entwickeln, und dass sie zunehmend in die Lage versetzt werden, dieses selbstständig zu tun. Ein kluger Zeitmanager ist derjenige, der nicht alles auf die lange Bank schiebt, sondern rechtzeitig und dann kontinuierlich Arbeitsprozesse portioniert. Folgende Basisregeln sollten dabei beachtet werden:

- Möglichst schnell nach der Wissensvermittlung mit dem Üben beginnen, denn dann ist die Erinnerung noch frisch.
- Lieber jeden Tag eine kurze Zeit kleinere Portionen wiederholen, als an einem Tag alles.
- Schriftliches Festhalten – gleichgültig ob handschriftlich oder auf dem Computer – intensiviert das Gelernte.
- Es ist nicht sinnvoll, ähnliche Fachinhalte nacheinander zu lernen. Nachdem man eine halbe Stunde englische Vokabeln gelernt hat, kann man nicht gleich hinterher französische Wörter lernen, denn ähnliche Fächer behindern sich gegenseitig.

Das Beherrschen von Organisationstechniken ermöglicht es den Schülern all das antizipierend bereitzustellen, was den eigentlichen Lernprozess lediglich begleitet und auf den ersten Blick vielleicht unwichtig erscheint, sich aber im konkreten Lernvollzug als unverzichtbar erweist:

- vollständig vorhandene Materialien (zum Beispiel Quellentexte, Formelsammlungen, Lexika etc.),

- ein übersichtliches System zur Ordnung und Archivierung der eigenen Materialien (Karteikarten, Pinwände, Datenbänke im Computer etc.),
- funktionsfähige Arbeitsmaterialien (Taschenrechner, Millimeterpapier, Folien, Notenblätter etc.),
- aber auch scheinbare Marginalien wie ein geordneter Arbeitsplatz, eine konzentrationsfördernde Atmosphäre, die Einplanung sinnvoller Ruhephasen und nicht zuletzt die Sorge um das körperliche Wohl.

Wenn man nicht allein, sondern in einer Gruppe an einem Problem oder Thema arbeitet, gehört zu den Organisationstechniken zusätzlich noch:

- die Arbeitsteilung verbindlich und übersichtlich planen,
- Verabredungen einhalten und auf Einhaltung drängen,
- sich gegenseitig motivieren, gerade bei unerwartet auftretenden Problemen etc.

Mnemotechniken

Als Mnemotechniken bezeichnet man all diejenigen Vorgehensweisen zum Training des Gedächtnisses, die sich bestimmter Hilfen, Kniffs und Tricks bedienen, die die dauerhafte Speicherung des Lernstoffes im Gehirn beschleunigen und intensivieren. Mit Hilfe bestimmter Übungen und den dazuzählenden Arbeitstechniken sowie durch den Einsatz von Übungsinstrumenten lässt sich dieser Prozess bewusst steuern und effektivieren.

1. Hilfstechniken beim Auswendiglernen von:
   - Fremdsprachen (Vokabeln), Fachsprachen (Fachbegriffe, Formeln), Fremdwörtern
   - Gedichten, Liedtexten, Dialogen, Prosatexten

2. Gedächtnistraining:
   - lautes Denken
   - Eselsbrücken
   - Bilder, Fotos, Grafiken
   - Farben
   - Schlüssel-/Signalwörter
   - virtuelle Geografie
   - Rhythmisierung

3. Übungsinstrumente:
   - Lernkarteien
   - Lernplakate
   - Lerntagebücher
   - Lernprogramme
   - Merkzettel
   - Übungsspiele
   - Visualisierungen
   - auditive und audiovisuelle Medien

Auswendiglernen

Das Auswendiglernen ist in den vergangenen Jahrzehnten in Verruf gekommen. Es gilt als wenig kreativ, langweilig, monoton und eher mechanisch. Dies ist sicherlich nicht zuletzt darauf zurückzuführen, dass frühere Generationen von Schülern unter dem sturen und ständigen Auswendiglernen in der „Paukschule" heftig gelitten haben, aber unseres Erachtens ist das Pendel zu sehr zur anderen Seite ausgeschlagen. Wer das Auswendiglernen in Bausch und Bogen verteufelt, übersieht, dass auswendig Gelerntes lange im Gedächtnis bleibt – häufig Jahrzehnte lang – und eine stete Quelle eigener Erbauung und Erheiterung sein kann. So hat manch alter Mensch noch heute viel Freude daran, lange Gedichte fehlerfrei vorzutragen, weil er sie in der Schule hat lernen müssen, es muss ja nicht gleich der vollständige Text der „Glocke" sein.

Beim Auswendiglernen lernen wir, uns zu konzentrieren, wobei die unterschiedlichen Lerntypen ideal berücksichtigt werden. Wenn ein Schüler eher dazu neigt, über die akustischen Signale etwas zu lernen oder sie als Hilfen beim Lernen benötigt, dann sollte er mit Hilfe von Vor-, Mit- oder Nachsprechen oder mit einem Tonträger – sei es Kassette, CD, DVD oder Video – den Stoff üben. Vokabeln können zum Beispiel abschnittsweise oder im Ganzen auf eine Kassette gesprochen werden oder man kann fertig gekaufte Kassetten nutzen (zu vielen Lehrwerken im Handel erhältlich). Die Kassette wird nach einer/mehreren Vokabeln oder nach einem kurzen Abschnitt gestoppt und die Worte werden nachgesprochen. Hierbei soll das Klangmuster so genau wie möglich nachgeahmt werden. Nach diesem System arbeitet der Schüler so lange, bis er die ganze Textpassage durchgesprochen hat.

Zur Kontrolle kann man den auswendig gelernten Text noch einmal auf Band sprechen und vom Lehrer (oder anderen) kontrollieren lassen.

Computerlernprogramme haben diese Technik in vielen Bereichen übernommen. Es werden ein Text oder einzelne Fachausdrücke vorgesprochen und der Schüler wird ermuntert, sie möglichst genau nachzusprechen. Erst wenn ihm das gelungen ist, kann er mit dem Programm weiter üben.

Hilfreich ist es auch, einen auswendig gelernten Text mitzusprechen. Das ist immer dann sinnvoll, wenn man schon ein wenig gelernt hat und auswendig kann. Auftretende „Hänger“ können so durch die besprochene Kassette aufgefangen werden.

Jeder soll und muss für sich selbst herausfinden, wie lang die für ihn optimalen Sinnabschnitte sind, in die er das auswendig zu Lernende gliedert:

- lesen und einprägen weniger Wörter,
- lesen und einprägen längerer Satzteile oder Sätze,
- lesen und einprägen ganzer Abschnitte.

Arbeitstechniken beim Auswendiglernen

Auswendiglernen ist immer dann sinnvoll, wenn es darum geht, sich etwas so genau wie möglich einzuprägen. Dazu zählen die Wörter einer Fremdsprache (Vokabeln), die Begriffe und Formeln einer Fachsprache oder die exakte Bedeutung von Fremdwörtern. Aber auch Gedichte, Liedtexte, Dialoge und Prosatexte lassen sich gut auswendig lernen und vortragen, aber ohne Üben und regelmäßiges Wiederholen und damit Trainieren des Gedächtnisses ist das leider nicht möglich.

Es gibt eine Reihe von Arbeitstechniken, mit deren Hilfe man sich den zu lernenden Stoff besser einprägen kann. Auch hier gilt: Je größer das Repertoire der Schüler in Bezug auf unterschiedliche Übungen ist, desto eher sind sie in der Lage, die für sie individuell geeignetste Möglichkeit herauszufinden und daraus eine eigene Übungsstrategie zu entwickeln.

Gedichte, Liedtexte, Dialoge, Prosatexte

Auswendig einüben kann man etwas, indem man zum Beispiel ein Gedicht immer wieder liest, laut vorliest oder vorträgt, bis man es auswendig hersagen kann. Dieses Vorgehen ist aber eher langwierig und nicht immer von Erfolg gekrönt. Einfache Tricks und strukturierte Vorgehensweisen helfen, schneller und effektiver auswendig zu lernen.

Das Auswendiglernen lässt sich durch folgende Vorgehensweisen, die die Schüler selbst ausprobieren und umsetzen müssen, erleichtern:

- Der Inhalt und die Bedeutung des Gedichtes, des Liedtextes, des Dialogs oder des Prosatextes müssen für die Schüler deutlich werden. Sie müssen es verstehen bzw. mit eigenen Worten wiedergeben können oder interpretieren.
- Wenn der Schüler regelmäßig wiederkehrende Strukturen in einem Gedicht oder einem Prosatext erkannt hat, gelingt es ihm viel leichter, sich den Text einzuprägen. Das kann ein gleichmäßiges Reimschema sein, ein wiederkehrendes Metrum, eine symmetrische Strophenform etc.
- Ein langer Text lässt sich vielleicht in einzelne Abschnitte unterteilen, die man erst Abschnitt für Abschnitt lernt und dann zu einem Ganzen zusammensetzt.
- Schlüssel- oder Signalwörter helfen ebenfalls beim Auswendiglernen. Sie werden markiert, heben sich so aus dem Text heraus und sind mit einem Blick erfassbar.

Beispiel: Gedichtlernen

1. Die Schüler müssen den Sinn des Gedichtes verstehen. Dazu können sie den Text mehrmals laut lesen, dann leise, bis sie in der Lage sind, den Inhalt kurz zusammengefasst wiederzugeben. Unbekannte Begriffe oder Textstellen müssen geklärt und besprochen werden.
2. Jeder Schüler teilt das Gedicht in Lernabschnitte ein – die Strophen können zum Beispiel Abschnitte sein.
3. Die Schüler versuchen Auffälliges am Gedichttext zu entdecken und aufzuschreiben.
4. Signalwörter oder Stichwörter werden zur Unterstützung des Gedächtnisses markiert, denn sie helfen beim Vortragen.
5. Jeder Schüler übt für sich, indem er Teile des Gedichttextes abdeckt und die fehlenden durch sein Gedächtnis ergänzt. Er hat jederzeit die Möglichkeit nachzusehen, wenn er nicht mehr weiter weiß.
6. Das Gedicht kann zunächst allein laut vor einem Spiegel geübt und vorgetragen werden (vor einem Partner, in kleinen Gruppen), bevor es der ganzen Klasse (anderen Klassen, den Eltern) präsentiert wird. Hilfreich ist beim Einüben die Arbeit mit dem „Hilfs-Ich". Ein Schüler spielt den „Flüsterer", indem er sich verdeckt hinter den Vortragenden stellt und ihm den weiteren Verlauf des Gedichtes ins Ohr flüstert, falls der Schüler stecken bleibt.

Schlafwanderlied

Bist du schon einmal zum Mond raufgelaufen?
Nein?
Dann sag ich dir, wie man das macht.
Du brauchst dazu einen ruhigen Tag
und eine sternklare Nacht.

Steck die Moonboots in deinen Rucksack hinein
und zieh deine Wollsocken an
und steige ganz leise die Treppe hinab,
dass niemand dich hören kann.

Dann gehst du der Nasenspitze nach
und setzt einen Fuß vor den andern.
Wer zum Mond rauf will, der braucht Ruhe und Zeit
für ein sehr gemächliches Wandern.

Nein, sing bitte kein Lied vom Marschiern,
das passt nicht. Das merkst du schon.
Doch summe und brumm dich ganz warm in der Brust
und dem Mond einen Mondenton..

Dann merkst du, der Mond ist dir plötzlich sehr nah
und du kommst an der Stelle an,
wo die Treppe steht, auf der man zum Mond
in Ruhe hinaufsteigen kann ...

Was? Du kannst die Treppe nicht sehn?
Das stimmt, sie ist unsichtbar,
doch wenn du den Mond dann noch länger anschaust,
dann merkst du, er kommt dir sehr nah.

Und wenn du ihn dann noch anlächeln kannst,
dann lacht er ganz still und ist froh,
weil du nicht in seinem Gesicht herumläufst.
Das mag er nicht ... sowieso.

Er scheint dir zum Lohn deinen Heimweg hell
und schaut in dein Fenster hinein.
Den Rest von der Reise machst du jetzt im Traum.
Er bleibt noch und du ...
schläfst schon ein.

Fredrik Vahle

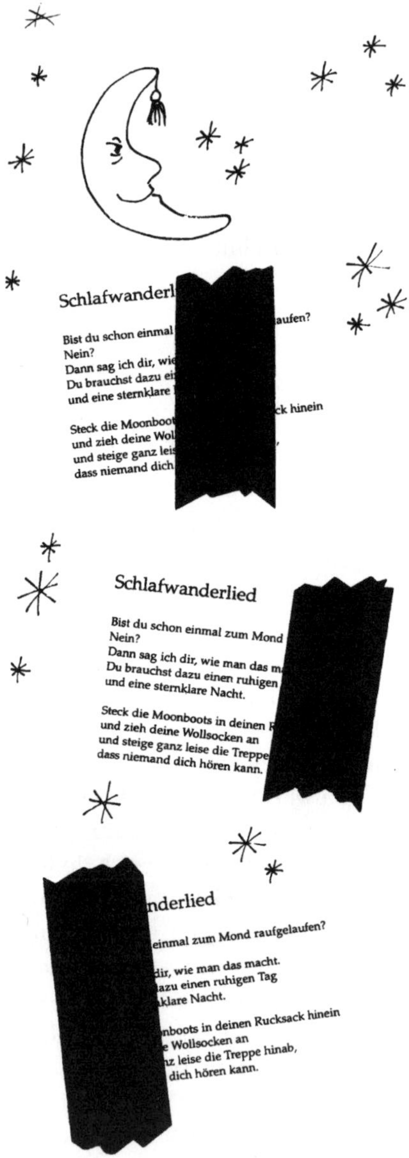

Vokabeln, Fachbegriffe, Formeln, Fremdwörter

Die geläufigste Art des Auswendiglernens ist das Lernen und Üben von Vokabeln. Wenn man etwa eine Fremdsprache lernen will, muss man sich zahlreiche Vokabeln merken, ohne deren Kenntnis die Sprache nicht gesprochen werden kann. Schüler entwickeln im Laufe der Jahre ihre eigenen Übestrategien beim Vokabellernen, können sie aber auf Nachfrage nicht genau beschreiben. Die meisten Antworten lauten: „Ich lese sie mir häufiger durch und das so lange, bis ich glaube, sie zu können." Häufig erweist sich das als Irrtum, denn Äußerungen wie „Ich habe einfach alles vergessen, ich hatte ein Blackout!" sind bei der Rückgabe der Vokabeltests die häufigsten Kommentare. Hinzu kommt nach unseren Beobachtungen, dass das Abfragen und schriftliche Kontrollieren von Vokabeln oft keinen sehr hohen Stellenwert mehr haben. Dabei ist das Beherrschen einer Fremdsprache ohne das systematische Training des aktiven Wortschatzes schlecht vorstellbar.

Wir haben immer wieder die Erfahrung gemacht, dass nur das regelmäßige Abfragen und Testen bei den Schülern für regelmäßiges Üben sorgt. Von daher halten wir es für unbedingt notwendig, dass dieses kontinuierlich stattfindet. Um individuelle Übungsstrategien entwickeln zu können, müssen Schüler unterschiedliche Möglichkeiten kennen lernen, wie sie Vokabeln lernen und behalten können.

Eine Möglichkeit des Übens ist das Arbeiten mit einem so genannten Vokabelheft. Je nach Vorlieben der Schüler kann ein DIN-A4- bis -A6-Heft als Vokabelheft geführt werden. Wichtig ist, dass die Seiten durch senkrechte Striche in der Mitte unterteilt werden. Auf die eine Seite des Striches werden die Fremdwörter geschrieben und auf die andere Seite die deutsche Bedeutung. Überschriften auf den Seiten bzw. zu einzelnen Passagen helfen, das Ganze übersichtlicher zu gestalten. Individuelle kurze Notizen am Rand, kleine Bilder oder Bemerkungen erleichtern das Auffinden und das Behalten der Begriffe. Den Schülern muss deutlich werden, dass sie die Vokabeln dann besser behalten, wenn sie jeden Tag über einen kurzen Zeitraum die Vokabeln üben und wiederholen. So werden sie im Langzeitgedächtnis gespeichert und nicht nur bis zum nächsten Test behalten.

Ein weiterer Übungstipp ist, die Vokabeln in Abschnitte zu unterteilen und dann immer nur Teile der zu lernenden Wörter zu üben. Auch das Abdecken der einen Hälfte des Vokabelheftes mit einem Blatt Papier hilft beim Übersetzen der Wörter von der einen in die andere Sprache. Lautes Aussprechen der Begriffe oder das gemeinsame Üben mit einem Partner helfen, dass man sich die Vokabeln besser merkt. Gute Erfahrungen haben wir auch damit gemacht, dass der Schüler schon beim Üben die zu lernenden Begriffe aufschreibt. Das Schreiben verlangsamt und intensiviert den Lernprozess, so prägen sich die Wörter nochmals beim Schreiben ein. Eine für Lerntheoretiker wirklich aufschlussreiche Anmerkung findet sich in den autobiografischen Notizen der berühmten italienischen Reformpädagogin Maria Montessori: Sie war von den Ausführungen eines französischen Arztes so angetan, dass sie das gesamte Buch Zeile für Zeile und Seite für Seite abgeschrieben hat, um sich so seinen Inhalt zu merken.

Immer wieder gibt es Begriffe, die Schüler sich nur schwer merken können. Diese sollten von ihnen im Vokabelheft besonders markiert werden, dann kann man leichter überblicken, welche Wörter besonders geübt werden müssen. Manchmal ist es sogar leichter, sich ein Wort mit einem selbstentwickelten Satz zu merken, auch wenn dies etwas aufwändiger ist.

Beispiel: Vokabelheft

Folgende Vorgehensweisen haben sich als sinnvoll erwiesen:

1. Ein Fremdsprachen-/Fachsprachenheft anlegen.
2. Die Seiten durch Mittelstriche halbieren.
3. Die zu lernenden Wörter handschriftlich eintragen.
4. Überschriften zu einzelnen Abschnitten finden.
5. Besonderheiten bzw. schwer zu lernende Wörter markieren.
6. Individuelle Bemerkungen und bildnerische Darstellungen einfügen.

7. Durch Abdecken der einen oder anderen Seite die Fremdwörter oder die Fachbegriffe üben.
8. Regelmäßig (jeden Tag, selbst festgelegte Intervalle) einzelne Lernabschnitte oder auch alle Wörter wiederholen.
9. Wenn möglich, gemeinsam mit einem Partner üben und sich gegenseitig abfragen.
10. Regelmäßige Tests/mündliche Abfragen der Fachbegriffe/Vokabeln helfen als Kontrolle nach dem Üben.

Sachlich zusammenhängende Vokabeln/Fachbegriffe kann man sich dann besser merken, wenn man sie in diesem sachlichen Zusammenhang belässt und gemeinsam übt. Deshalb ist es hilfreich, die zu lernenden Wörter zu einzelnen Bündeln zusammenzufassen (zum Beispiel in Form einer Mindmap), anstatt sie nach ihrer alphabetischen Reihenfolge zu lernen. Die Oberbegriffe für die Bündel können vom Schüler selbst gewählt und gesetzt, vom Lehrer oder durch die Thematik vorgegeben werden.

Wir haben die Erfahrung gemacht, dass durch diese Form der sachlich-inhaltlichen Verknüpfung die Verankerung im Langzeitgedächtnis der Schüler zuverlässiger erfolgt, als wenn die Vokabeln in der alphabetischen Reihenfolge oder nach den Vorgaben des Schulbuches gelernt werden.

Beispiel: Lernen mit Bündeln oder Wortfeldern

So kann man mit den Bündeln oder Wortfeldern arbeiten:

- Wortfelder/-bündel zusammenstellen, zum Beispiel:

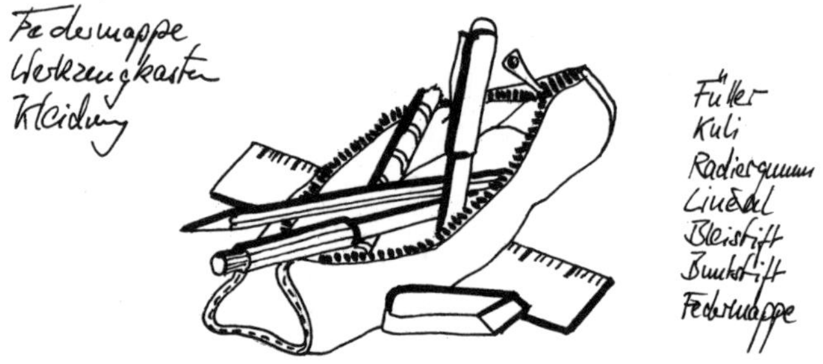

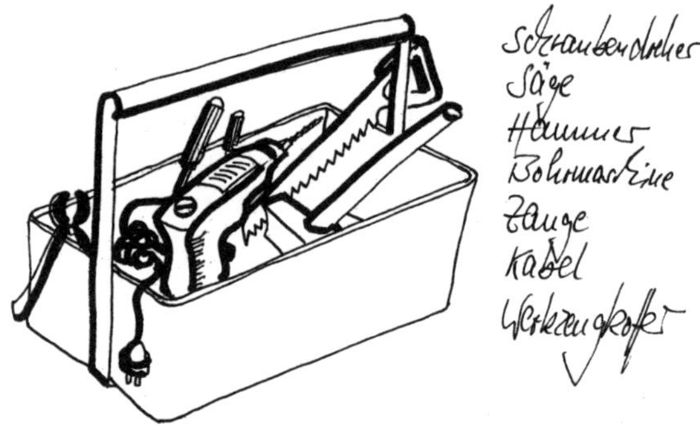

- regelmäßig jeden Tag ein oder mehrere Bündel auswendig lernen,
- Wörter sich selbst laut vorlesen,
- die deutsche Bedeutung der Wörter des Bündels abdecken und laut sagen,
- die Ausdrücke in der fremden Sprache/den Fachbegriffen abdecken und laut sagen,
- immer sofort auf Richtigkeit kontrollieren und evtl. korrigieren,
- Bündel neu zusammenstellen oder mit eigenen Darstellungen versehen,
- schwer zu lernende Vokabeln auf ein Blatt Papier schreiben und an gut sichtbarer Stelle aufhängen.

Didaktische Anmerkungen zu den Mnemotechniken

Hilfstechniken bei Übungsritualen

Beispiel für Einsatzmöglichkeit
Schüler erhalten zu Beginn jeder Englischstunde fünf Minuten Zeit, um adie Vokabeln der letzten Stunde zu wiederholen. Mit Hilfe des Vokabelheftes können sie sich gegenseitig abfragen, sie können in Tischgruppen die Vokabeln wiederholen oder gemeinsam mit der ganzen Klasse. Es ist vor allem wichtig, dass sie dieses regelmäßig machen, denn nur so prägen sich die Wörter in ihrem Gedächtnis ein.

Didaktischer Kommentar
Lange Zeit war diese Vorgehensweise bei Lehrern und Schülern nicht sehr beliebt und aus dem Unterricht weitestgehend verschwunden. Die Erfahrungen haben aber gezeigt, dass gerade diese Regelmäßigkeit für die Schüler eine große Hilfe ist. Sie wissen, wenn Vokabeln ritualisiert geübt werden, was auf sie zukommt, worauf sie sich einstellen können. Der Lehrer kann davon ausgehen, dass beim gemeinsamen Üben zumindest ein bestimmter Wortschatz entwickelt werden kann.

Beispiel für Einsatzmöglichkeit
Zu Beginn jeder Stunde werden zehn oder zwanzig (je nach Altersstufe) Kopfrechenaufgaben gestellt. Die Ergebnisse werden von den Schülern auf vorbereitete Arbeitsblätter eingetragen. Gezählt und notiert werden dann die richtigen Antworten. Die Aufgaben bestehen nicht nur aus der Wiederholung der Grundrechenarten, sondern sie fragen auch Rechengesetze, Formeln oder Umwandlungen verschiedener Einheiten ab.

Didaktischer Kommentar
Das regelmäßige Üben zu Beginn der Stunde führt dazu, dass die Schüler sich auf die Regelmäßigkeit des Einstiegs einstellen können, da er ihnen sehr vertraut ist. Wenn die Schüler das Verfahren gut beherrschen, dann wird entsprechend der Klassenliste oder nach Wünschen der Schüler jeweils ein Schüler gebeten, bis zur nächsten Stunde eine entsprechende Anzahl von Kopfrechenaufgaben vorzubereiten. Zu Anfang müssen den Schülern noch einige Hilfestellungen gegeben werden, da es für sie schwierig ist, den

Schwierigkeitsgrad der Aufgaben richtig einzuschätzen. Im Laufe der Zeit lernen sie aber, altersangemessene Aufgaben zu formulieren. Außerdem wiederholen sie schon bei der Vorbereitung die Inhalte der Unterrichtseinheit.

Hilfstechniken in Übungsphasen

Beispiele für Einsatzmöglichkeiten

Wir beginnen zum Beispiel im Englischunterricht des 5. Jahrgangs damit, dass wir in einer Unterrichtsstunde einen Teil der Zeit mit dem Anlegen von Vokabelheften verbringen. Nicht nur Organisatorisches wird besprochen, sondern auch das Sortieren nach Wortfeldern, das Finden von Oberbegriffen, die farbliche Strukturierung usw. Auch üben wir das gegenseitige Abfragen und mögliche Varianten:

- einen kurzen Satz mit der Vokabel bilden
- eine Assoziation formulieren
- eine Gestik oder Mimik entwickeln
- einen Handgriff zur Verdeutlichung
- eine schnelle Eselsbrücke finden
- Weitergabe bei Nichtwissen an den Nachbarn
- Wortschlangen bilden
- Kofferpacken spielen

Besonderen Spaß machen diese Vorgehensweisen beim Lernen von Fremdwörtern oder Fachausdrücken.

Didaktischer Kommentar

Wir haben die Erfahrung gemacht, dass viele Schüler nicht mehr in der Lage sind, selbstständig ein Vokabelheft anzulegen, zu führen und damit zu üben. Auch das Auswendiglernen von Gedichten oder anderen Texten gelingt den meisten Schülern nicht mehr alleine. Deshalb sollten diese Techniken spätestens ab Klasse 5 geübt und trainiert werden. Die Verlagerung der Übung in die Hausaufgaben ist nur dann sinnvoll, wenn die Schüler einen gewissen Grad an Kompetenz im Umgang mit den Hilfstechniken schon entwickelt haben.

Sie werden zu Recht anmerken, dass das gemeinsame Üben in einer bestimmten Phase des Unterrichts viel Zeit in Anspruch nimmt. Wenn wir aber die Klagen in den weiterführenden Klassen über mangelnde Grundkenntnisse hören, dann erscheint es uns sinnvoll, systematisch und regelmäßig gemeinsam zu üben. In den unteren Jahrgängen wird sicher mehr Zeit mit den Übungen verbracht werden müssen. In den höheren Klassen haben die Schüler diese Übungen so verinnerlicht, dass sie selbstständig in der Lage sind, zu üben und zu lernen.

Hilfstechniken in Übungsstunden

Beispiele für Einsatzmöglichkeiten
Vgl. das Beispiel eines Arbeitsplans auf S.81 und 82 f.

Didaktischer Kommentar
Wie wir ausgeführt haben, halten wir das alleinige Üben während einer ganzen „normalen“ Unterrichtsstunde nicht für angemessen, sondern nur im Rahmen von Arbeitsplanstunden für effektiv.

Hilfstechniken im Übungsparcours

Beispiele für Einsatzmöglichkeiten
Eine Ecke oder ein Bereich auf dem Übungsparcours steht für das Auswendiglernen zur Verfügung. Die Materialien, die auswendig gelernt werden sollen (Gedichte, Vokabellisten, mathematische Fachausdrücke ...), sind offen zugänglich und optisch möglichst ansprechend aufbereitet, sodass sie zur Beschäftigung mit sich einladen.

Didaktischer Kommentar
Dieser Platz sollte möglichst ruhig sein, damit man sich gut konzentrieren kann. Er sollte auch gemütlich sein (bequeme Sessel oder Stühle) und optisch ansprechend, damit die Schüler gerne dort üben. Gute Erfahrungen haben wir damit gemacht, die Schüler selbst zu bitten, solch eine Übungsecke zu gestalten. Der persönliche Bezug zu ihrem Übungsplatz hat den Grad der Frequentierung sehr erhöht.

Gedächtnistraining

Lautes Denken

Das laute Denken ist eine wichtige Methode, um die eigenen Gedanken schon beim Nachdenken über ein Problem, beim Bearbeiten einer Aufgabe oder bei der Ausführung einer Handlung zu erfassen. Da nach einem Denkprozess im Regelfall schon Vergessensprozesse auftreten, sollte die Erfassung des Denkprozesses zeitgleich mit ihm erfolgen.

Es geht also nicht darum, eine Tätigkeit nach erfolgreichem Abschluss in ihrem Verlauf zu beschreiben. Es geht um das unmittelbare Bewusstmachen der Gedanken während des Problemlöseprozesses – und damit um das Verbalisieren des zu speichernden Lernstoffes.

Unsere positiven Erfahrungen zeigen, dass die spontanen Gedankenäußerungen eines Schülers sehr gut Aufschluss über seinen Denkprozess geben. Zu berücksichtigen sind allerdings in jedem Fall die Bedingungen, unter denen diese Aussagen gemacht werden. Steht ein Schüler „unter Druck", weil er Stress mit dem Lehrer hatte, ist der Lärmpegel im Klassenraum so hoch, dass man sein eigenes Wort kaum verstehen kann etc, dann sind die Daten kaum noch unverfälscht und verändern sich bei einer erneuten Besprechung. Geschieht das laute Denken in einer für alle angenehmen Atmosphäre, dann sind die Daten authentisch und bieten eine gute Basis für die Implementierung des Lernstoffes im Langzeitgedächtnis.

Am leichtesten können die Schüler ihre Vorgehensweisen und Gedankengänge formulieren, wenn sie Verständnisprobleme oder Schwierigkeiten mit den Vorgehensweisen haben. Es hat sich für uns auch gezeigt, dass durch die Verbalisierungen für uns und für die Mitschüler besser nachvollziehbar wird, was die Schüler sich wie gemerkt haben, und welche individuellen Verbindungen sie spontan zu älteren Wissensbeständen ziehen können.

Beim lauten Denken kann der Schüler selbst den Bedeutungsgehalt seiner Worte bestimmen und darstellen, und er hat immer die Möglichkeit, seine Gedankengänge erklärend darzustellen. So manche Übungsstrategie ist Schülern erst während des lauten Denkens bewusst geworden.

Beispiele für Lautes Denken

Beispiel 1

Photoeffekt Ozonschicht schützt vor UV-Strahlen, damit man nicht zuviel Strahlen abbekommt $2O_3 \rightarrow O_2 + O_2 + O_2$	- Paul ist zu kompliziert - Ozonschicht, klar - Hautkrebs, ups - Warum hat Physik so viel mit Mathe zu tun? - Elektrode, was ist das jetzt wieder? Den Versuch versteh ich nicht - Elektronen, wie kommen die aus einer Zinkplatte?
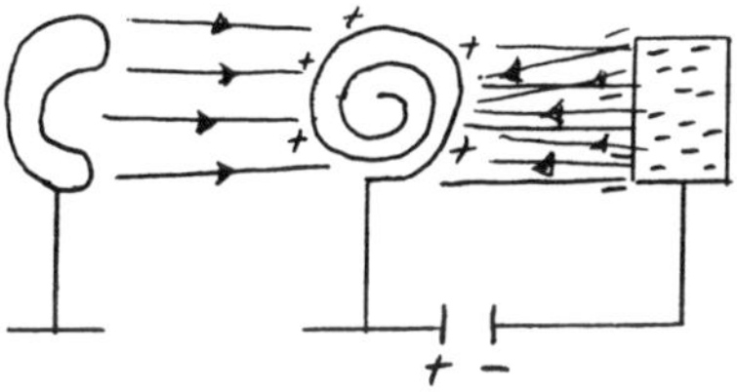	
Dadurch, dass die Zinkplatte von UV-Licht bestrahlt wird, prallen die negativ geladenen Teilchen aus der Zinkplatte. Und durch die positive Spannung, die in der Spiralelektrode ist, werden die negativen Teilchen rausgezogen.	Was haben Solarzellen hier zu suchen? Ach ja, UV-Licht – verstanden Materie, hä? Was ist Energie? Licht absorbieren? Intensität, das hab ich schon mal gehört
UV-Licht kann nur die negativen Teilchen rausprallen.	Hab nicht viel verstanden Ich sollte vielleicht wechseln ...

Beispiel 1: Simultanes, lautes Denken (Quantentheorie, Jg. 10)

Beispiel 2

Photoeffekt

Verdammt! (hoffentlich nimmt er mich nicht dran)

[Martin erklärt]
stimmt, hätte ich auch wissen können

Was mit dem Ozonloch und dem UV-Licht ist, weiß ich auch.
Hab mich aber nicht gemeldet.

Jetzt kommt Herr M. auch noch mit Chemie ...
Ich dachte $2O_3 \rightarrow O_2 + O_2 + O_2$
Davon hat er keine Ahnung

Die letzten 5 min. hab ich nicht zugehört.
Herr M. redet wieder mal nur mit Paul und Martin.

Wieso soll ich eigentlich eine Theorie verstehen,
für die Einstein Jahre brauchte und einen Nobelpreis bekam?

Herr M. erklärt den Vorgang der Versuche, aber erklärt nicht,
wieso der Vorgang so ist. Energie stelle ich mir als gelbes Licht vor.

Beispiel 2: Simultanes, lautes Denken (Quantentheorie, Jg. 10)

- Zwei Mitschüler protokollieren die Gedankengänge des Schülers und gleichen sie hinterher miteinander ab.
- Die lauten Gedanken eines Schülers werden mit Hilfe eines Kassettenrekorders aufgenommen und hinterher gemeinsam besprochen und ausgewertet.
- Der Schüler wird beim lauten Denken mit einer Videokamera aufgenommen, die Aufzeichnung wird hinterher gemeinsam besprochen. Das hat den Vorteil, dass auch Gestik und Mimik beobachtet und kritisch hinterfragt werden können.

Die Variante des nachträglichen lauten Denkens kann in der Schule erfolgen, ist aber eher für den häuslichen oder individuellen Übungsbereich geeignet. Aber bis dahin hat der Vergessensprozess bereits eingesetzt und einige – vielleicht auch wichtige – Inhalte und Aspekte sind verloren. Erfolgreich ist das nachträgliche laute Denken aber immer dann, wenn sich Schüler zu zweit oder in kleinen Gruppen den Lernstoff mit Hilfe dieser Methode erneut vergegenwärtigen, ihn laut aussprechen und schriftlich fixieren. So wird ihnen explizit noch einmal – verbal, schriftlich, bildlich – deutlich, was sie sich merken wollen.

Eselsbrücken

Am bekanntesten sind uns allen die Eselsbrücken, die wohl jeder schon einmal genutzt hat, wenn es zum Beispiel um das Merken und Behalten von historischen Daten ging. Eselsbrücken funktionieren immer nach denselben Prinzip: Es wird eine assoziative Verbindung zwischen zwei Dingen hergestellt, die eigentlich nichts miteinander zu tun haben. Es gibt eine Fülle von fertigen Eselsbrücken, die jeder ohne Scheu benutzen sollte. Wirklich „dämlich" ist nämlich nicht derjenige, der die Eselsbrücke nutzt, sondern derjenige, der nämlich mit h schreibt. Für viel wichtiger halten wir es aber, dass jeder – nicht nur Schüler – sich der Methoden der Eselsbrücken bewusst wird, um für den konkreten Einzelfall selbst welche bilden zu können.

Es folgt daher hier eine kurze Beschreibung der Methoden zur Konstruktion von Eselsbrücken, die jeweils durch einige Beispiele illustriert werden.

Beispiele: Eselsbrücken

A Die wichtigste Form von Eselsbrücken ist die Verpackung von Informationen in kurze Gedichte mit klar erkennbarem und leicht erlernbarem Reimschema:

1. Konkav und konvex:
   Hältst du den Löffel konkav,
   bleibt die Suppe brav.
   Hältst du ihn konvex,
   macht die Suppe einen Klecks.

2. Differenzen und Summen kürzen nur die Dummen.

3. Bedächtig kommt daher geschritten 4/3 Pi mal r zur Dritten.
   Volumenberechnung einer Kugel
   oder:
   Innen hat die Kugelei
   vier Drittel Pi mal r hoch drei.
   Und was sie auf dem Buckel hat,
   ist vier mal Pi mal r Quadrat.

4. He, she, it, das „s“ muss mit.

5. Nach l, n, r, das merke ja, steht nie tz und nie ck.

6. Omega ist, das weiß ich, n mal Pi durch dreißig.

7. Erst das Wasser, dann die Säure, sonst geschieht das Ungeheure.

B Ein kurzer Reim wird in eine direkte phonetische Nachbarschaft zu einer Zahl gesetzt:

333 – bei Issos Keilerei; 753 – Rom schlüpft aus dem Ei;
476 – mit Rom ist es ex.

C Ein leicht merkbarer Lernsatz enthält die Anfangsbuchstaben der zu merkenden Wörter:

1. Welcher Seemann liegt bei Nelly im Bett?
   Welcher Sportler liegt bis neun im Bett?
   (Merksätze für die ostfriesischen Inseln von Ost nach West)

2. Mein Vater erzählt mir jeden Sonntag unsere neun Planeten (für die Planeten).

3. Nie ohne Seife waschen (für die Himmelsrichtungen).

4. Geh, du alter Esel, hole Fische (Quintenzirkel).

5. Ein Anfänger der Gitarre hat Eifer. (die 6 Saiten der Gitarre)

D Das Vorkommen gleicher Vokale oder Konsonanten stellt die Verbindung mit dem Lernstoff her:

1. Afrikanische Elefanten haben lange Ohren.
   Indische Elefanten haben winzige Ohren.

2. Lackmus-Papier färbt sich bei Säuren rot und bei Laugen blau.

E Direkte Assoziationen zwischen gleich oder fast gleichklingenden Wörtern erleichtern das Behalten:

1. Wer nämlich mit „h" schreibt ist dämlich.

2. „gar nicht" wird gar nicht zusammen geschrieben.

F Assoziationen mit den verschiedenen Teilen des Körpers erleichtern das kurzfristige Merken, daher auch ausnahmsweise ein Beispiel von außerhalb der Schule:

Wenn man einkaufen geht und keinen Einkaufszettel dabei hat, lassen sich zehn bis fünfzehn Einkaufsartikel dann, wenn man sie mit verschiedenen Körperteilen assoziiert, problemlos einprägen.

Eine einschränkende Anmerkung halten wir allerdings für notwendig: Wenn der Aufwand zum Bilden von Eselsbrücken zu groß wird, sollte man sich das zu Behaltende lieber auf andere Art und Weise merken.

Bilder, Fotos, Grafiken

Bilder unterstützen das Gedächtnis, wenn es sich Sätze oder Zusammenhänge merken soll, denn das Gedächtnis speichert leichter Bilder als Begriffe. Wenn wir in der Lage wären, jeden Begriff in ein Bild umzuwandeln, dann würden wir schnell lernen. Deshalb ist es hilfreich, die zu lernenden Informationen in eine Bildreihe oder ein Bildraster zu verwandeln, die Bilder in der richtigen Reihenfolge zu verbinden oder zu ordnen und sie auch zu behalten – für eine ziemlich lange Zeit.

Es fällt Schülern immer wieder schwer, eine Reihe von Wörtern oder Wortketten auswendig zu lernen. Deshalb ermuntern wir sie, sich die dazugehörigen Abbildungen anzusehen und zu merken. Wenn keine Abbildungen vorhanden sind, dann fertigen sie selbst Bilder als zusätzliche Gedächtnisstütze an. Wir haben festgestellt, dass Schüler manchmal ganz abstruse Verbindungen von Wort und Bild herstellen. Sie sind aber sehr wohl in der Lage, diese Begriffe auswendig zu lernen und sich zu merken. Auch nutzen sie diese Technik häufig beim Anfertigen und Präsentieren von Referaten. Interessant ist auch immer wieder zu beobachten, dass sich für beliebige Inhalte ebenso viele beliebige Bilder finden lassen – je ungewöhnlicher die Vorstellungen, desto leichter lassen sie sich merken.

Selbst Zahlen lassen sich mit bildhaften Formen besser im Gedächtnis behalten. Hier nur eine von vielen Varianten:

Schüler können Bildwortreihen sehr gut selbst bilden, denn sie haben oft ganz unterschiedliche Vorstellungen von den entsprechenden Bildern – je nachdem, an welche vorhandenen Wissensbestände ihre Assoziationen anknüpfen. Wir ermuntern die Schüler, möglichst alle Sinne bei den Verknüpfungen zu nutzen (Geräusche, Gerüche, Bewegung, Bilder), damit sie sich ein entsprechendes Szenario vor ihrem geistigen Auge konstruieren können. Um auch später dieses Wissen gespeichert zu haben, benötigen sie im Regelfall nur ein Stichwort, damit das selbst entwickelte Bild wieder vor ihren Augen entsteht.

Farben

Farben können gut mnemotechnisch eingesetzt werden, insbesondere dann, wenn einzelne Textpassagen markiert werden sollen, wenn Besonderheiten in der Ausdrucksweise gekennzeichnet oder wenn Signalwörter hervorgehoben werden sollen.

Beispiel: Einsatz von Farben

Es gibt vielfältige Varianten für den Einsatz von Farben:

- Die Wichtigkeit einzelner Aussagen eines Textes lässt sich durch einzelne Farben darstellen – zum Beispiel in den Regenbogenfarben.
- Die Stichwörter für ein Referat werden in der Reihenfolge der vorzutragenden Thesen farbig markiert.
- Häufig falsch geschriebene Wörter werden farbig unterlegt.
- Wichtige Definitionen oder Formeln werden mit einem farbigen Kasten umrandet.

Schlüssel-/Signalwörter

Beim Ausprobieren von Merkhilfen stellt man immer wieder fest, dass man die zu lernenden Wörter versucht zu ordnen, um sie zu sinnvollen Gruppen zusammenzufassen. Auch diese Vorgehensweise ist eine gute Möglichkeit, viele Begriffe oder Argumente möglichst lange im Gedächtnis zu behalten. Diese Gruppen erhalten dann Schlüssel- oder Signalwörter als Oberbegriff, unter denen sie leicht zu erkennen und wieder zu finden sind (siehe auch „Wortfelder“: S. 100).

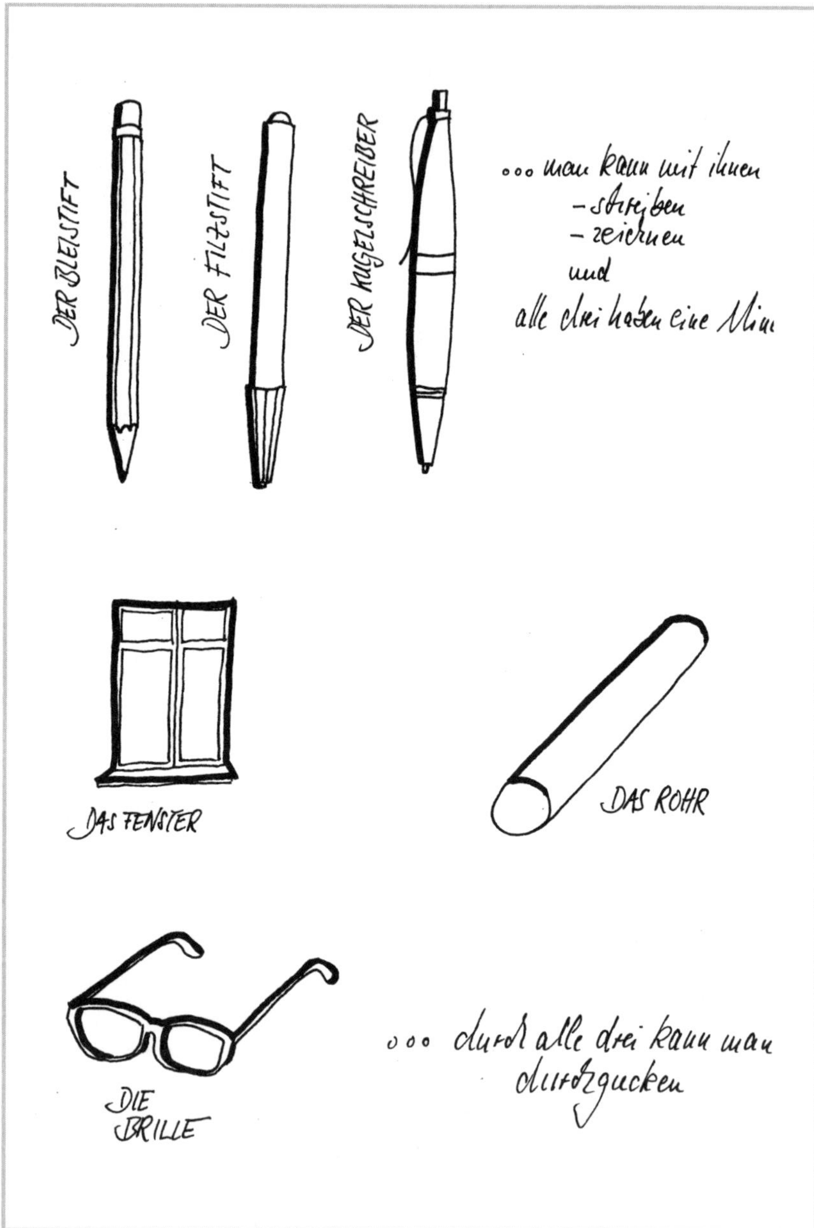

Schlüsselwörter mit Bildern verbinden

Virtuelle Geografie

Mit Hilfe eines eigenen, individuell gestalteten Raumes, den man sich vor seinem geistigen Auge vorstellt, kann man sich immer wieder Informationen in das Gedächtnis rufen. Es entsteht ein virtueller Raum, in dem man spazieren gehen kann und in dem man alle Gegenstände und ihren Platz kennt. Wenn dieser Raum im Gedächtnis verankert ist, dann ist man in der Lage, sich an alle Dinge, die sich im Raum befinden und die mit ihm zusammenhängen, zu erinnern. Jetzt können relativ große Mengen an Informationen in diesem Raum deponiert werden, die bei entsprechenden Assoziationen immer wieder genutzt werden können.

Beispiel: Einen Raum vorstellen –
„Sporttheorie für Seilspringen und Gymnastikball"

Man stellt sich einen Wohnraum oder ein Zimmer vor, in dem nicht nur herkömmliche Gegenstände wie ein Tisch oder ein Stuhl stehen, sondern eben solche, die man sich aufgrund ihrer Form/ihres Aussehens/ihrer Farbe leicht ins Gedächtnis rufen kann.

Zunächst versucht man den zu lernenden Stoff in Themenbereiche einzuteilen. Für das Beispiel des Seilspringens gibt es die Bereiche: Technik des Seilspringens; Möglichkeiten der Ausführung des Springens; mögliche Ebenen, die man mit dem Seil bilden kann. Zu jeder Thematik wird nun ein Gegenstand im virtuellen Raum gesucht. Mit den Varianten der Sprünge verbindet man das Bild an der Wand des Raumes, auf dem ein Hase über eine Wiese hüpft. So lässt sich leicht das für den Themenbereich wichtige Schlüsselwort „hüpfen" assoziieren. Unter dem Bild steht ein Mischpult, also ein technischer Gegenstand, der auf die Technik beim Seilspringen verweisen soll. Neben dem Mischpult steht ein Plattenspieler (leider lange überholt), mit dem man aufgrund seines waagerechten Plattentellers die Ebenen des Seiles verbinden kann. Ähnlich verfährt man auch mit dem Gymnastikball. Hier sind folgende Themenbereiche zu verzeichnen: Prellen des Balls, Technik des Prellens, Rollen des Balls, Technik des Rollens, Werfen des Balls, Technik des Werfens. In Gedanken verbindet man damit den Boxball in der Ecke des Zimmers. Man würde mit ihm die Technik des Prellens assoziieren, da sich unser Gehirn einen auf diesen Ball schlagenden Menschen vorstellen könnte. Daneben liegende Boxhandschuhe verweisen auf das

Prellen als solches, da mit den Handschuhen auch Aktivität verlangt wird. Die Technik des Werfens merkt man sich mit Hilfe eines Papierkorbes, der neben dem Boxball steht. Der Korb steht für die Technik, da er die Möglichkeit, „etwas in ihn hineinzuwerfen", impliziert. Ein im Papierkorb liegender zusammengeknüllter Zettel bezeichnet dann das Werfen, da man hier wiederum davon ausgehen kann, dass jemand dieses Stück Papier in den Korb geworfen haben muss. Zu guter Letzt steht ein Roller bzw. Kickboard an der Wand. Wenn man mit dem Roller aus dem Raum fährt, dann assoziiert man zum einen das Rollen des Gymnastikballs an sich, zum anderen verlässt man nun auch gedanklich den Raum, also den Lernstoff, und kann sich somit anderen Informationen widmen.

Mit jedem der Bereiche oder Gegenstände des virtuellen Raumes verbindet man eine Reihe von zu lernenden Abläufen und Tätigkeiten oder auch Erklärungen, die für den Ablauf wichtig sind. So fallen einem zum Beispiel in der Sportklausur – wenn man an den Raum denkt – all die Erklärungen und Handlungsabläufe wieder ein, die mit den entsprechenden Gegenständen assoziiert werden. Ein hilfreiches Übungsinstrument, das von zahlreichen Quizteilnehmern und Showkandidaten im Fernsehen als äußerst effektiv und wirkungsvoll „gepriesen" wird.

Rhythmisierung

Dass ein gleichmäßiges Metrum das Auswendiglernen längerer Texte erleichtert, ist schon den Epikern des antiken Griechenlands bekannt gewesen. Dass dies Auswendiglernen weiter erleichtert wird, wenn neben das gleichmäßige Metrum auch ein festes Reimschema tritt, merken Schüler spätestens, wenn sie mit Beginn der Sekundarstufe I Gedichte vortragen müssen. Diese Tatsachen macht sich die Rhythmisierung zu Nutze, indem sie Texte möglichst extrem rhythmisch zerhackt und – wo es eben geht – in ein Reimschema presst. Die Begeisterung vieler Jugendlicher für den Rap, der dieses ja ebenso macht, kann sehr gut genutzt werden.

Beispiel: Der Five-Kontinente-Rap

Eh, Alter, sei schlau! Zoom die Lauscher auf, nicht zu! Pauk mit Rap!
Das kommt voll fett rüber, ist geiler als trocken hocken und in Erde losen.
Zieh nicht die Fünf, lad sie dir munter runter: Amerika, go west, und Australien,
down under, in Asien pack den Tiger und geh rüber, gegenüber von Gibraltar,
da ist Afrika. Vier mal fettes A und dann Europa! Geschafft! Du bist wieder da!
Five Kontis, kein Problem, ihr werdet s sehn.

Eh	Alt	er	sei	schlau	Zoom	die	Lau	scher	auf
nicht	zu	Pauk	mit	Rap	Das	kommt	voll	fett	rü
ber	ist	gei	ler	als	tro	cken	ho	cken	und
in	Er	de	lo	sen	Zieh	nicht	die	Fünf	lad
sie	dir	mun	ter	run	ter	A	me	ri	ka
go	west	und	Aus	tra	li	en	down	under	in
A	si	en	pack	den	Ti	ger	und	geh	rü
ber	ge	gen	ü	ber	von	Gi	bral	tar	da
ist	Af	ri	ka	Vier	mal	fet	tes	A	und
dann	Eu	ro	pa	Ge	schafft	Du	bist	wie	der
da	Five	Kon	tis	kein	Pro	blem	ihr	wer	det s
sehn									

Zum Beispiel: Jens, der Denker

Er kann ein 24-bändiges Konversationslexikon auswendig, lernt spielend Russisch und Chinesisch – unter anderem. Jens Seiler benutzt besondere Methoden zum Gedächtnistraining. Hier verrät er seine Tricks: „Meine Technik besteht darin, dass ich abstrakte Informationen in feste Bilder umwandle und diese nach Bedarf zuordne“, sagt er. „Lernen ist nichts anderes als Verknüpfen. Wir nutzen vielleicht zehn Prozent unserer Hirnfähigkeit, die meisten wissen nicht, welche Reserven sie haben.“ Sie freizusetzen hat mit Fantasie, vor allem mit Bildern zu tun. „Auch Dichter arbeiten mit Metaphern. Wenn ich Banker vor mir habe, sage ich denen immer: Die Acht ist nicht Ihre Acht. Acht heißt Achterbahn fahren. Kinder verstehen das sofort, sie besitzen noch genug Grundfantasie.“

Seilers liebste Mnemotechnik ist, aus Zahlen Wörter zu bilden. „Bei der Neun an die neun Monde zu denken ist einfach. Doch fällt Ihnen eine Verknüpfung zur Zahl 67 oder 93 ein? Mir auch nicht!“ Deshalb setzt er für die Ziffern Buchstaben ein, die er dann wiederum in Wörter umwandelt. Die 0 sieht wie ein 0 aus, also verbindet er sie mit dem Ausdruck „k. o“. 1 kann nur T oder L sein, denn beide Buchstaben haben jeweils einen Strich. 2 ist N oder V, beide je zwei Striche. 3: M oder W, beide je drei Striche. 4 kann nur R sein, ist es doch das einzige Zahlwort, das mit einem R endet. 5 ist S oder SCH – die 5 sieht wie das S aus, und der SCH-Laut ist dem S ähnlich. 6: B oder P, das P erinnert an eine auf den Kopf gestellte 6, der Buchstabe B ist dem P sehr ähnlich. 7 ist F, denn das F erinnert an eine spiegelverkehrte 7. 8 ist H und CH, denn dem Denker fällt hier die Redewendung „Hab Acht ein“. 9 ist G, die Ziffer sieht aus wie das kleingeschriebene g. „Das ist aber nur eine Möglichkeit, sich ein System zuzulegen“, fasst er zusammen. Das Verwörtern der Zahlen ist dann reine Logik. Hat man die Konsonanten, lassen sich die Vokale dazu leicht finden. 452 heißt „Arsen“, „Reisen“ oder „Rosine“ (4 = r, 5 = s, 2 = n). Mit der Sprachhilfe kann man sich die Zahl besser merken. 6492 lässt sich unter „bergen“ im Gehirn deponieren (6 = b, 4 = r, 9 = g, 2 = n).

Die Geschichtenmethode ist die wirksamste, um sich auch größere Datenmengen einzuprägen. Jede Assoziation, jede Verknüpfung zweier Begriffe wird zur Minigeschichte gemacht. Allerdings, so Jens Seiler, birgt die Geschichtenmethode auch einen großen Nachteil in sich: „Jede Geschichte ist nur so stark wie ihre schwächste Assoziation. Fehlt Ihnen einmal eine Begebenheit, wie Ihre Geschichte weiterging, kommen Sie wahrscheinlich auch auf die weiter hinten platzierten Informationen nicht mehr.“

Beispiel: Hier geht es darum, sich Namen und Reihenfolge der deutschen Bundespräsidenten einzuprägen. Dazu hilft folgende Geschichte: Ich liege im Heu (Heuss) und überlege, wie ich aus den Heuballen das Lübecker Tor (Lübke) nachbauen könnte. Ich schlafe ein. Im Traum erscheinen die Heinzelmännchen (Heinemann) und helfen bauen. Als ich aufwache und sehe, dass es kein Traum ist, will ich so schnell wie möglich weg. Wie gut, dass gerade Walter Scheel hoch auf seinem gelben Wagen vorbei kommt. Ich springe auf. Wir machen an einem Brunnen Halt, in dem Sekt statt Wasser ist: Carstens SC (Carstens). Frisch gestärkt lade ich vom gelben Wagen Weizensäcke (von Weizsäcker) ab. Damit ziehe ich übers Land her (Herzog). Ganz schön raue (Rau) Sitten hier. *(aus: Die Welt, 12/2002)*

Didaktische Anmerkungen zum Gedächtnistraining

Gedächtnistraining in Übungsritualen

Beispiele für Einsatzmöglichkeiten

Ein Thema des Geschichtsunterrichts der Klasse 9 lautet „Kindheit und Jugend im Nationalsozialismus". Dieses Gebiet interessiert die Schüler sehr, es zeigt sich aber auch, dass sie mit einigen Begrifflichkeiten nicht viel anfangen können und sie daher von einer Stunde bis zur nächsten wieder vergessen haben. Zu Beginn der Fachstunde schreibe ich zum Beispiel den Begriff „Widerstand" verdeckt an die Tafel. Die Schüler sind interessiert und wollen gerne wissen, was hinter der Tafel steht. Ein Schüler kommt nach vorne, klappt die Tafel um und hat jetzt zwei Minuten Zeit, sein Wissen zum Widerstand in ganzen Sätzen (als Kurzreferat) zu formulieren. In jeder Stunde lauten die Begriffe anders, es können je nach Stundenziel auch mehrere Begriffe nacheinander an der Tafel notiert werden.

Didaktischer Kommentar

Gedächtnistraining ist geradezu ideal für alle Formen von Ritualen. Sowohl die Entwicklung von Eselsbrücken als auch die Assoziationen mit Hilfe von Bildern, Schlüsselwörtern und Rhythmen lassen sich zum Einstieg in ein Thema, in die Stunde oder auch als Ausstieg nutzen.

Die Vorbereitung dieses Übungsrituals kann auch von Schülern übernommen werden, und wir haben die Erfahrung gemacht, dass dies in den oberen Jahrgängen der Sekundarstufe I als ausgesprochen reizvoll empfunden wird. Selbstredend muss mit den Schülern vorher besprochen werden, ob sie Wörter wählen, die sie besonders gut mit Inhalt füllen können, oder ob sie eher ihnen nicht so geläufige, unbekannte oder zumindest nicht sicher sitzende Begrifflichkeiten auswählen.

Gedächtnistraining in Übungsphasen

Beispiele für Einsatzmöglichkeiten

Es hat sich für jede Altersstufe als hilfreich erwiesen, eigene Formelsammlungen oder Merkhefte anzulegen. Hierfür bitten wir die Schüler in einer ca. 15-minütigen Phase, sich in ihrem dafür vorgesehenen Heft die zu merkende Formel so aufzuschreiben, dass sie sie sich möglichst optimal einprägen können. Sie notieren die Formel, zeichnen eine Grafik, erklären sie und erläutern die Formel mit ihren eigenen Worten. Dann heben sie die für sie wichtigen Schlüsselwörter mit entsprechenden Farben hervor und gestalten das zu Merkende so, dass sie es mit einem Blick erfassen können.

Auch das Bauen von Standbildern hat sich in Übungsphasen immer wieder als gute Gedächtnisstütze erwiesen. Schüler bauen eine Situation, eine Aussage etc. mit ihren Mitschülern als Bild nach. So wird durch die zusätzliche Visualisierung der sich zu merkende Stoff besser im Gedächtnis verankert.

Didaktischer Kommentar

Alle Formen des Gedächtnistrainings, die etwas zeitaufwändiger sind, sollten eher in Übungsphasen stattfinden. Um eine individuelle Formelsammlung zu erstellen, umfangreiches Textmaterial mit Hilfe von Bildern, Farben oder virtuellen Räumlichkeiten zu verbinden oder auch beispielsweise einen Rap zu schreiben, benötigt man sicher einen längeren Anteil der Stunde als zum Beispiel für die kurzen Rituale. Diese Phasen sollten nicht als spontane Lückenbüßer fungieren, weil das den Übungsprozess im Bewusstsein der Schüler längerfristig abwertet, sondern bewusst in die Unterrichtsplanung integriert werden.

Gedächtnistraining in Übungsstunden

Beispiele für Einsatzmöglichkeiten

Im Rechtschreibunterricht einer 5. Klasse wird ein „Laufdiktat zum S-Laut“ bearbeitet. Dafür haben die Schüler eine ganze Schulstunde Zeit.

Didaktischer Kommentar

Das Gedächtnistraining systematisch zu betreiben kann durchaus bedeuten, eine Stunde mit dem Üben solcher Vorgehensweisen zu verbringen. Wenn es für den weiteren Unterrichtsverlauf notwendig ist, die Gedankengänge und

DAS LAUFDIKTAT ZUM S-LAUT

- Hänge das Laufdiktat irgendwo im Raum auf.
  Präge dir einen oder mehrere Sätze gut ein.
  Jetzt läufst du langsam zu deinem Platz zurück und versuchst den Satz oder die Sätze auswendig aufzuschreiben. Fülle dabei auch die Lücken aus.

- Beim Laufen kannst du den Satz oder die Sätze leise vor dich hin sprechen – das macht dich beim Schreiben sicherer.
  Falls du bei der Schreibweise eines Wortes unsicher bist, schlage im Wörterbuch nach.
  Du nimmst dir am besten Zeit beim Schreiben und hörst erst dann mit dem Laufdiktat auf, wenn du alle Sätze aufgeschrieben hast.

- Wenn du mit dem Laufdiktat fertig bist, lies dir deinen Text mit Hilfe des Lösungsblattes nochmals durch.
  Trage alle Wörter, bei denen du noch unsicher bist, in deine Fehlerkartei ein.

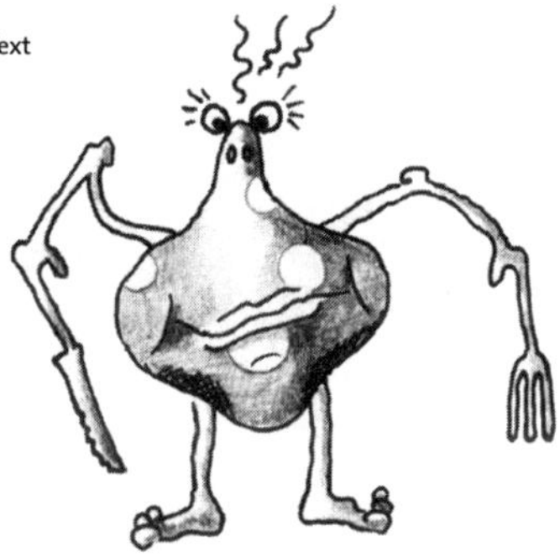

Fressibert Dickwanst

Das Fa___ten ha___t er aus tiefster Bru___t.

Unablä___ig mu___ er etwas in sich hineinfre___en.

Am liebsten fri___t er Milchrei___ mit E___igsoße.

Ohne E___en kann ihn der Tag nur stre___en.

Bei___ender Hunger zerfri___t seine Ge___undheit.

Hat Fre___ibert mehr als sech___ Minuten nichts gege___en, ist Schlu___ mit lu___tig.

Er wird gehä___ig, wenn nicht sofort ein ma___loses Fre___en lo___geht.

Alle seine Ho___en sind schon geri___en, und Fressiberts Wan___t wäch___t weiter.

Gute Vor___ätze sind ___innlos.

Über alle___ geht ihm der Genu___ – nicht in Ma___en, in Ma___en!

Der Wu___t im Wanst nach dem gro___en Fressen ist scheu___lich:

Kä___e neben Ei___, Gemü___e mit Grie___brei; E___igsoße ist auch dabei.

Noch mehr Platz mu___ her, für Wa___ermelone in Do___enbier, Anana___ und E___papier.

Brau___epulver war Gang vier.

Aber zu Fressiberts gro___em Verdru___ ist in sechzig Sekunden Küchenschlu___.

Ihm sau___t der Bauch, ihm platzt der Magen – doch „Danke, ich bin ___att!“,

hörst du ihn niemal___ ___agen.

Nach einem Rülp___er oder zwei'n geht auch Gang fünf noch rein.

Beispiel: Laufdiktat

die Strategien der Schüler nachzuvollziehen, dann sollte diese Zeit auch zur Verfügung stehen. Dadurch wird nicht nur die eigene Unterrichtsvorbereitung erleichtert und optimiert, sondern die Schüler werden in ihrer Rolle und mit ihren Kompetenzen ernst genommen. Nicht nur der Lehrer, sondern auch der Schüler kann nachvollziehen, wo Denkfehler, Übungsdefizite oder formale Probleme aufgetreten sind.

Gedächtnistraining auf dem Übungsparcours

Beispiele für Einsatzmöglichkeiten

In allen zur Verfügung stehenden Übungsstunden haben die Schüler die Möglichkeit, die vielfältigen interessanten Materialien und Anregungen zum Gedächtnistraining zu nutzen. An einem Ort des Übungsparcours sind zahlreiche Möglichkeiten aufbereitet, mit denen die Schüler üben können. Kreuzworträtsel, Knobeleien und Brain-Gym-Materialien können hier ebenso genutzt und bearbeitet werden wie Quizspiele, spezielle Arbeitsblätter zum Gedächtnistraining, audio-visuelle Medien und Nachschlagwerke.

Didaktischer Kommentar

Die Schüler wählen sich selbstständig die Medien und Materialien aus, mit denen sie ihr Gedächtnis trainieren wollen und die von den Fachkollegen – im Regelfall zu den Unterrichtsinhalten unmittelbar passend – hergestellt worden sind. Durchaus sinnvoll ist es aber auch, wenn die Schüler für sich selbst oder die Mitschüler eigene neue Spiele, Arbeitsblätter etc. kreieren.

Übungsinstrumente

Der Begriff „Instrument“ bedeutet so viel wie Gerät oder Werkzeug. In der neuesten Ausgabe der Encarta (2002) wird das Instrument als „Gegenstand, mit dem (auch komplizierte) Tätigkeiten ausgeführt werden“ beschrieben.

> Bezogen auf unser Übungskonzept definieren wir: Instrumente sind Werkzeuge zur Hervorbringung und Weiterentwicklung individueller Fähigkeiten und Fertigkeiten.
>
> Um ein Werkzeug oder Instrument nutzen zu können, sind gewisse Kompetenzen erforderlich – ein Skalpell ist in der Hand des medizinisch Ungebildeten ebenso nutzlos wie eine Geige für denjenigen, der die Fertigkeiten des Geigespielens nicht erlernt hat.

Dieses Bild lässt sich auf die schulische Situation übertragen und erweitern: Die Beherrschung der Instrumente ermöglicht und normiert die zielorientierte und werkgerechte Arbeit von Lehrer und Schüler, das heißt, Beherrschung beschränkt sich nicht nur auf den Lehrer, sondern muss auch vom Schüler erlernt werden. Mit Hilfe von Instrumenten eignen sich die Schüler Wissen, Fähigkeiten und Fertigkeiten an. Das damit verbundene Ziel ist, den Lehrer überflüssig zu machen: Denn erst dann, wenn die Schüler gelernt haben, die Werkzeuge und Instrumente selbstständig sinnvoll und angemessen einzusetzen, sind sie auf eine Anleitung durch den Lehrer nicht mehr angewiesen. So können Schüler unterschiedliche Übestrategien gegeneinander abwägen, ausprobieren und eigene Strategien ausbilden.

Die Instrumente können hier nur in ihrer Form und in ihrem vorgesehenen Nutzen beschrieben werden. Wie sie konkret eingesetzt werden, das bleibt den Fertigkeiten des Lehrers und noch mehr denen der Schüler überlassen. Wir möchten Sie in diesem Kapitel anregen, sich die für Sie am geeignetsten erscheinenden Instrumente auszuwählen und sie so oft wie möglich zum Einsatz zu bringen – **richtige** Übung macht den Meister!

Lernkarteien

Lernkarteien können in allen Wissensgebieten und Schulfächern eingesetzt werden. Das Instrument „Lernkartei“ ist vom Psychologen Sebastian Leitner entwickelt worden mit dem Ziel, das Langzeitgedächtnis zu trainieren. Die

Wörter und Begriffe von Lernkarten werden während der Abfrage innerhalb eines Karteikastens so lange umsortiert und regelmäßig in immer größer werdenden Zeitintervallen geübt, bis sie im Gedächtnis gespeichert sind.

Als Erstes muss man natürlich eine Kartei haben, damit man die Karteikarten – falls man sie nicht in einem Briefumschlag aufbewahrt – ordnen und sortieren kann. Viele Verlage bieten fertige Lernkästen aus Holz oder aus fester Pappe an, die schon mit entsprechenden Unterteilungen, Ordnungsmarkern und Karteikarten ausgestattet sind. Spaß macht es natürlich auch, wenn Schüler ihre eigene „Wortschatzkiste" im Werkunterricht oder zu Hause bauen können.

Alles, was man lernen und behalten will, wird auf die Karteikarten geschrieben. Dabei ist darauf zu achten, dass keine Rechtschreibfehler auftreten, denn sonst prägt sich der Schüler das falsche Wort ein. Schüler sollten auch darauf hingewiesen werden, dass das Sortieren und Suchen einzelner Begriffe erleichtert werden, wenn die Karteikarten zunächst im oberen Bereich beschrieben werden.

Auf die Vorderseite schreibt man: das Fremdwort, die Vokabel, die Formel, den Fachausdruck, die Frage.

Auf die Rückseite schreibt man: die Bedeutung, die Übersetzung, die Erklärung, den Zusammenhang, die Antwort.

Alles kann entweder mit der Hand oder auch (zur Übung) mit dem Computer von den Schülern selbst geschrieben werden. Hilfreich sind auch bildhafte Ergänzungen (siehe Übungshilfen) oder die Einbettung des Begriffes in zusammenhängende Sätze (Sinn des Wortes).

Übungsstrategien für Schüler:

- Einteilung der zu lernenden Begriffe in einzelne Gruppen oder Blöcke,
- Ordnung bzw. Reihung der einzelnen Blöcke,
- Auswendiglernen des ersten Blocks,
- Einhalten kurzer Pausen,
- Auswendiglernen des nächsten Blocks usw.

Üben können die Schüler entweder alleine, mit einem Partner oder in kleinen Gruppen. Entscheidend ist, dass immer sofort kontrolliert werden kann, ob eine Antwort richtig ist oder nicht.

Die Lernkartei besteht aus einer Reihe von Abteilen – im Regelfall fünf – in die die Karteikarten nach folgendem System einsortiert werden:

- Alle neu beschriebenen Karten werden im ersten Abteil gesammelt.

- Richtig beantwortete Fragen und gelernte Begriffe kommen in das zweite Abteil.
- Falsch beantwortete Fragen und vergessene Begriffe verbleiben im ersten Abteil.
- Erst wenn der größte Teil des ersten Abteils nach mehreren Wiederholungen beherrscht wird, werden die Karten des zweiten Abteils bearbeitet.
- Diese Bearbeitungsweise setzt sich bis zum letzten Abteil so weiter fort.
- Im letzten, größten Abteil befinden sich die Karten, deren Begriffe schon auf Dauer im Gedächtnis sind.
- Alle nicht zu beantwortenden Karteikarten und alle falsch beantworteten landen wieder im ersten Abteil und müssen neu gelernt werden.
- Die neuen und nicht gekonnten Begriffe des ersten Abteils müssen jeden Tag mindestens einmal geübt bzw. wiederholt werden.
- Die Begriffe der anderen Abteile sollten in regelmäßigen Intervallen wiederholt werden – die vorderen Abteile häufiger, die hinteren etwas seltener (im Wochen- oder Monatstakt).
- Lernkarteien nicht zu großen Ausmaßes können überall mit hingenommen werden, so lässt sich Wartezeit überbrücken (oder es ist für den Schüler nützlich, der beim Autofahren lernt).

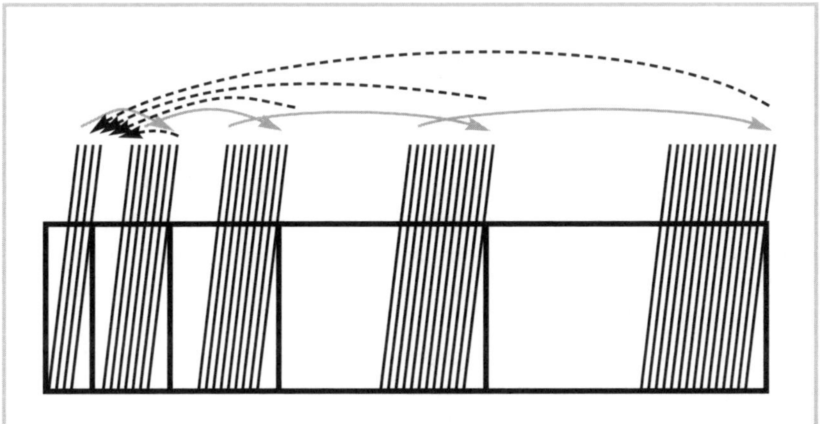

Lernkartei

Schon die Anordnung der einzelnen Abteile deutet diese Übungsweise an, denn die hinteren Abteile sind größer als die vorderen. Dadurch lassen sich in die vorderen Abteile weniger Karteikarten stecken als in die hinteren. Die Aufteilung der Abteile hängt mit unserem Gedächtnis zusammen. Da die Abteile immer größer werden, werden die Begriffe in immer längeren Zeitspannen wiederholt – bis sie gar nicht mehr in der Lernkartei vertreten sind. Hier noch einige weitere hilfreiche Ergänzungen:

- Innerhalb eines Abteils können einzelne Blöcke mit farbigen Karteikarten zum besonderen Hervorheben markiert werden.
- Kleine Reiter auf den Karteikarten sortieren diese innerhalb der Abteile oder heben besonders schwierige Wörter nochmals hervor.
- Karteikarten aus festerem Karton haben sich für alle Formeln und wichtigen Sätze bewährt, da sie immer wieder zum Einsatz kommen.
- Innerhalb eines Karteikastens kann durch verschieden farbige Karten nach unterschiedlichen Fächern sortiert werden.

Für diejenigen Schüler, die am liebsten mit dem Computer arbeiten, gibt es eine Reihe von Programmen, die nach dem Karteikastenprinzip arbeiten. Anstelle der einzelnen Abteile einer Lernkartei findet man „Levels", die anzeigen, auf welchem Wissensstand man den Begriff oder die Vokabel beherrscht. Die einzelnen Levels (Abteile) sind nie überfüllt, da sie beliebig erweiterbar sind.

In dieser schier unerschöpflichen Speicherkapazität moderner Computer liegt unseres Erachtens aber auch ein gewisses Problem: Ein normaler Karteikasten von vielleicht Zigarrenkistchengröße ist nach einiger Zeit schlicht und einfach voll. Keine weiteren Karteikarten passen mehr hinein – der Speicher des Computers aber lässt das Anwachsen der Vokabelmenge in fast unbegrenztem Maße zu. Dies führt dazu, dass Schüler übermäßig viele Begriffe ansammeln, durch die sie irgendwann gar nicht mehr durchblicken. Die Gefahr, die Übung mit der Lernkartei dann frustriert ganz aufzugeben, ist beträchtlich.

Vorteilhaft an der Arbeit mit Computerlernkarteien ist allerdings die Möglichkeit der genauen Datierung. Die Zahl der Wiederholungen und die Zeitintervalle lassen sich jeweils durch das Datum regulieren, das angibt, wann ein Begriff gelernt wurde.

Vorteile einer Lernkartei

- Unmittelbare Lernkontrolle und sofortige Rückmeldung
- Anpassung an den individuellen Lernrhythmus, dadurch Förderung der Konzentration
- Behaltenswirksames Lernen in regelmäßigen Intervallen
- Kein Überlernen, nutzlose Wiederholungen werden vermieden
- Kein unmotiviertes Einprägen der Bedeutung eines Wortes aufgrund seiner Position innerhalb einer Abfolge von Wörtern
- Nach Lernunterbrechungen geschieht der Wiedereinstieg immer an der richtigen Stelle, wodurch lästiges Suchen erspart bleibt
- Enormer Zeitvorteil, rascher Informationszugriff
- Erweiterungsfähigkeit, Altes wird aussortiert

Nachteile einer Lernkartei

- Umfangreiche Lernkarteien sind schwer organisierbar
- Karteikarten können nicht unterschiedlichen Fächern oder Sachgebieten zugeordnet werden (außer man schreibt sie mehrmals)
- Begriffslernen entsprechend behandelter Lektionen ist nicht möglich
- Fehlende regelmäßige Wiederholungen und Erweiterungen der Karteikarten führen zur Überfüllung der Lernkartei und der Abteile
- Auf kleinen Karteikarten lassen sich keine umfangreichen Informationen notieren
- Querverweise und Verknüpfungen zu anderen Karten innerhalb einer Lernkartei sind kaum möglich

Lernplakate

Lernplakate sind sowohl für das individuelle Lernen zu Hause als auch für das gemeinsame Lernen und Üben im Klassenverband hilfreich. Auf ihnen wird all das festgehalten, was so wichtig ist, dass man immer wieder daran erinnert werden muss: eine Regel, ein Algorithmus, eine Liste schwieriger Vokabeln, eine Reihe philosophischer Leitsätze etc.

Lernplakate bestehen im Regelfall aus einer großen Pappe, einer Zeitungsrolle, einer Tapetenrolle, festem Tonkarton oder großen Stoffbahnen. Sie werden mit dicken Filzstiften, mit Wasser- oder Ölfarben, mit stark vergrößerten Computerausdrucken oder mit der Sprühdose beschrieben und möglichst ansprechend und ästhetisch durch Bilder, Grafiken, Tabellen oder kunstvolle Gemälde gestaltet.

Lernplakate für das gemeinsame Lernen

Lernplakate, die im Klassenraum aufgehängt werden, enthalten für alle gemeinsam wichtige:

- Regeln, Formeln und Gesetze,
- Fachbegriffe,
- grammatikalische Strukturen,
- Umgangsformen,
- Vereinbarungen.

Lernplakate sollten so im Klassenraum aufgehängt werden, dass sie für alle Schüler gut sichtbar sind und die Schüler es gar nicht vermeiden können, sie häufig anzuschauen. Nach einer gewissen Zeit müssen sie abgenommen bzw. ausgewechselt und durch neue Plakate ersetzt werden, die dem momentanen Unterrichts- und Übungsstand der Schüler entsprechen – sie haben dann ihren Zweck und ihre Wirkung verloren, denn die meisten Schüler haben die Inhalte im Gedächtnis gespeichert. Gute Erfahrungen haben wir damit gemacht, die Lernplakate nach einer gewissen Zeit gemeinsam zu verändern, indem wir

- die Regeln und Begriffe, die mittlerweile alle beherrschen, durchgestrichen haben,
- neue Gesetze und Regeln hinzugefügt haben,
- sie neu gestaltet und mit anderen Bildern versehen haben,
- sie durch Sprechblasen mit individuellen Kommentaren verändert haben,
- andere Zusammenhänge innerhalb der Gesetzmäßigkeiten hergestellt haben,
- das unvollständige Lernplakat durch weitere Verhaltensregeln ergänzen mussten,
- schließlich doch ein neues Plakat erstellt haben, da das alte unseren ästhetischen Ansprüchen nicht mehr genügte.

Natürlich ist die Herstellung von Lernplakaten zeitaufwändig und von daher stellt sich die Frage, ob sich dieser Aufwand unter Effektivitätsgesichtspunkten überhaupt lohnt. Wir haben die Erfahrung gemacht, dass diese

Lernplakate-Herstellungs- und Veränderungsphasen für die Schüler sehr wichtig waren. Sie konnten optisch, inhaltlich und diskursiv feststellen, welche Dinge jetzt schon besser behalten wurden, was sie schon gelernt hatten. Die Verlangsamung des Lernens trug so nicht nur zur Intensivierung des Lernprozesses bei, sondern wirkte auch unmittelbar motivierend. Die Diskussion über ihren „Übungserfolg" war so positiv, dass sie bereitwillig auch weitere Lernplakate zur Unterstützung des Gedächtnistrainings entwickelten – und wir als Lehrer dieses nicht mehr anleiten mussten.

Lernplakate für das individuelle Lernen

Lernplakate, die ein Schüler sich zu Hause an einem besonderen Platz oder Ort aufhängt, können zum Beispiel enthalten:

- Vokabeln, die schwer zu behalten sind,
- unregelmäßige Verben,
- mathematische Formeln,
- physikalische Gesetzmäßigkeiten,
- chemische Verbindungen,
- auswendig zu lernende Gedichte usw.

Individuelle Lernplakate müssen nicht den Ansprüchen an Klassenlernplakate genügen. Sie können je nach Belieben auf alle möglichen Papiere, Stoffe, Zettel oder Materialien geschrieben werden. Sie sollten so aufgehängt werden, dass man mehrmals am Tag an ihnen vorbeigehen muss. Dadurch sind sie eine wirkliche Hilfe für jeden, denn durch das ständige „Bild vor Augen" prägen sich die Inhalte gut ein. Viele unserer Schüler hängten ihre Lernplakate sogar von innen an die Toilettentür. Aber auch an den Wänden und Türen des eigenen Zimmers oder in der Küche (falls niemand protestiert) sind Lernplakate an einem sinnvollen Ort gut aufgehängt.

Lernplakate können sowohl von den Schülern als auch von den Lehrern entwickelt und erstellt werden. Sie sollten eine klare Struktur aufweisen und deutlich hervorgehobene Signalwörter oder Überschriften haben, denn das erleichtert den Schülern das Zurechtfinden. Auch bildnerische Elemente oder andere Visualisierungsmittel können für eine übersichtliche Gestaltung des Lernplakates sorgen.

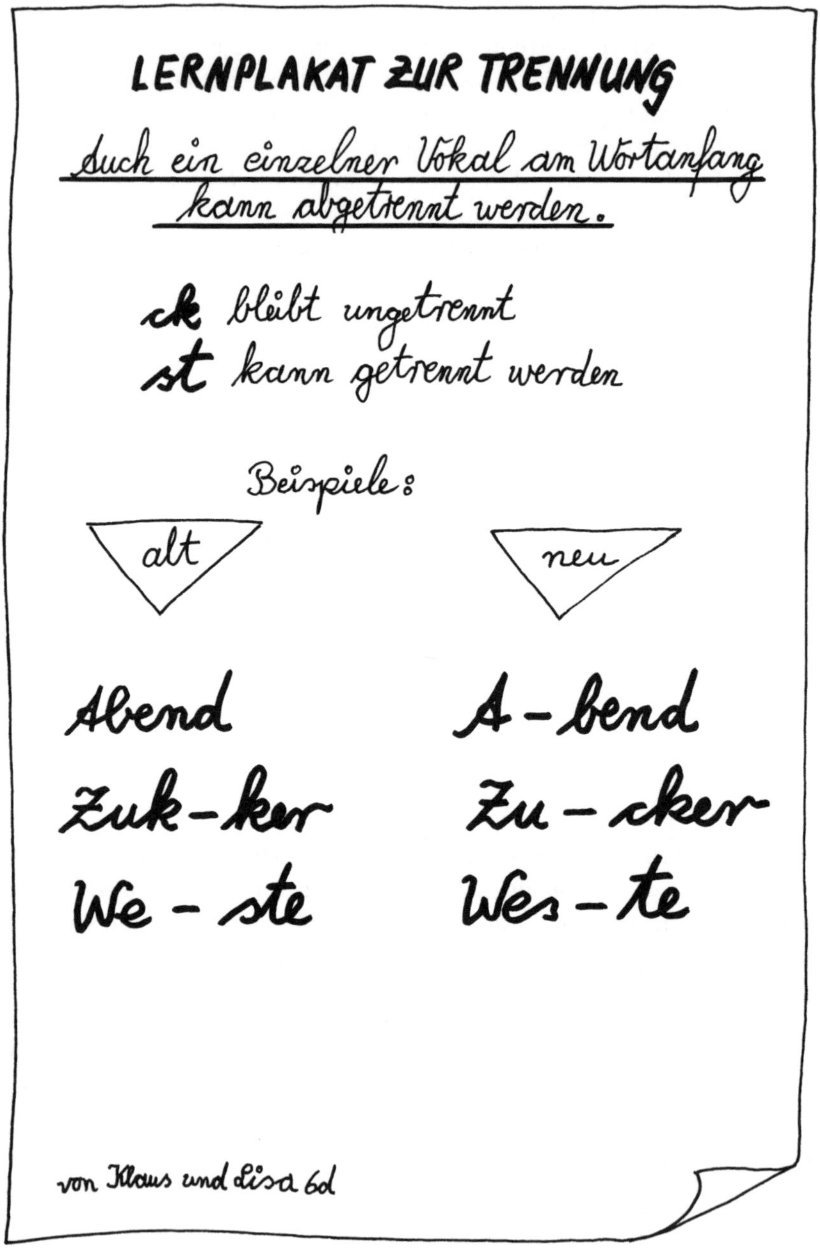

Beispiel: Lernplakat

Wie können Schüler lernen, Lernplakate zum effektiven Üben zu entwerfen und zu gestalten? Folgende Arbeitsschritte und Techniken können entweder an einem Unterrichtstag eingeübt oder auch begleitend zu den Fachstunden entwickelt werden:

1. Heftseiten neu gestalten,
2. themenzentrierte Bilder malen, gestalten und präsentieren,
3. Plakate gestalten und malen,
4. Folien und Pinwände übersichtlich gestalten,
5. Film/Lehrervortrag rekonstruieren und visualisieren,
6. Lernplakate entwickeln und gestalten,
7. individuelle Übungsplakate entwerfen.

Lerntagebücher

Lerntagebücher, auch Lernjournale genannt, sind individuell vom Schüler gestaltete Hefte oder Kladden, die in einem oder parallel auch mehreren Fächern geführt werden. Die Schüler halten in schriftlicher und bildlicher Form das fest, was sie vom Unterrichtsstoff verstanden haben. Lerntagebücher dokumentieren den Unterricht aus der Sicht des Schülers. Sie sind nicht mit Hausheften, Fachmappen oder Protokollen zu vergleichen, denn hier steht die Individualität und die damit verbundene persönliche „Aufschreibweise“ bzw. Dokumentation im Vordergrund. Die Schüler notieren einerseits Essentials über ihre Erfahrungen und Erkenntnisse mit dem Stoff in der ihnen eigenen Ausdrucksweise und dokumentieren so ihren individuellen Lernfortschritt, den sie immer wieder nachlesen können. Sie formulieren aber andererseits auch ihre Probleme und Schwierigkeiten, äußern Zweifel und eventuell auch Unmut über den vermittelten Fachinhalt.

Das Lerntagebuch muss keinerlei sprachlichen Vorgaben genügen, ist für andere manchmal nicht nachvollziehbar (individuelle Strategien, um sich etwas zu merken) und es fehlt die Fachsprache (in höheren Jahrgängen je nach Fachkompetenz nicht mehr). Lerntagebücher bilden die Grundlage für Gespräche zwischen dem Lehrer und dem Schüler über die individuell zu verfolgenden Übungsstrategien. Lehrender und Lernender tauschen sich über das Lernen, das Üben und Wiederholen aus, um Rückschlüsse für Erfolg oder Misserfolg zu ziehen und um das individuelle Übungsverhalten zu analysieren und – falls erforderlich – zu verändern. Im Lerntagebuch können Schüler und Lehrer nachvollziehen, wie sich der Schüler die Unterrichtsinhalte im Einzelnen angeeignet hat. Daher sollte das Führen – wie bei einem normalen Tagebuch – möglichst regelmäßig und kontinuierlich geschehen, denn nur dann führt der Dialog zwischen Lehrer und Schüler zur Verbesserung des Lern- und Übungsverhaltens (Kontinuität).

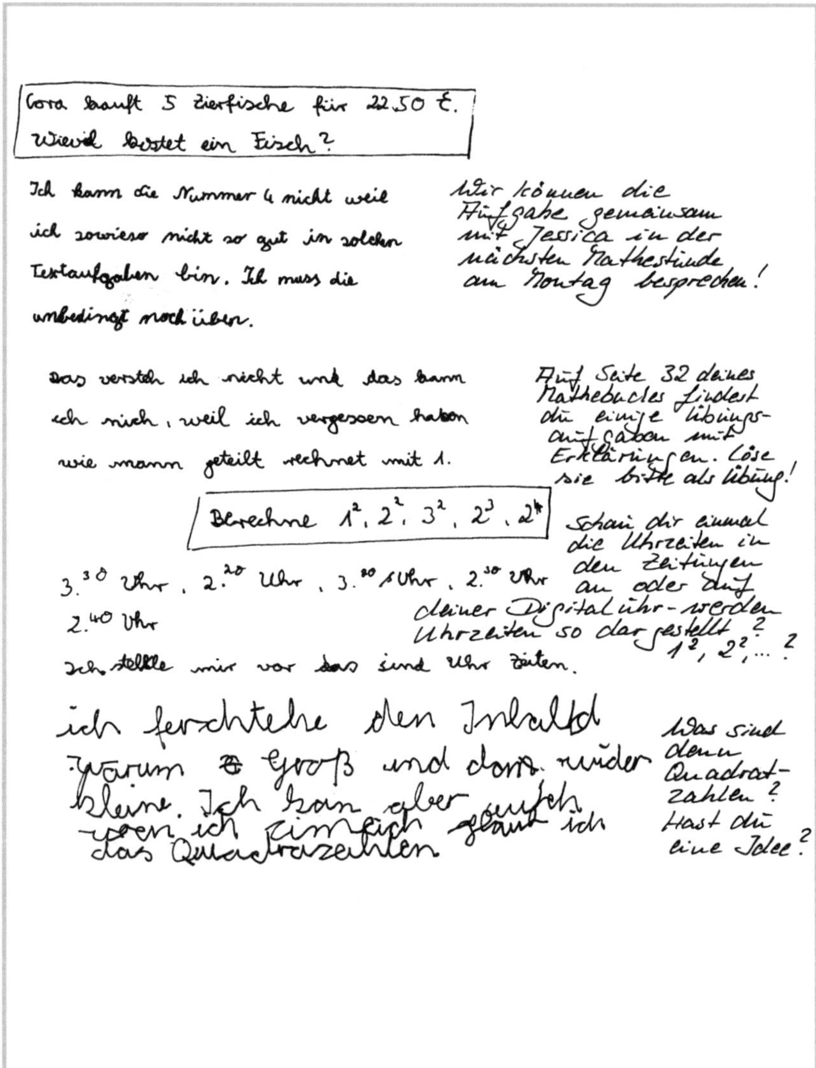

Cora kauft 5 Zierfische für 22,50 €.
Wieviel kostet ein Fisch?

Ich kann die Nummer 4 nicht weil ich sowieso nicht so gut in solchen Textaufgaben bin. Ich muss die unbedingt noch üben.

Wir können die Aufgabe gemeinsam mit Jessica in der nächsten Mathestunde am Montag besprechen!

das versteh ich nicht und das kann ich nich, weil ich vergessen haben wie mann geteilt rechnet mit 1.

Auf Seite 32 deines Mathebuches findest du einige Übungsaufgaben mit Erklärungen. Löse sie bitte als Übung!

Berechne $1^2, 2^2, 3^2, 2^3, 2^4$

3.30 Uhr, 2.20 Uhr, 3.20 Uhr, 2.30 Uhr
2.40 Uhr
Ich stellte mir vor das sind Uhr Zeiten.

Schau dir einmal die Uhrzeiten in den Zeitungen an oder auf deiner Digitaluhr – werden Uhrzeiten so dargestellt? $1^2, 2^2, \dots$?

ich ferschtehe den Inhaltd warum Groß und dann wieder kleine. Ich kan aber auch wen ich einfach glaub ich das Quadrazahlen

Was sind denn Quadratzahlen? Hast du eine Idee?

Beispielseite aus einem authentischen Lerntagebuch mit Lehrerkommentar

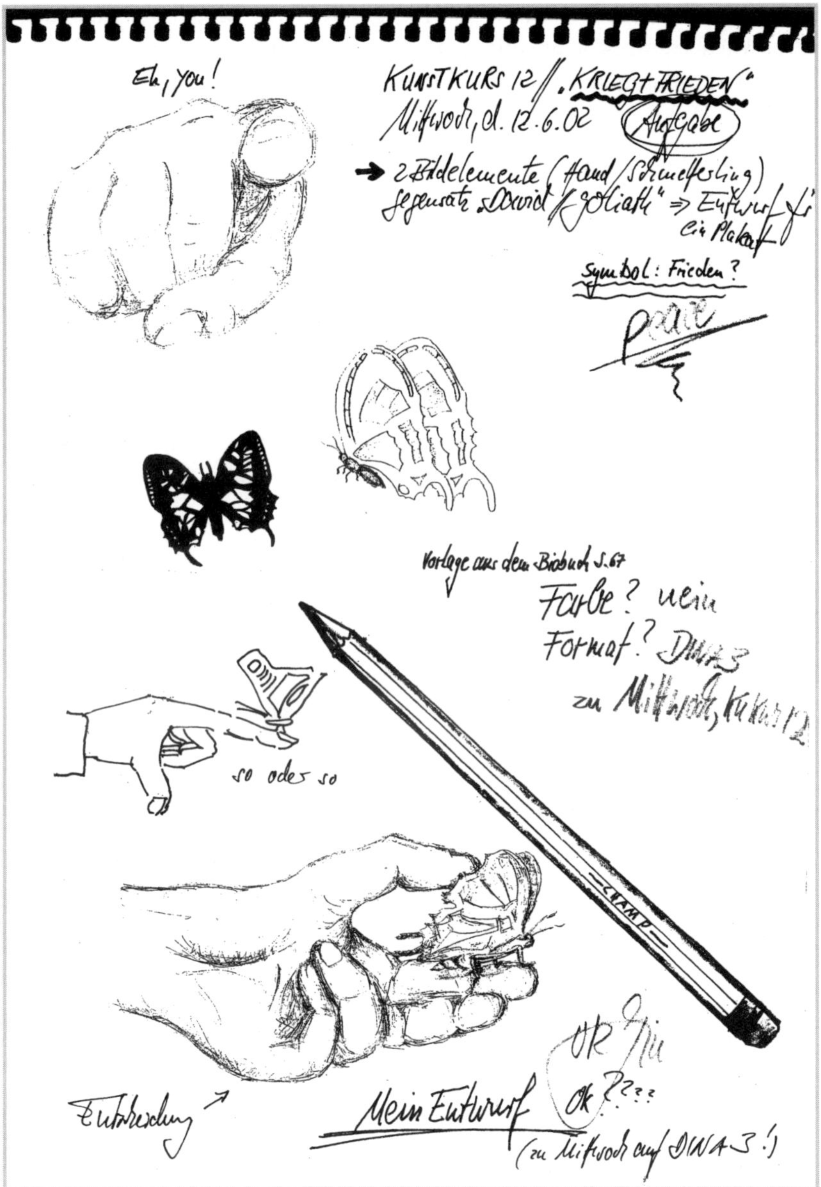

Beispielseite aus einem authentischen Lerntagebuch:
Skizzenbuch aus dem Kunstunterricht

Außer dem Kauf und Anlegen eines Heftes oder einer Kladde sind keine weiteren Vorbereitungen notwendig. Die Schüler identifizieren sich sehr schnell mit ihrem Lerntagebuch und gestalten es individuell verschieden schön.

Das Lerntagebuch muss nach Ruf/Gallin (1998, S. 90) drei Anforderungen genügen:

- Chronologisch: „Alles wird schön der Reihe nach dokumentiert, genau so, wie es sich in der Auseinandersetzung mit dem Stoff und den Lernpartnern abgespielt hat."
- Ausformuliert: „Im Lerntagebuch müssen sich auch Lernpartner und Lehrkräfte zurechtfinden können. Stichwörter und zusammenhangslose Kritzeleien genügen nicht."
- Unzensiert: „Im Lerntagebuch gelten die lokalen Normen des internen Sprachgebrauchs. Beurteilt wird immer nur das, was für den nächsten Entwicklungsschritt relevant ist."

Das Lerntagebuch sollte regelmäßig entweder in jeder Stunde – wenn es kein fachspezifisches ist – oder in jeder Fachstunde geführt werden. Wir haben die Erfahrung gemacht, dass es besonders für jüngere Schüler schwierig ist, das Lerntagebuch parallel zum Unterricht zu führen. Deshalb haben unsere Schüler am Ende jeder Fachstunde fünf Minuten Zeit, ihre Gedanken und Überlegungen aufzuschreiben.

Die geschriebenen Texte und die gezeichneten Bilder werden von uns nicht berichtigt – es sind im Regelfall sehr persönliche Notizen –, sie werden aber kommentiert. Je nach Unterrichtsinhalt wird das Lerntagebuch am Ende einer Woche oder immer dann, wenn Schwierigkeiten im Umgang mit den Fachinhalten auftreten und der Schüler es wünscht, eingesammelt und besprochen. Manche Schüler stellen im Tagebuch sogar ganz konkrete Fragen an den Lehrer, wenn sie etwas nicht verstanden haben. Sie lernen durch den Dialog mit dem Lehrer intensiver und individueller.

Die Schüler reflektieren ihren Lernweg und ihr Übungsverhalten und können nachvollziehen, welche Irrwege sie eingeschlagen haben. So entsteht aus jedem Schülerheft nach und nach ein Mitteilungsbuch zwischen Lehrer und Schüler. Bei der Gestaltung des Heftes kann der Lehrer sehr unterschiedliche Schülerpersönlichkeiten kennen lernen: Manche teilen am unteren Rand einen Raum für den Lehrer ab oder lassen die linke Seite frei, manche lassen keinen Platz. Bei einer Schülerin war die Abwehrhaltung zu Anfang so groß, dass der Lehrer seine Anmerkungen auf einen zusätzlichen Zettel schreiben musste. Einige der Schüler, die zunächst sehr unsystematisch vorgegangen waren, schrieben ihr Heft noch einmal ab, damit es ordentlicher aussah. Die Hefte hatten und haben noch einen ganz anderen Stellenwert. Sie dienen zum Austausch von Gedanken und sind nicht nur auf Anweisung gefertigte Arbeiten, die auf richtig und falsch von der Lehrkraft geprüft werden.

Während des Tagebuchschreibens findet eine permanente Interaktion zwischen Lehrendem und den Lernenden statt, die sich mit „gegenseitiger Aufklärung“ am besten beschreiben lässt. Im Klassenverband sind die Lernenden häufig nicht bereit, über ihre „Wege“ ausführlich zu diskutieren. Es ist anfänglich nicht leicht, die Aussagen in den Lerntagebüchern zu begleiten, ohne vergleichend zu bewerten. Die Art der fördernden Diskussion und des gegenseitigen Aufklärens sowie das Vermeiden von „Steuerung“ in nur eine Richtung müssen auch vom Lehrer erst gelernt werden.

Jeder Schüler verfasst entsprechend seinen Lernvoraussetzungen, Vorlieben und Abneigungen eigene Texte mit oder ohne Zeichnungen. Er kommentiert seine Äußerungen, stellt Fragen an den Lehrenden oder reflektiert sein Lernverhalten. Der Lehrer unterstützt und hilft dem Schüler, indem er mit ihm ein dialogisches Gespräch über seine Notizen führt. Das kann in sprachlicher aber auch in schriftlicher Form erfolgen. So erfährt der Lehrer sehr viel über das Lernverhalten seiner Schüler, kann individuelle Lern- und Übungsstrategien nachvollziehen, individuell beraten und Vorschläge zur Veränderung unterbreiten.

Vorteile eines Lerntagebuchs

Von Vorteil ist, dass der Einsatz dieses Instruments exakte Erkenntnisse und durchaus erstaunliche Ergebnisse über das individuelle Lern- und Übungsverhalten der Schüler zu Tage fördert.

Lerntagebücher zeigen,

- dass Lehrer und Schüler verschiedene sprachliche Systeme verinnerlicht haben und es deshalb zu Verständigungsschwierigkeiten kommen kann,
- dass den Schülern Zeit und Anlässe gegeben werden müssen, damit sie ihre verinnerlichten Systeme mit neuen Begrifflichkeiten vergleichen können,

- dass Schüler nicht in „Häppchen" und „auf Vorrat" lernen, sondern versuchen, Zusammenhänge deutlich zu machen,
- dass individuelles Lern- und Übungsverhalten so nachvollziehbar wird.

Nachteile eines Lerntagebuchs

Nachteilig ist sicher der hohe Zeitaufwand. Auch wenn Lerntagebücher ein hervorragendes Instrument zur Individualisierung sind, so entsteht doch für den Lehrer durch den notwendigen Dialog mit den Schülern und die intensive Beschäftigung mit den Lerntagebüchern ein beträchtlicher Zeitaufwand. Zudem gilt: Nur wenn dieser Dialog regelmäßig stattfindet, kann das Lern- und Übungsverhalten der Schüler angemessen nachvollzogen und verstanden werden, und eben das kostet viel Zeit.

Lernprogramme

Wir beziehen uns hier nicht primär auf die Situation, dass eine ganze Klasse in dem speziell eingerichteten Computerraum der Schule im Klassenverband an den Computern arbeitet, sondern eher auf die Situation, dass ein oder zwei Schüler entweder zu Hause oder an den ein bis zwei Computern im Klassenzimmer individuell und ohne direkte Lehrerberatung tätig sind.

Während also zum Beispiel auf der Hauptbühne des Unterrichts ein bestimmtes Thema erarbeitet wird, können diejenigen Schüler, die – aus welchen Gründen auch immer – freie Zeit zur Verfügung haben, am Computer mit Hilfe von Lernsoftware üben und ihre Kenntnisse vertiefen, erweitern und mit anderen Bereichen vernetzen als auch – im Falle lernschwacher Schüler – fehlende Grundlagen nachholen und zusätzliches Übungsmaterial bearbeiten – oder dies auch am Nachmittag oder am Wochenende am häuslichen Rechner erledigen.

Da der Erfolg dieser vom Lehrer nicht kontrollierten Einzelarbeit fast ausschließlich von der Qualität der Lernsoftware abhängt, möchten wir einen Kriterienkatalog präsentieren, den wir für gute Lern- und Übungssoftware erstellt haben. Unsere Leitfragen für diesen Kriterienkatalog waren:

1. Wie gehen Schüler mit den verschiedenen Leistungsniveaus um, die das Programm bietet?
2. Wie empfinden die Schüler die persönliche Ansprache?
3. Wie reagieren die Schüler auf positive Bestätigungen durch die Software?

4. Welche fachlichen, didaktischen und methodischen Unterstützungen bietet die Hilfe-Funktion?

Wir haben die Kriterien in zwei Aspekte gegliedert:

1. Benutzeroberfläche: Gute Lernsoftware sollte so gestaltet sein, dass die Benutzeroberfläche einem gewissen Standard entspricht. Das heißt, es sollte eine möglichst einheitliche und übersichtliche Oberfläche für jede Lernsoftware existieren, die

- eine immer im Vordergrund bleibende Menüleiste liefert, über die alle Befehle per Maus ausgeführt werden können,
- eine intuitive Bedienung ermöglicht,
- die Eingaben der Schüler tolerant behandelt,
- den Schülern klare Arbeitsanweisungen liefert,
- den Schülern einen schnellen Hilfezugang zum aktuellen Problem ermöglicht,
- keine störenden Elemente enthält (zum Beispiel blinkende Felder, Sounds usw.),
- einen kontinuierlichen Bildschirm liefert, der nicht ständig zwischen verschiedenen Auswahlmenüs hin und her schaltet,
- eine Option beinhaltet, die gelösten Aufgaben zudrucken lässt
- und eine Option enthält, die den erreichten Lernstand abspeichert.

2. Didaktik: Gute Lernsoftware sollte so gestaltet sein, dass sie

- Gruppenarbeit am Rechner unterstützt,
- den Schülerwechsel organisiert und die Taktfrequenzen dabei nicht zu lang wählt,
- den Wettkampfcharakter nicht fördert,
- Erfolgserlebnisse für alle Schüler durch verschiedene Leistungsniveaus sichert,
- möglichst viel Eigeninitiativen der Schüler zulässt,
- gemachte Fehler analysiert,
- Hilfestellungen liefert und den Schüler seinen Fehler korrigieren lässt,
- differenzierte Hilfeleistungen liefert, die noch nicht gleich zur Lösung führen,
- die Lösungsvorschläge erläutert
- und keine negativen Beurteilungen liefert, sondern Hilfestellungen gibt.

Hilfreich sind Lern- und Übungsprogramme, die die Schüler persönlich ansprechen, das Leistungsniveau automatisch anheben und spielerischen Charakter entstehen lassen. Aber Vorsicht: Die Grenze zum anbiedernden Klamauk, der die Schüler zu Recht verärgert und abschreckt, ist dann schnell überschritten, wenn der Gebrauch der Jugendsprache und der Versuch des Infotainments zu plump ausfallen.

Sowohl die Anzahl der auf dem Markt angebotenen Lernprogramme als auch die Menge der diese Programme kommentierende Literatur ist mittlerweile fast unübersichtlich groß. Uns hilft zur Orientierung ausgezeichnet das heuristische Würfelmodell von BAUMGARTNER/PAYR:

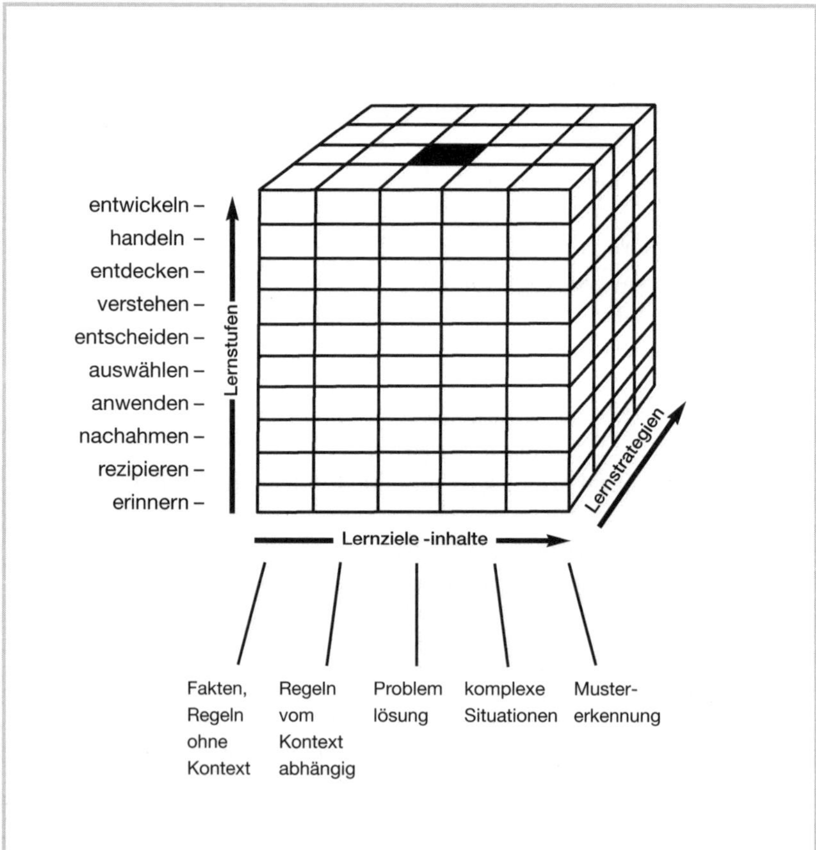

Heuristisches Würfelmodell zur Qualitätsbestimmung von Lernsoftware

Die Lern- und Übungsstufen werden von unten nach oben zunehmend komplex, was aber nicht so zu verstehen ist, dass diese Stufen hierarchisch abgearbeitet werden müssen, sondern die Lernenden sollen „sich selbst ihre Strategien der Interaktion der Sache zurecht legen“ (ebd.). Auch die Lernziele und Inhalte werden von links nach rechts zusehends komplexer und ermöglichen die immer feiner werdende Problemstrukturierung. Auf der rechten Würfelseite werden von vorne nach hinten verschiedene Lehrstrategien und Medien umrissen.

Literaturhinweise: Lernsoftware

Es folgt eine kleine Auswahl von Büchern und Aufsätzen zur Beurteilung und zum Einsatz von Lernsoftware und zur Internetarbeit.

BAUMGARTNER, P./PAYR, S.: „Der Computer als Lernmedium – was leistet die Software?“, in: Praxis Schule, Heft 3/1995, S. 5–10

BICKEL-SANDKÖTTER, S.: „Computer, Internet und Co. im Biologie-Unterricht“, Berlin 2003

BREILMANN, S./GRUNOW, C./SCHOPEN, M.: „Computer, Internet und Co. im Deutsch-Unterricht“, Berlin 2003

Computer und Lernen (CUL), „Ausgewählte Lernsoftware“, Impuls – Schule und Wirtschaft e. V., 1997 (erscheint jährlich neu)

KOCH, H./NECKEL, H.: „Unterrichten mit Internet und Co.“, Berlin 2001

KÜHRT, P.: „Computer, Internet und Co. im Politik- und Sozialkunde-Unterricht“, Berlin 2002

MESCHENMOSER, H.: „Differenzierung mitbestimmen – Szenarien zur Schulentwicklung“, in: Computer und Unterricht, Heft 7/1999

MESCHENMOSER, H.: „Mit Medien lernen – Zur Theorie, Didaktik und Gestaltung interaktiver Medien im fächerübergreifenden Unterricht“, Baltmannsweiler 1999

Pädagogik: „Computer – Unterricht – Internet“, Heft 9/2000

WIMMERS, R./FISCHBACH, M.: „Lehrer-Kursbuch Internet“, Berlin 2001

Merkzettel

Dass Merkzettel eine große Hilfe sind, um einen Vortrag systematisch und fachlich angemessen zu präsentieren, ist evident. Der Unterschied zu einem bloßen Exzerpt ist dabei folgender: Der „Merkzettel“ muss sich in der Stresssituation der öffentlichen Rede vor Publikum bewähren, er muss dem Redner im Bruchteil einer Sekunde zuverlässig Informationen und Orientierungshilfen bieten und daher auch der zeitlichen Abfolge und dem systematischen Aufbau der Rede entsprechen.

Es geht also nicht nur darum, genau zu überlegen, welche inhaltlichen Aspekte so wichtig sind, dass sie in den Vortrag aufgenommen werden müssen, sondern ganz wesentlich auch darum, eine grafische Form zu finden, die das Gedächtnis dann, wenn es darauf ankommt, zuverlässig unterstützt.

Der Merkzettel stellt so etwas wie das „Knochengerüst" eines Vortrags oder Referates dar, denn er gibt Sicherheit, wirkt gleichzeitig aber auch disziplinierend und entlastet das Gedächtnis. Dem Anfänger wird es im Idealfall die Sprechangst nehmen bzw. sie so weit eindämmen, dass der Redner im Verlauf seiner Präsentation zunehmend an Sicherheit gewinnt. Aber auch für den „Profi" hat so ein Konzept mit Hilfe eines Merkzettels Bedeutung, es hält ihn nämlich inhaltlich bei der Sache. Nichts ist für den geübten Redner, der ohne jede Sprechangst vor sein Publikum treten kann, größer als die Verlockung, sich gehen zu lassen, abzuschweifen, Exkurse einzubauen, die nur er selbst für neckisch hält, den Schluss herauszuzögern usw. Der Merkzettel wirkt disziplinierend, er hält den Vortrag zielgerichtet.

Die drei wichtigsten Regeln zur Herstellung von Merkzetteln lauten:

- so wenig Text wie eben möglich,
- so leserlich und groß geschrieben wie möglich
- und so übersichtlich gestaltet wie möglich.

Wir raten dazu, beide im Folgenden skizzierten Alternativen im Unterricht auszuprobieren und die Schüler dann entscheiden zu lassen, welche Variante ihnen besser gefällt.

Variante 1:

- ein oder mehrere Blatt Papier (DIN A 4, DIN A 5)
- klare Gliederung und übersichtliche Anordnung (wie auf der Grafik oben angedeutet)
- einseitig beschreiben, denn Umblättern oder Umwenden lenkt meistens ab und führt zu Unkonzentriertheiten
- so große Schrift, dass auf einen Blick das Wichtigste erkennbar ist

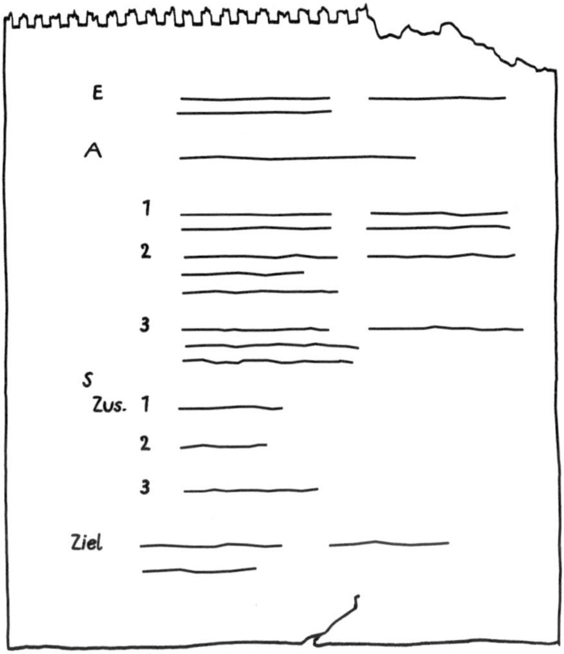

Variante 2:

- mehrere Karteikarten (DIN A 5, DIN A 6 oder DIN A 7)
- einseitige Beschriftung
- große, gut lesbare Schrift
- Karteikarten nummerieren
- übersichtliche Darstellung und klare Gliederung
- übersichtliche Farben und Symbole nutzen

Während des Vortrags wird dann die jeweils abgearbeitete Karte nach hinten in den Stapel gesteckt.

Um Merkzettel als Übungsinstrument einzusetzen, muss der Schüler sich schon im Vorfeld Gedanken darüber machen, welches Ziel er damit erreichen will. Benötigt er den Merkzettel nur für sich als gedankliche Stütze, will er durch seine Erinnerungen die Interessen der anderen wecken, sollen andere seine Gedankengänge nachvollziehen, auf welche Vorkenntnisse kann er aufbauen und welche Erwartungen werden an ihn gestellt? Erst wenn er diese Fragen geklärt hat, kann er seinen Merkzettel entwickeln.

- Die Reihenfolge der eigenen Gedanken (ohne Gedankensprünge) muss deutlich werden.
- Unbekannte Begriffe und komplexe Sachverhalte müssen geklärt und erklärt werden.
- Das persönliche Interesse und der individuelle Zugang zum Thema müssen deutlich werden.
- Aufgestellte Thesen müssen belegt oder widerlegt werden.
- Die Aussagen müssen klar und eindeutig sein.

Beispiel: Merkzettel
Im Mathematikunterricht des 9. Jahrgangs werden differenzierte Mathematikarbeiten geschrieben. Sie bestehen aus einem Pflicht-, einem Wahl- und einem Zusatzbereich. Die Aufgaben aus dem Pflichtbereich müssen von allen Schülern bearbeitet werden, und die Aufgaben aus dem Zusatzbereich können, müssen aber nicht bearbeitet werden. Für den Wahlbereich gibt es mal für eine Arbeit die Möglichkeit, aus einer Anzahl von Aufgaben mit unterschiedlichen Schwierigkeitsgraden eine Aufgabe auszuwählen, und in einer anderen Arbeit den Einsatz von vorbereiteten Merkzetteln, die die Schüler zu Hause angefertigt haben. Die Aufgabenstellung muss so offen sein, dass die Unterstützung des Gedächtnisses durch Notiertes notwendig werden kann. Jeder Schüler ist für seinen eigenen Merkzettel verantwortlich, egal, ob er ihn alleine oder in Zusammenarbeit mit anderen erstellt hat. Auf dem Merkzettel dürfen keine Regeln und Gesetze, keine Formeln, keine Gleichungen und keine vorgefertigten Lösungswege stehen. Die Merkzettel werden entweder vor der Klassenarbeit von den Mitschülern oder vom Lehrer kontrolliert oder mit Namen versehen am Ende der Arbeit mit abgegeben.

So könnte zum Beispiel ein möglicher Wahlbereich aussehen.

Aufgabe:
Betrachte eine Kugel im Raum (im dreidimensionalen Koordinatensystem). Beschreibe in sinnvoller Reihenfolge und mit Hilfe von zeichnerischen Darstellungen, wie jedem Punkt außerhalb der Kugel genau ein Punkt innerhalb der Kugel zugeordnet werden kann.
Gilt das auch umgekehrt? Kann jedem Punkt im Weltraum ein Punkt eines Stecknadelkopfes zugeordnet werden?

Flächensätze am Dreieck
Im Dreieck sind die beiden kürzeren Seiten zusammen größer als die längste Seite.

1. **Pythagoras:** rechtwinkl. Dreieck – die längste Seite ist c. c liegt dem rechten Winkel gegenüber, das Quadrat über c hat die gleiche Fläche wie die beiden Quadrate über den kürzeren Seiten / C = Hypothenuse, a, b = Katheten
2. **Kathetensatz:** rechtw. Dreieck, das Quadrat über einer kurzen Seite ist genauso groß wie die Fläche des Rechtecks aus c und dem Abschnitt, der durch die Höhe entsteht
3. **Höhensatz**: rechtw. Dreieck; das Quadrat über der Höhe (h immer senkrecht) ist von der Fläche gleich mit dem Rechteck aus den beiden Abschnitten der längeren Seite

Wurzelziehen = Quadrat nehmen (quadrieren) umgekehrt
Quadratwurzel einer positiven Zahl: Zahl mit sich selbst
Quadratwurzel eine neg. Zahl: gibt es nicht, denn keine Zahl ergibt mit sich selbst multipliziert einen negativen Wert
Irrationale Zahl: kein Bruch, keine wiederholende Dezimalzahl

Spickzettel für Klassenarbeiten

Für viele Lehrer existieren Spickzettel offiziell gar nicht. Ihre Benutzung in einer Prüfungssituation ist verboten und wer sich erwischen lässt, wird bestraft. Natürlich ist gegen diese klare Regelung überhaupt nichts einzuwenden, wir möchten aber an dieser Stelle eine gänzlich andere Möglichkeit darstellen, denn wir halten das Erstellen von Spickzetteln für eine wichtige Übung, um sich den Unterrichtsstoff noch einmal in Erinnerung zu rufen. Der Schüler muss sich den Inhalt und die Gestaltung eines Spickzettels sehr genau überlegen. Man muss also bei der Vorbereitung ganz genau entscheiden, was so wichtig ist, dass es unbedingt aufgeschrieben werden muss, bzw. welches Wissen in der nächsten Klassenarbeit abgefragt wird.

Es gibt unterschiedliche Möglichkeiten Spickzettel zu gestalten:

1. Das ganze Fachwissen wird stichwortartig aufgeschrieben.
2. Es werden nur die wichtigsten Fachkenntnisse notiert.
3. Selbst entwickelte Signalwörter erinnern an den Unterrichtsstoff.
4. Es wird nur das notiert, was man sich einfach nicht merken kann.

Spickzettel für die Arbeit

- Magnetfeld:
  Feldlinien gehen immer von Nord nach Süd

- Stromrichtung:
  Physikalisch fließt der Strom immer von Minus nach Plus.

- linke - Hand - Regel:
  Daumen der linken Hand => Richtung des elektrischen Stroms

  Restlichen Finger bei geballter Faust => Richtung der Feldlinien

- Lorentzkraft (F):
  3 - Finger - Regel der linken Hand
  Daumen => Stromrichtung
  Zeigefinger => Richtung des Magnetfeld
  Mittelfinger => Richtung der Lorentzkraft

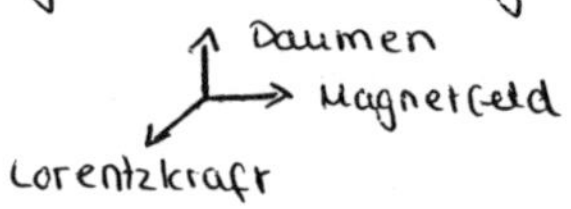

Der physikalische Nordpol ist unten, der Südpol oben.

Beispiel: Spickzettel

Spickzettel müssen so gestaltet sein, dass man mit einem ganz kurzen Blick möglichst genau erkennen kann, worauf es gerade ankommt – und hier liegt das Problem: Wir haben nämlich die Erfahrung gemacht, dass die Schüler der Gestaltung der Zettel wenig Aufmerksamkeit widmen und im Regelfall auf möglichst kleinen Zetteln mit möglichst kleiner Schrift möglichst viel Inhalt notieren. Dieses Vorgehen hat dann allerdings zur Folge, dass beim Einsatz des Spickzettels viel Zeit verloren wird, weil die Zettel schlecht oder gar nicht lesbar sind. Das ist um so bedauerlicher, weil Schüler häufig viel Zeit damit verbrauchen, solche Merk- und Gedächtnishilfen zu erstellen. Wir haben uns daher zur Aufgabe gemacht, die Herstellung und den Gebrauch von Spickzetteln systematisch in die Wiederholungs- und Übungsphasen des Unterrichts zu integrieren. Dieses geschieht im Regelfall in zwei Stufen: In unseren Klassen erhält jeder Schüler während der Vorbereitungsphasen auf eine Klassenarbeit die Chance, einen individuellen Spickzettel anzufertigen. Am Ende dieser Arbeitsphase werden die Zettel mit Namen versehen und vom Lehrer eingesammelt. Nach der Überprüfung werden die Spickzettel wieder ausgeteilt und es wird besprochen, was die Schüler von den notierten Fachinhalten wirklich benötigen und welche Fehler und Vorzüge ihre Wahl der optischen Gestaltung hat. Für die Arbeit selbst dürfen die Schüler ihren individuellen Spickzettel noch einmal überarbeiten und verbessern und während der Klassenarbeit benutzen. Der Spickzettel wird eingesammelt und geht in die Bewertung mit ein.

Übungsspiele

Spielen ist zweckgerichtetes Handeln in vorgestellten Situationen, es kann eine Intensivierung des Übungsprozesses durch Verlangsamung bewirken. Das Spiel schafft ein anderes Lerntempo als etwa das Arbeiten mit der Lernkartei. Muße und Konzentration, Spannung und Lösung, Spaß und Ärger sind die Pole, die man der Flüchtigkeit anderer, vordergründig ökonomischerer Aneignungsmethoden entgegensetzen kann. Spielen ist eine zielgerichtete Tätigkeit und daher handlungs- und produktorientiert. Das Spiel produziert seine eigene Dynamik, die die Spieler vorwärts treibt – die Fremdkontrolle durch den Lehrer wird durch Eigenkontrolle abgelöst. Die Spielprinzipien sind auf Wettkampf und Konkurrenz aufgebaut, man kann beim Spielen gewinnen oder verlieren. Man mag dies bedauern oder nicht, fest steht aber auf jeden Fall, dass die Leistungsorientierung hier ganz klar und auch für die Schüler ersichtlich im Dienst der Übungseffektivität steht.

Die im Folgenden beschriebenen Spiele werden von den Schülern grundsätzlich selbst hergestellt, die Schule stellt allenfalls die benötigten Materialien wie Blankokarten etc. Der Übungseffekt ergibt sich also nicht erst während des Spielens selbst, sondern mindestens ebenso intensiv während der Herstellung des Spiels. Wir haben die Erfahrung gemacht, dass Schüler sehr viel Engagement, Kreativität und vor allem Spaß bei der Herstellung dieser Spiele zeigen.

Fragespiele: Entweder alleine oder in Gruppen erstellen Schüler Karten mit selbst entwickelten Fragen zu dem zu übenden Stoffgebiet. Verlangt ist hier also nicht nur das bloße Faktenwissen, sondern auch ein gewisses didaktisches Geschick, was die möglichst sinnvolle und effektive Formulierung anspruchsvoller, aber eben auch angemessener Fragen angeht. Unterrichtsinhalte können systematisch wiederholt und geübt werden. Das zu lernende Wissen muss noch einmal genau durchdacht werden, denn sonst ist man nicht in der Lage, geschickte Fragen zu stellen.

Es gibt zahlreiche Varianten von Fragespielen: Wir beschränken uns hier auf die kurze Beschreibung einiger gängiger Varianten – der Fantasie bei der Herstellung neuer Spiele mit neuen Regeln sind aber keine Grenzen gesetzt:

- **Quartett**: Jeweils vier Karten mit zueinander passenden Fragen müssen richtig beantwortet werden. Gespielt wird in kleinen Gruppen.
- **Trivial Pursuit**: Die Schüler entwickeln das Spiel mit entsprechenden Frage- und Antwortkarten. Gespielt und geübt wird dann in kleinen Gruppen.
- **Quiz:** Die Karten werden für ein Quiz erstellt, das in kleinen Gruppen oder mit der ganzen Klasse gespielt werden kann.
- **Brettspiele**: Die Schüler entwickeln eine Reihe von Fragen zu einem fachlichen Themenbereich und fertigen ein Spielbrett an, auf dem von zwei oder mehr Mannschaften gewürfelt wird.

Im Englischunterricht der Klassen 7 soll das Thema „Landeskunde" geübt werden. Die Schüler haben eine ganze Reihe von Vorkenntnissen und sie sind von der Sprachkompetenz her in der Lage, die Aufgaben zu verstehen und entsprechend zu beantworten. Benötigt werden ein großes Spielbrett aus Holz oder Pappe mit einem passenden Motiv, hier die Britischen Inseln, dazu Würfel und Spielfiguren sowie zahlreiche Fragen, die die Schüler sich vorher ausdenken und auf Spiel- oder Karteikarten schreiben. Auf die Rückseite kommt jeweils die richtige Antwort. Wer an der Reihe ist, bekommt vom nächsten Spieler eine Fragekarte vorgelesen. Beantwortet er sie nicht richtig, darf er nicht weiterrücken. In unserem landeskundlichen Beispiel haben

British Island Game

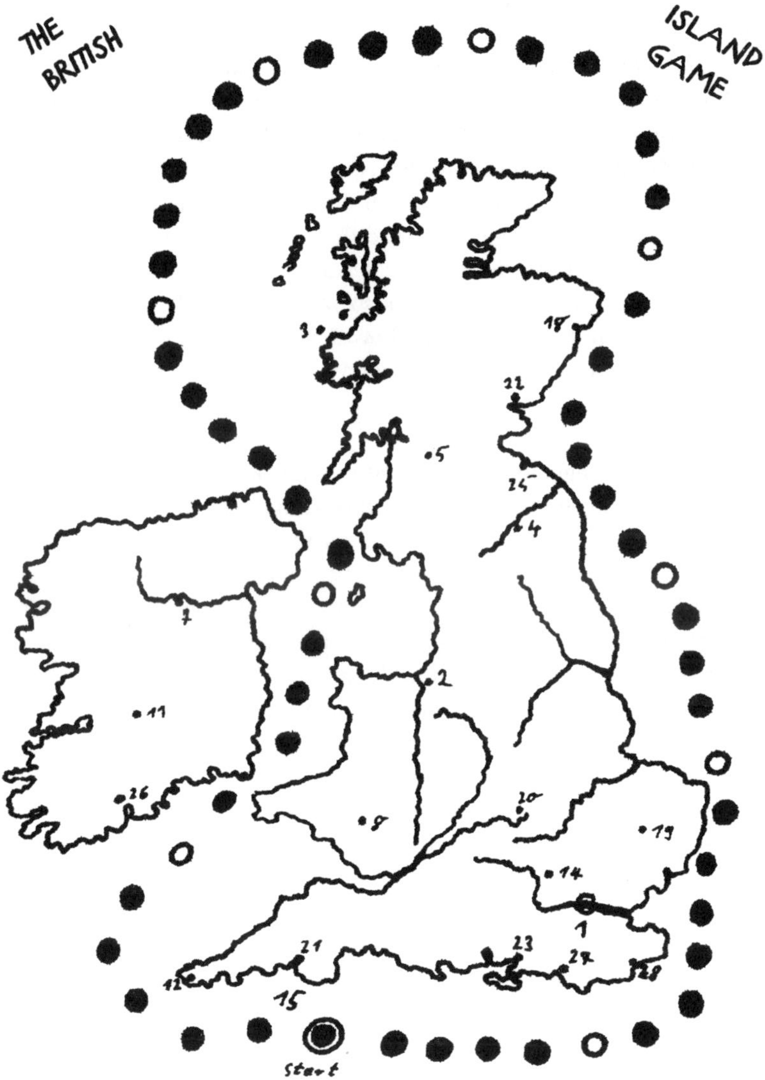

Beispiel: Lernspiel

wir einige Fragen mit Zahlen versehen, diese beziehen sich dann jeweils auf die entsprechenden Ziffern auf dem Spielbrett. Aufgelockert wird das Spiel durch einige „Ereignisfelder“ (zum Beispiel: „drei Felder nach vorne“ oder „einmal aussetzen“), für die man sich möglichst witzige Anlässe ausdenken sollte.

Wir haben die Erfahrung gemacht, dass so gestaltete Übungen nicht nur den jüngeren Schülern viel Spaß machen. Es ist gar nicht so leicht, geschickte Fragen zu stellen. Man muss den Unterrichtsstoff schon gut verstanden haben, damit man sinnvolle Fragen stellen kann. Hilfreich ist dabei immer der Austausch mit den anderen. Die Aufteilung der fachlichen Themen in Unterthemen, zu denen dann differenziert Fragen vorbereitet werden, hat sich als sehr positiv gezeigt. Besonders als Abschluss einer Unterrichtseinheit oder eines Themas und als Vorbereitung auf eine Klassenarbeit oder Test hat sich dieses Vorgehen bewährt. Die Schüler wiederholen den gelernten Stoff noch einmal und können Wissensdefizite mit Hilfe ihrer Mitschüler ausgleichen.

Aufdeck- und Anlegspiele/Bilderspiele: Aufdeck- und Anlegspiele trainieren das Gedächtnis mit Hilfe von Visualisierungen. Der Übungs- und Merkeffekt tritt durch die Verbindung von Bildern und Wörtern, Vokabeln, Fachtermini etc. ein. Zur Herstellung dieser Spiele ist natürlich eine gewisse zeichnerische Geschicklichkeit notwendig, die sich aber nach unseren Erfahrungen in gewissem Maße durchaus erlernen lässt, wenn Schüler sich entsprechende Mühe geben – ein willkommener Nebeneffekt. Auch hier beschränken wir uns wieder auf zwei Beispiele:

1. **Memory:** Man nimmt jeweils zwei Karten: Auf eine wird der Gegenstand gezeichnet, auf die andere der entsprechende Begriff (Vokabel, Fachterminus ...) geschrieben. Auf diese Weise produziert man eine ganze Reihe von Begriffspaaren. Die Karten werden „in Reih und Glied“ verdeckt auf einen Tisch gelegt. Die Spieler nehmen jeweils eine Karte auf und versuchen sich zu erinnern, wo die entsprechende „Partnerkarte“ liegt. Varianten, die zum Teil auch ohne zeichnerische Elemente auskommen, sind natürlich in beinahe unbegrenzter Zahl möglich – zum Beispiel kann man im Deutschunterricht ein Memoryspiel zu rhetorischen Stilfiguren anfertigen, bei dem auf die eine Partnerkarte der Begriff und auf die andere ein Beispiel geschrieben werden.
2. **Trimino/Trigom:** Gleichseitige Dreiecke müssen so aneinander gelegt werden, dass ein Bild/eine Zahlenkombination jeweils einem geschriebe-

nen Wort/einer anderen Zahlenkombination entspricht. Gespielt wird in kleinen Gruppen gegeneinander. Gewonnen hat die Gruppe mit der kürzesten Lösungszeit.

Computerspiele: Frage- und Antwortspiele, Quizvarianten, Memorys gibt es natürlich längst in einer fast unübersehbaren Anzahl auch für den Computer. Wir haben unsere didaktischen Ansprüche an Lernsoftware bereits präzisiert (siehe S. 136) und gehen an dieser Stelle nicht weiter auf Computerspiele ein, weil alle uns bekannten Spiele „interaktiv" nur in dem Sinne sind, dass die Schüler richtige Antworten finden müssen. Selbst Fragen zu formulieren und damit ein eigenes Spiel zu kreieren sind als Variante nicht vorgesehen und würden wohl auch die Programmierkenntnisse eines „normalen" Schülers weit übersteigen.

Visualisierungen

Insbesondere diejenigen Schüler, die eher über den visuellen Eingangskanal Lernstoff aufnehmen, können mit Hilfe von Bildern besonders gut üben und auswendig lernen. Sie verbinden vor ihrem geistigen Auge das Bild mit dem dazugehörigen Wort und assoziieren diese Verbindung auch noch nach längerer Zeit. Das Fernsehen und alle „lehrreichen" Sendungen arbeiten unter anderem mit diesem Mittel (Werbung, Dokumentationen ...). Bilder – auch ohne Ton – werden mehrmals hintereinander in gleicher Darstellung eingeblendet. So merken wir uns die bildhafte Darstellung in Verbindung zum Beispiel mit dem Text oder der Sprache, und wenn wir nach längerer Zeit das gleiche Bild wieder sehen, erinnern wir uns sehr genau an den Zusammenhang.

In der Schule nutzen wir dieses bildhafte Gedächtnis, indem wir zum Beispiel beim Vokabellernen mit Visualisierungshilfen arbeiten. Auch die bekannten LÜK-Kästen (Westermann) arbeiten mit Hilfe dieses Prinzips. Ganze Reihen und Bücherserien sind ebenfalls als „Bilderbücher" entstanden: visuelle Lexikabände für fast alle Fachbereiche, visuelle Fachbücher mit dem Vermerk „Die Bildsachbücher der neuen Generation" etc.

Das Lesen und Anschauen dieser Bücher bereiten nicht nur den jüngeren Schülern sehr viel Spaß. Auch in den oberen Jahrgängen hören wir immer wieder, dass Schüler mit Hilfe der bildhaften Darstellungen den Vorgang oder die Erklärung besser verstehen als ohne Visualisierungshilfen. Die naturwissenschaftlichen Fachbereiche haben sich diesen Vorteil schon immer

Breakfast in Bed

There is one word wrong in each sentence. Correct the sentences.
(Korrigiere die Sätze und schreibe sie richtig hin.)

1. It is Mr King's birthday. ______
2. Mrs King is very thirsty. ______
3. The dog's name is Dandy. ______
4. Mr King drops the breakfast on the floor. ______
______
5. Goofy is a very clever dog. ______

Visualisierung: Vokabellernen im Englischunterricht (aus Fun and Practice 2 (50694) „Breakfast in Bed" zu Eigen gemacht, aber mehr und mehr treten Bilderbücher in allen Fachbereichen auf.

Was aber macht man, wenn man für einige Schüler ein Bilderbuch zu einem bestimmten Thema unbedingt benötigt, um differenziert üben zu können? Hier haben wir die Erfahrung gemacht, dass kleine Zeichnungen und Grafiken, die die Schüler selbst anfertigen, die Übungsintensität unterstützen können. Auch Zeitungsausschnitte zur bildhaften Unterstützung eines Textes oder der zu lernenden Vokabeln können ein Bilderbuch ergeben. Systematisch aufgebaut und angeleitet entwickeln die Schüler eine große Kreativität in diesem Bereich – und es müssen ja nicht alle Schüler diese Variante der Übung nutzen und einsetzen. Derjenige aber, der sich durch die Unterstützung von Bildern den Lernstoff besser merken kann, der ihn besser versteht, sollte diese Übung in sein Repertoire aufnehmen.

Auditive und audio-visuelle Medien

Medien, die die Sinneswahrnehmung über die Kanäle „Hören und Sehen" ansprechen, sind für viele Bereiche des Übens hilfreich. Viele Lernprogramme für den Computer arbeiten mit dem Hörverständnis. Man kann allerdings auch selbst Übungsmaterial entwickeln.

Auditiv: Mit Hilfe eines Kassettenrekorders kann man zum Beispiel:

- Vokabeln lernen,
- die Aussprache kontrollieren,
- Sprachduktus, Satzmelodie und Betonung beim Vortrag eines Textes analysieren und gezielt verändern,
- die Wirkung rhetorischer Mittel überprüfen,
- eigene sprachliche Unarten wahrnehmen und abstellen.

Der gezielte Einsatz eines Kassettenrekorders sollte unbedingt in der Schule eingeübt werden, um die Schüler in die Lage zu versetzen, sach- und fachgerecht mit diesem Medium zu üben. Systematisch eingesetzt und regelmäßig genutzt, erhöht das Üben mit auditiven Medien das Sprachvermögen der Schüler sehr. Es gibt kaum eine bessere Möglichkeit, das Sprechen allein, ohne Partner, zu üben.

Varianten für das Üben mit auditiven Medien

Vokabeln mit angemessenen Pausen auf ein Band sprechen. Kann bei fremdsprachenungeübten, jüngeren Schülern durch den Lehrer erfolgen.

1. Band abspielen. Der Schüler liest parallel dazu die Vokabeln seiner Lernliste und spricht in den Lücken jedes Wort in der fremden Sprache laut nach.
2. Während das Band läuft, liest der Schüler in seiner Vokabelliste mit und spricht die Wörter laut nach.
3. Während das Band läuft, deckt der Schüler die deutschen Bedeutungen der Vokabeln zu und spricht diese laut in die Lücken des Bandes.
4. Der Schüler legt die Vokabelliste beiseite und konzentriert sich allein auf die Aussprache der Wörter. In die Lücken spricht er zunächst die fremdsprachigen Wörter nach, in einem zweiten Durchgang dann deren deutsche Übersetzung.
5. Ohne Vokabelliste werden die Wörter nach Hören des fremdsprachigen Worts aufgeschrieben. Mit Hilfe der Vokabelliste muss die richtige Schreibung der Wörter überprüft werden.

Weitere Variationen sind möglich. Zunehmend kann auch mit längeren Textteilen oder Dialogen geübt werden.

Nach einer gewissen Einübungsphase entwickeln Schüler individuelle Vorgehensweisen beim Üben mit einem Tonträger. Durch das laute Sprechen verbessert sich die Aussprache erheblich. Die Hemmungen, sich in der Fremdsprache zu äußern, schwinden.

Hilfreich sind auditive Medien auch bei der Vorbereitung von Referaten – sei es in einer fremden Sprache oder im Deutschen. Hier können ganze Sätze oder auch das vollständige Referat auf Band gesprochen werden, eine gute Vorbereitung für einen freien Vortrag. Eine fehlerhafte Aussprache wird vom Band dokumentiert. Das zu hören bietet Anlass zur Verbesserung. Die Schüler erleben beim Üben mit auditiven Medien schnell motivierende Fortschritte.

Audio-visuell: Videoaufnahmen haben den großen Vorteil, dass auch psychomotorische Verhaltensweisen beobachtet und überprüft werden können. Jüngere Schüler haben oft besondere Hemmungen, sich vor einer Kamera zu präsentieren. Wenn sie dennoch bereits in den unteren Jahrgängen Gelegenheit dazu bekommen, dann fällt es später, zum Beispiel in den Jahrgängen 9 und 10, umso leichter, Präsentationen, öffentliche Auftritte oder Bewerbungsgespräche mit Hilfe der Videokamera vorzubereiten.

Didaktische Anmerkungen zum Einsatz von Übungsinstrumenten

Übungsinstrumente in Übungsritualen

Didaktischer Kommentar

Nach unseren Erfahrungen eignen sich Übungsinstrumente wenig als Mittel für die kurzen Ritualphasen im Unterricht. Sie benötigen deutlich mehr Zeit.

Übungsinstrumente in Übungsphasen

Beispiele für Einsatzmöglichkeiten

Insbesondere in den unteren Jahrgängen können mit Hilfe einiger Übungsinstrumente sinnvolle Phasen in den Unterricht eingebaut werden: So können Schüler mit der Lernkartei neue Vokabeln, Begriffe oder Formeln lernen. Eine Skizze eines Lernplakates kann entwickelt werden, das dann zu Hause fertig gestellt wird. Lerntagebücher können parallel zur Bearbeitung von zum Beispiel Mathematikaufgaben geführt werden. Auch kurze Frage und Antwortspiele lassen sich in Unterrichtsphasen sinnvoll einsetzen. Insbesondere im naturwissenschaftlichen Unterricht üben und arbeiten Schüler gerne mit den visuellen Lexikonbänden und erproben selbst entwickelte Modelle oder Versuchsanleitungen.

In höheren Jahrgängen sind die Schüler selber in der Lage, sich die Übungsinstrumente auszuwählen, mit denen sie erfolgreich üben können. Hier haben wir die Erfahrung gemacht, dass weniger die spielerischen Übungen als mehr die Arbeit am PC mit entsprechenden Lernprogrammen (die von den Verlagen entsprechend den vorliegenden Schulbüchern angeboten werden) genutzt werden. Wichtig ist, dass ein Computer jeder Zeit zur Verfügung steht, denn sonst können die Übungsphasen nicht sinnvoll genutzt werden.

Didaktischer Kommentar

In kurzen Übungsphasen lassen sich einige der Instrumente zum Üben durchaus sinnvoll einsetzen. Sie sollten sich aber darüber im Klaren sein, dass es im Regelfall mehr Zeit als zehn bis fünfzehn Minuten bedarf, um wirklich effektiv zu üben. Lernplakate müssen zum Beispiel vorbereitet werden: Welcher Text soll notiert werden, wie soll er strukturiert werden, welche optischen Kriterien müssen erfüllt sein? In höheren Jahrgängen scheint manchmal dieses Vorgehen zu funktionieren, aber in den unteren Jahrgängen benötigen die Schüler sehr viel mehr Zeit. Zum einen müssen sie immer wieder üben, wie richtige Lernplakate erstellt werden, mit denen sie üben können, zum anderen können sie sich gar nicht so schnell einigen, was auf dem Lernplakat stehen soll.

Andererseits können Schüler mit Hilfe einer Lernkartei oder eines Merkzettels schnell einige Informationen oder Begriffe übend festigen.

Übungsinstrumente in Übungsstunden

Beispiele für Einsatzmöglichkeiten

Im 7. Jahrgang arbeiten wir im Mathematikunterricht mit der fertigen Lern- und Übungskartei „Dreisatz“. Sie enthält zahlreiche durchnummerierte Karteikarten mit differenzierten Aufgaben und Lösungen (auf der Rückseite). Jeder Schüler muss eine bestimmte Anzahl von Aufgaben bearbeiten, sie auf eigene kleine Zettel oder Karteikarten aufschreiben und selbstständig kontrollieren. Dann werden die Aufgaben in einer Lernkartei entsprechend einsortiert: Richtige Bearbeitungen wandern nach hinten, falsch bearbeitete bleiben im ersten Fach. Ziel dieser Übungsstunde ist es, unterschiedliche Anwendungsbereiche für Zuordnungen kennen zu lernen und einzuüben. Erweitert und ergänzt werden kann die Lernkartei durch selbst entwickelte Karteikarten mit Aufgaben und Lösungen. Sehr gute Erfahrungen haben wir damit gemacht, dass wir die Lernkarteien (auf freiwilliger Basis) bei „nicht mehr Gebrauch“ an den nächstunteren Jahrgang weitergegeben haben.

Didaktischer Kommentar

Nach unseren Erfahrungen ist der Einsatz von Übungsinstrumenten während einer ausgewiesenen Stunde im Stundenplan die beste Möglichkeit, um sinnvoll zu üben. So haben die Schüler Zeit, selbstständig Plakate zu entwerfen, mit den Lernprogrammen zu arbeiten oder eine Lernkartei zu entwickeln und damit zu üben.

Durch das mehrmalige Bearbeiten zum Beispiel von Mathematikaufgaben stabilisiert sich das Wissen der Schüler. Sie benötigen immer weniger Zeit für die Aufgaben („Ach, ja, das war doch so!") und entwickeln im Laufe der Übungen einen gewissen Grad an Sicherheit im Umgang mit unterschiedlichen Problemstellungen.

Übungsinstrumente auf dem Übungsparcours

Beispiele für Einsatzmöglichkeiten

Der 7. Jahrgang zum Beispiel beschäftigt sich in Gesellschaftslehre mit dem Thema „Regenwald". Auf dem Übungsparcours befindet sich eine Ecke für den Fachbereich, die mit vielfältigen Materialien und Modellen ausgestattet ist (Arbeitsblätter, Landkarten, Bildatlanten, Klimamodelle und -diagramme, Anleitungen zum „Bau" von Klimazonen etc.). Hier steht den Schülern zum Beispiel ein Computer zur Verfügung, mit dem sie die CD „Regenwald" starten können. Die Zerstörung des Regenwaldes lässt sich sprachlich und bildnerisch nachvollziehen, die Auswirkungen der „Abholzungen" auf das Klima werden deutlich und unterschiedliche Forschungsansätze werden vorgestellt.

Die Schüler können:

- einen Streifzug durch den Regenwald machen,
- sich die Nahrungskette anschauen und nachvollziehen,
- ihr Wissen überprüfen,
- ein Regenwaldbild gestalten, ausdrucken und ausmalen,
- das Dschungelfieber hinterfragen,
- Pflanzenkunde betreiben
- und ein Quiz spielen.

Didaktischer Kommentar

Auf dem Übungsparcours wählen sich die Schüler die Übungsinstrumente aus, mit denen sie am liebsten arbeiten. So ist die Motivation, etwas Neues zu lernen oder auch altes Wissen zu wiederholen, sehr groß. In den unteren Jahrgängen unterstützen wir die Schülern beratend bei dieser Wahl, denn unser Ziel ist es, dass jeder Schüler jedes Übungsinstrument kennen gelernt und ausprobiert hat. Zu beobachten ist immer wieder, dass einige Schüler nur am PC sitzen und kaum andere Interessen zeigen. Hier steuern wir, indem die Schüler sich vor Übungsbeginn in eine Liste eintragen müssen, wer wann am Computer arbeiten möchte. So erhalten alle die Chance und der PC-Freak muss sich ebenfalls an die zeitlichen Vereinbarungen halten.

Sowohl die Arbeitsmaterialien als auch die Lernprogramme bieten differenzierte Übungsmöglichkeiten für die Schüler. So kann jeder sich die Methoden auswählen, mit denen er am besten und erfolgreich üben kann.

Erschließungstechniken

Lese- und Exzerpiertechniken

Lesen bedeutet mehr als die bloße Dekodierung von Symbolen der Schrift im Gehirn, auch wenn diese Fähigkeit die notwendige Basisqualifikation darstellt. Das Lesen ist ein hochaktiver Vorgang, der vom Leser nicht nur eingeübten disziplinierten Verhaltensweisen (Stillsitzen, Konzentration …) erfordert, sondern auch kognitive und emotionale Verständnisprozesse evoziert. Grundsätzlich unterscheiden lässt sich das literarische von dem informatorisch kognitiven Lesen – auch wenn es Überschneidungen gibt.
Wer fiktionale, literarische Texte liest, wird ganz unabhängig davon, ob er sich nur unterhalten und vom Alltag ablenken lassen oder sich mit einer Problemstellung kritisch auseinander setzen will, immer die „nachschaffende Fantasie“ einsetzen: Gleichgültig, ob es sich um die Lektüre eines Romans, eines Dramas, einer Biografie o. Ä. handelt, wird er die beschriebenen Handlungen geistig nachvollziehen, die handelnden Personen emphatisch in ihren Aktionen begleiten, mitleiden usw. Derjenige, der einen Sachtext liest, wird – gleichgültig, ob er ihn informationshalber oder zur Meinungsbildung liest – rational/intellektuell an diesen Text herangehen, um ihm seine Aussagen entnehmen zu können. Das Lesen eines fiktionalen, literarischen Textes geschieht also unter ganz anderen Bedingungen als das Lesen eines Sachtextes. Folgerung: Lesetechniken zur Intensivierung und zur Beschleunigung lassen sich nur sehr bedingt auf literarische Texte übertragen, sie gelten schwerpunktmäßig für die Bearbeitung von Sachtexten. Natürlich gibt es Überschneidungen – so kann eine historische Biografie wie ein Roman *und* wie ein Sachbuch gelesen werden –, aber das sei hier nur am Rande erwähnt.

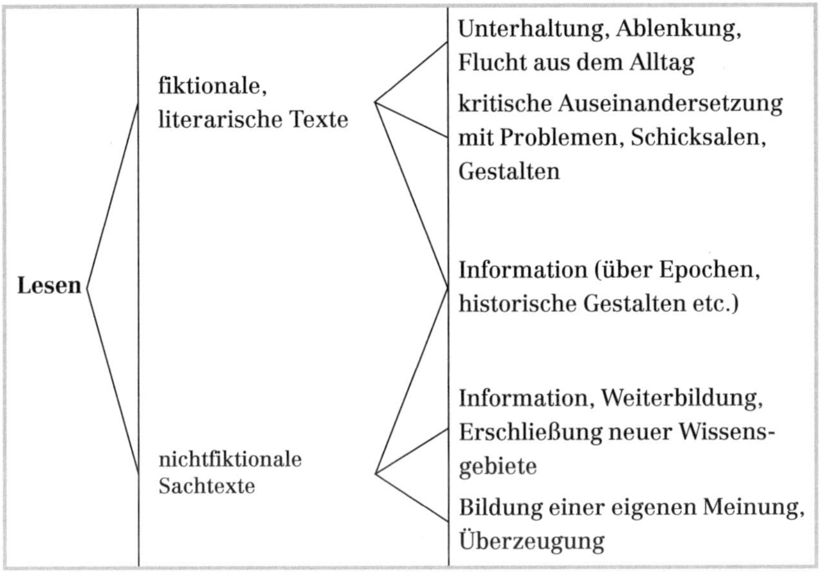

Lese- und Exzerpiertechniken

Wenden wir uns nun den Lesetechniken zu: Der Umgang mit Texten ist nicht nur in der Schule eine wesentliche Voraussetzung für das Lernen und Üben. Schüler müssen selbstständig in der Lage sein, Texte sinnerfassend zu lesen, sie zu verstehen und sie sinngemäß an andere weiterzugeben. Sie bringen im Regelfall beim Eintritt in die Sekundarstufe I die grundsätzliche Lesefähigkeit als Kompetenz mit. Diese muss durch ständiges Training und durch Übungen – auch anhand schwieriger Texte – weiter verbessert und kontinuierlich optimiert werden. Die im Folgenden beschriebenen Techniken zur Verbesserung des Leseprozesses müssen in den Jahrgängen der Sekundarstufe I immer wieder geübt und so gefestigt werden, dass sie schließlich „in Fleisch und Blut" übergegangen sind, denn ohne Lesekompetenz läuft wenig. Der begabteste Mathematikschüler wird regelmäßig und zwangsläufig dann scheitern, wenn er die mathematische Textaufgabe nicht lösen kann, weil es ihm an Lesekompetenz fehlt.

Der Erwerb von Lesekompetenzen und ihre Einübung bis zur sicheren Beherrschung sind also keineswegs Unterrichtsziele, die sich auf das Fach Deutsch beschränken könnten. Lesen sollte nach unserem Verständnis in allen Fächern kontinuierlich eingeübt werden.

Techniken zur Leseintensivierung

Entstehensbedingungen des Textes klären: Bevor ein Sachtext intensiv zur Kenntnis genommen wird, sollte man sich zur Gewohnheit machen, seine Rahmenbedingungen kennen zu lernen, sofern sie sich leicht klären lassen:

- Wer hat den Text wann verfasst?
- Was ist sein Hauptthema?
- Welche Informationen enthält die Überschrift?

Intensives Lesen: Nachdem der Verstehenshorizont abgeklärt ist, wird der Text intensiv gelesen. Ziel des intensiven Lesens ist ein methodisch kontrollierteres und sachlich durchdachteres Textverständnis. Dies setzt auf der Seite des Lesenden voraus, dass

- argumentative Struktur und logischer Aufbau des Textes erfasst werden,
- seine Hauptaussagen (Thesen) von den weniger wichtigen – eventuell sogar überflüssigen – Argumenten getrennt werden,
- die Intention (Absicht) des Textes klar geworden ist
- und man so schließlich zu einem begründeten Urteil gelangt.

Markieren: Wir beobachten bei unseren Schülern immer wieder, dass sie insbesondere beim Markieren bestimmter wichtiger Textstellen viel zu viel anstreichen. Sie benötigen hinterher mehr Zeit mit dem Lesen und Suchen ihrer Notizen, als wenn sie den ganzen Text noch einmal lesen würden. Deshalb erscheint es uns notwendig, den Schülern unterschiedliche Techniken und Verfahren zu vermitteln, damit sie entscheiden können, wie sie unterschiedliche Textarten lesen müssen.

Übungen, die sich mit dem Markieren/Unterstreichen beschäftigen, setzen im Normalfall schriftlich fixierte Texte voraus – zum Beispiel als Vorbereitung für Referate, bei der Informationsbeschaffung, bei Quellenfunden, bei Recherchen und bei der Materialbeschaffung – und da es keinen Zweck hätte und jeden Rahmen sprengen würde, sie einfach abzuschreiben, muss das Material aufgearbeitet werden. Dazu sind mehrere Arbeitsschritte sinnvoll, die aber – je nach eigenen Fähigkeiten und Training – miteinander kombinierbar sind.

1. Nach der ersten intensiven Lektüre (je nach Lesekompetenz auch schon im ersten Durchgang) werden in einem zweiten Lektüredurchlauf die unwichtigen Passagen, Seiten oder Kapitel gestrichen. Der so abgespeckte Text wird dann ein weiteres Mal sorgfältig studiert und dabei werden alle wichtigen Aussagen unterstrichen.

2. Der nächste Arbeitsgang kann – muss aber nicht – durchaus zeitgleich erfolgen: die Markierung der unterstrichenen Passagen am Rande des Textes unter bestimmten Zuordnungskriterien. Es erweist sich immer wieder als sinnvoll, mit Symbolen und Abkürzungen zu arbeiten, die am Rande notiert werden.

Beispiel: Kürzel für die Kategorisierung von Textpassagen

- W = wichtig
- Z = zentral (also noch wichtiger)
- N = in anderen Quellen (Lexika) genauer nachschlagen
- F = fraglich, unbewiesene Behauptung
- V = vertiefender Gedankengang
- I = illustrierendes Beispiel
- P = Problematisierung
- M = unverständlich/missverständlich
- Ü = noch einmal genau überdenken
- vgl. 5… = Hinweis auf andere Seite in derselben Quelle
- vgl. Meier 5… = Hinweis auf Seitenzahl in anderer Quelle
- Lit. = wichtige Literaturangabe

Gerade für leseungeübte Schüler empfiehlt es sich, als letzten Bearbeitungsschritt dieser Stufe eine Textwiedergabe auf der Basis des Unterstrichenen und der Randbemerkungen anzufertigen. Hierbei handelt es sich um einen Verständnisentwurf, der sich auf Textaufnahme und Texterläuterung beschränkt und dazu dient, sich des Gesagten genau zu vergewissern. Der Text ist auf die Frage XY und damit auf den Sachverhalt bzw. die Situation YX zurückzuführen, die ihn evoziert (hervorgerufen) hat. Die Kennzeichnung der Textart (Gattung) setzt eine wenigstens hypothetische Erfassung der Absicht voraus. Das Kriterium dafür, dass der Text in den Grundzügen verstanden ist, ist die eigenständige Formulierung. Das überprüfbare Verfahren besteht darin, den Text auf ca. ein Drittel seines Wortvolumens zusammenzuziehen, ihn aller rhetorischen Besonderheiten zu entkleiden und sich selbst jeden Kommentars, der über die Erläuterung der Verstehensschwierigkeiten hinausgeht, zu enthalten. Die Wiedergabe erfolgt mit eigenen Worten, und zwar sachlich referierend.

Exzerpieren

Das Exzerpieren ist eine der wichtigsten Arbeitstechniken zum Erfassen von Texten. Das Exzerpt unterscheidet sich von der bloßen Textwiedergabe dadurch, dass es den Quelltext von vorneherein nur unter einem ganz bestimmten Aspekt betrachtet, den Text also auf diese Frage und dieses Problem reduziert und funktionalisiert. Selbstredend können die gerade beschriebenen Techniken des intensiven Lesens und Unterstreichens auch von vorneherein auf diesen bestimmten Aspekt zugerichtet sein – vorausgesetzt, der Schüler hat schon die notwendige Lesekompetenz entwickelt.

Schüler tun sich insbesondere mit der Textwiedergabe und dem Exzerpt sehr schwer, vielleicht, weil unsere moderne Informationstechnologie zur Faulheit verführt: Wir können von jedem Text ganzseitige Fotokopien oder Ausdrucke anfertigen. Wir haben unsere Schüler nur durch konsequentes Üben davon überzeugen können, dass das Exzerpieren nicht die bloße Wiederholung eines Textes ist, sondern eine sehr wichtige und eigenständige Leistung darstellt: die gedankliche Aneignung eines Textes. Es wird etwas (das Wichtigste) aus einem Gesamttext herausgepflückt (lat.: excerptus = das Herausgepflückte).

Wir unterscheiden zwei Arten von Exzerpten:

- das wörtliche Exzerpt,
- das freie Exzerpt.

Regeln für das wörtliche Exzerpt

1. Zitate müssen immer originalgetreu übernommen werden – alte Rechtschreibung wird i. d. R. nicht in neue Rechtschreibung verändert.
2. Alle Veränderungen des Originaltextes, Texterläuterungen und -ergänzungen oder Kasusänderungen müssen deutlich hervorgehoben werden – zum Beispiel durch eckige Klammern und die Kennzeichnung: d. V. (der Verfasser).
3. Werden einzelne Zeilen oder Sätze eines Textauszuges ausgelassen, dann wird das durch eine eckige Klammer mit drei Punkten gekennzeichnet.
4. Der Anfang und das Ende eines Zitates werden durch Anführungsstriche gekennzeichnet.

5. Zitate innerhalb eines Zitates werden durch einfache Anführungsstriche hervorgehoben.
6. Die Quelle des Zitates muss den Autor, den Titel des Mediums, das Erscheinungsjahr, den Erscheinungsort und die Seitenangabe enthalten: entweder unmittelbar nach Ende des Zitates in Klammern, als Kopf- oder Fußnote oder im Literaturverzeichnis.

Freie Exzerpte entstehen immer dann, wenn Texte unter bestimmten Fragestellungen bearbeitet oder als Gesamttext angeeignet werden sollen.

Stichworte für das freie Exzerpt

- Quellenangabe
- Überschriften bilden
- Kürze
- selbstständige Formulierungen
- Stichwörter
- Inhaltsauszüge
- gedankliche Zusammenhänge

Es gibt zwei unterschiedliche Arten freier Exzerpte: den Konspekt und das Exzerpt. Der Konspekt gibt den allgemeinen Inhalt eines Textes auszugsweise wieder. Zunächst wird die Textvorlage gelesen und gründlich durchgearbeitet (Verständnisfragen klären, Fremdwörter verstehen, ...). Dann wird der Inhalt des Textes in kurzer Form schriftlich festgehalten. Folgende Vorgehensweisen, die alternativ einzusetzen sind, haben sich als hilfreich erwiesen:

Vorgehensweisen für das freie Exzerpt

1. Der Inhalt des Textes wird selbstständig und mit eigenen Worten so kurz wie möglich zusammengefasst, dabei darf die Aussage nicht verändert werden.
2. Der Text wird entsprechend seinen Unterüberschriften gegliedert.
3. Der Text wird nach eigenen Überschriften sortiert und geordnet.

4. Nur die Thesen oder Definitionen eines Textes werden übernommen.
5. Wichtige Aussagen werden unterstrichen und herausgeschrieben.

Das Exzerpt gibt spezielle Inhalte eines Textes auszugsweise wieder. Nach dem Lesen und Durcharbeiten eines Textes bzw. Buches werden die Seiten und Zeilen markiert, die besonders wichtig oder für die Fragestellung geeignet erscheinen. Folgende Vorgehensweisen haben sich als besonders hilfreich erwiesen:

Ein Exzerpt erstellen

1. Kleine Karteikarten oder Klebezettel mit „passenden Schlagwörtern" werden an die entsprechenden Textstellen gelegt oder geklebt, denn sie erleichtern das Wiederfinden der Textstellen.
2. Große Karteikarten oder entsprechende Computerprogramme helfen beim Sortieren und Ordnen der Stichwörter.
3. Persönliche Anmerkungen, Hinweise auf weiterführende Literatur oder Verwendungsmöglichkeiten können auf der Rückseite der Karteikarte notiert werden.
4. Zusätzliche weitere Karteikarten ergänzen die schon vorhandenen zum Beispiel mit Zitaten oder weiteren Textauszügen.
5. Unterschiedliche Farbgestaltung und die Nummerierung der Karten erleichtern das Auffinden einzelner Abschnitte oder Stichwörter.

Techniken zur Lesebeschleunigung

Schüler, die schneller und effektiver lesen wollen, müssen natürlich eine sichere Basisqualifikation in den bereits genannten Lese- und Erschließungstechniken haben: Es geht hier also gewissermaßen um Lesen für Fortgeschrittene. Wer allerdings durch entsprechende Übungen diese Effektivierungstechniken beherrscht, wird bald erkennen, dass sich Beschleunigungs- und Verlangsamungstechniken des Lesens ideal ergänzen. So können zum Beispiel das punktuelle und das diagonale Lesen die Vorstufe zur intensiven Lektüre einzelner Textpassagen bilden. Ein wirklich geübter Leser ist nur derjenige, der sowohl die Intensivierungs- als auch die Effektivierungstechniken souverän anwenden kann.

Fachleute haben herausgefunden, dass man mit einiger Übung den Informationsgehalt von Texten sehr viel schneller wahrnehmen kann, wenn man bestimmte Techniken anwendet. Die normale Lesegeschwindigkeit eines durchschnittlichen Lesers liegt bei etwa 200 Wörtern pro Minute, sie lässt sich ohne weiteres verdoppeln und verdreifachen. Man hat in ausführlichen Tests festgestellt, dass wir uns beim Lesen keineswegs ökonomisch verhalten und dass das Auge keineswegs gleichmäßig fließend über den Text gleitet, sondern immer wieder anhält bei Wörtern oder Wortgruppen und häufig sogar Wörter oder sogar ganze Zeilen zurückspringt. Diese „Fixierungen“ kann man ohne weiteres reduzieren und damit das Lesetempo enorm steigern, ohne dass Informationen verloren gehen. Alle Fachleute, die sich mit Lesetechniken beschäftigen, raten dazu, sich beim Einüben des Schnell-Lesens einer Hilfe zu bedienen, die die gerade zu lesende Zeile markiert – ein Stift, ein chinesisches Essstäbchen oder zur Not auch den Finger (also genau das zu tun, was Leseanfänger automatisch machen und sich erst später abgewöhnen).

Je geübter man im Lesen ist, desto weniger Fixierungen braucht das Auge und desto mehr Wörter kann das Gehirn gleichzeitig aufnehmen. Es ist übrigens inzwischen einwandfrei nachgewiesen, dass diese Technik am Computerbildschirm deutlich schlechter funktioniert als bei bedrucktem Papier und die Lesegeschwindigkeit mit 20 bis 30 Prozent deutlich geringer ist. Man sollte daher nicht nur aus Gründen des Exzerpierens und der Quellenüberprüfung grundsätzlich überlegen, ob es sich nicht lohnt, einen Internet-Text auszudrucken!

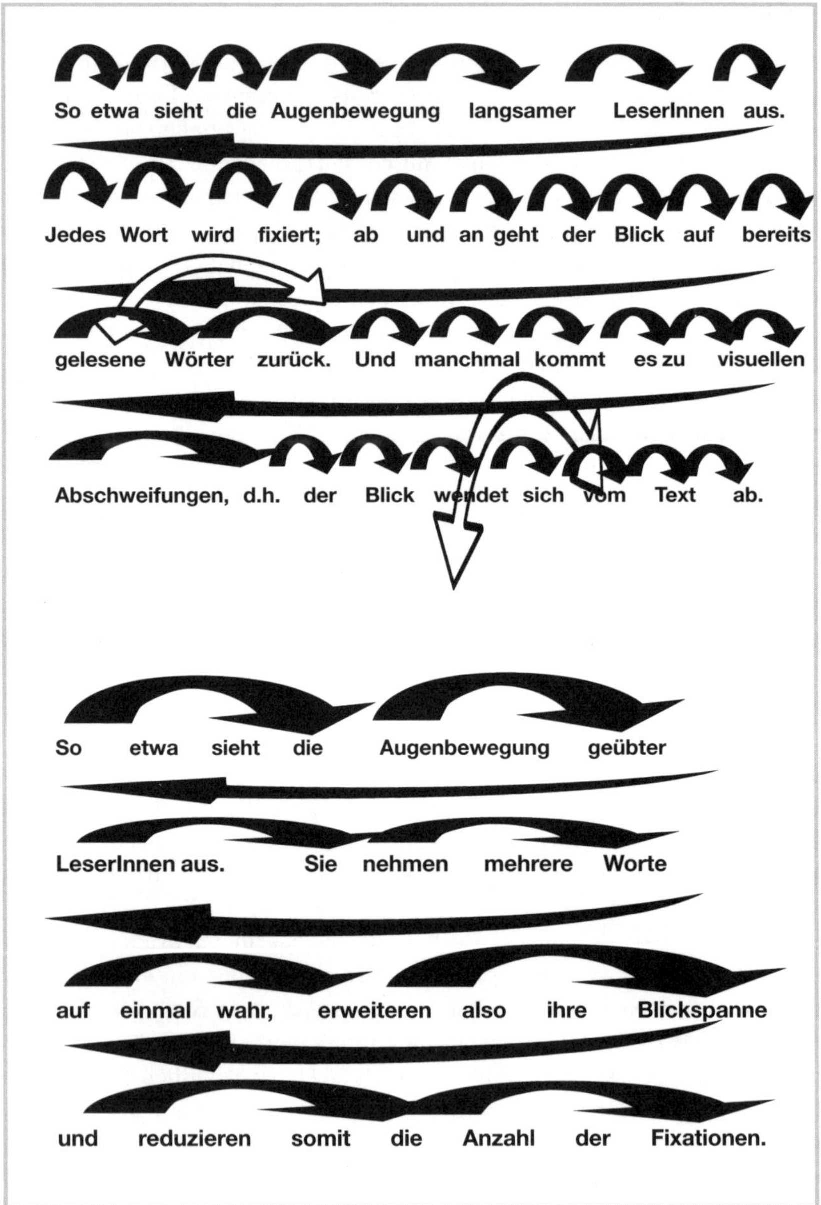

Augenbewegungen geübter und ungeübter Leser

Grundsätzlich unterscheidet man (bei einigen Unterformen) zwei verschiedene Arten des Lesens:

1. **Das punktuelle Lesen:** Hier wird der Text nicht als Ganzes, sondern eher wie ein Mosaik betrachtet. Der Leser hat einzig das Interesse, einige, für ihn wichtige Informationen zu erhalten – auf den logischen Aufbau, die Entwicklung der Argumentation und die Logik der Schlussfolgerungen kommt es ihm nicht an. Der Lektürevorgang wird daher auch immer wieder unterbrochen und an anderer Stelle des Textes fortgesetzt. Das ist natürlich sehr anstrengend, kann aber gerade dann, wenn man nur ganz bestimmte Informationen sucht, sehr effektiv sein.

   Wenn es das punktuelle Lesen nicht schon gegeben hätte, hätte man es mit der Verbreitung des Internet direkt erfinden müssen, denn es eignet sich natürlich sehr gut für die Lektüre von Hypertexten, wie sie im Internet und auf CD-Rom üblich sind. Die fortlaufende Lektüre so eines Hypertextes ist ja nur möglich, wenn man sämtliche Links ignoriert. Macht man dagegen vom Angebot der „Verlinkung" per Mausklick Gebrauch, landet man in einem verzweigten Netz von Informationen und Daten mit ungewissem Ausgang und dem Fehlen jeglicher Systematik.

2. **Das diagonale Lesen:** Das diagonale Lesen ist diejenige Lesetechnik, die die oben beschriebene Beschleunigung der Informationsaufnahme am weitesten treibt. Man nimmt sich ein Kapitel oder einen Abschnitt des Buches vor und überfliegt die Seiten mit Hilfe der slalomförmig über die Seiten gleitenden Lesehilfe, um so einen überblicksartigen Eindruck vom Inhalt des Kapitels zu erhalten.

   Auf diese Weise sollen über Schlüsselwörter die wichtigsten Informationen aufgenommen werden. Ziel des diagonalen Lesens ist es, einen Gesamtüberblick über einen Text, sein Thema und seine Details zu erhalten. Gleiches gilt natürlich auch innerhalb eines längeren Textes oder Buches: Mithilfe des diagonalen Lesens kann man unwichtigem Passagen oder Kapitel aussondern. Das diagonale Lesen ersetzt natürlich nicht die intensive Lektüre des dann herausgesuchten Materials.

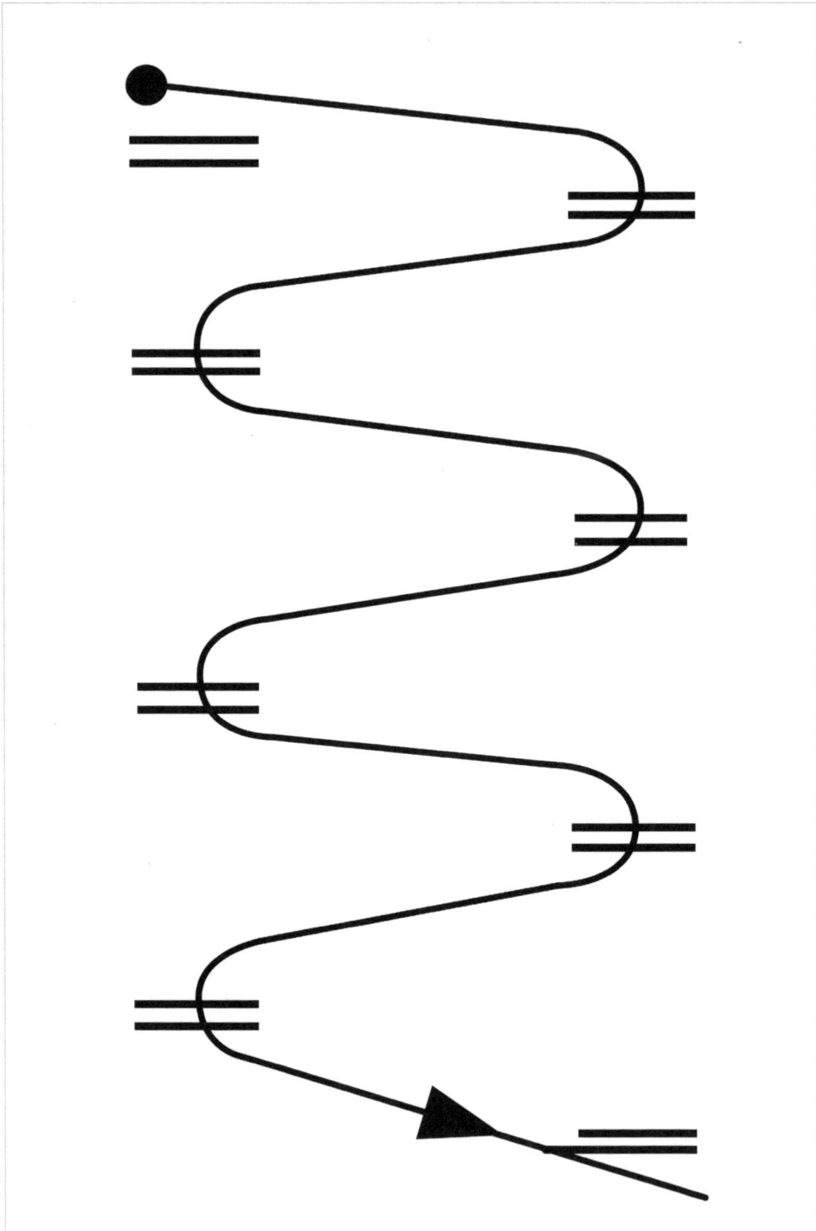

Das diagonale Lesen. Blickbewegung

Exkurs: Die Fünf-Schritt-Lesetechnik

Ein besonders ausgefeiltes Konzept ist die Fünf-Schritt-Lesetechnik. Sie verbindet Techniken des intensiven Lesens mit Techniken des beschleunigten Lesens und soll deshalb zum Abschluss dieses Kapitels hier kurz vorgestellt werden.

Diese Technik des Lesens wird in fünf systematische Schritte unterteilt:

1. **Überblick verschaffen**
   Im ersten Schritt verschafft man sich einen Überblick über den Text. Wenn es sich um einen kürzeren Text handelt, versucht man den Aufbau und die Gliederung zu erfassen, merkt sich Fettgedrucktes und Unterüberschriften und eventuelle Schlüsselwörter. Soll ein ganzes Buch erarbeitet werden, schaut man sich das Inhaltsverzeichnis an, liest die Kapitelüberschriften und versucht den Zusammenhang der einzelnen Kapitel nachzuvollziehen. So erhält man einen ersten Eindruck und weiß, wovon das Geschriebene handelt. Ziel dieses ersten Schrittes ist es, den Sinn des Textes zu erfassen und zu verstehen.

2. **Fragen stellen**
   Im zweiten Schritt schreibt man sich alle Fragen auf, die der Text beantworten soll. So ergänzt man schon Bekanntes durch neue Fragestellungen. Der Text wird überflogen bzw. diagonal gelesen und Fremdwörter oder Schlüsselwörter, die einem dabei auffallen, werden herausgeschrieben. Dadurch wird der Text in Abschnitte unterteilt und es entsteht eine „individuelle" Gliederung, die zum besseren Verständnis beiträgt.

3. **Intensives Lesen**
   Im dritten Schritt wird der Text intensiv gelesen. Dabei dürfen die vorher aufgestellten Fragen nicht vergessen werden, denn diese sollen ja nach der Lektüre beantwortet werden. Die Bedeutungen der Fremd- und Schlüsselwörter werden nachgeschlagen, die grafischen Darstellungen nachvollzogen, die Hervorhebungen und Anmerkungen beachtet. Es trägt nicht entscheidend zum Verständnis bei, den Text möglichst schnell zu lesen.

4. Fragen beantworten

Im vierten Schritt werden die im zweiten Schritt aufgestellten Fragen beantwortet und eventuell wichtige Stichwörter notiert. Außerdem werden alle weiteren wichtigen Gedanken und Zusammenhänge festgehalten. Hilfreich ist es, sich wie bei einer Zusammenfassung oder einer Inhaltsangabe Notizen zu machen oder einen Merkzettel zu schreiben.

5. Ergebnisse überprüfen

Im fünften Schritt werden die Antworten der Fragen und/oder die Zusammenfassung noch einmal mit Hilfe des Textes überprüft und gegebenenfalls verändert und ergänzt. In der schulischen Situation hat es sich als hilfreich erwiesen, einem Partner den Inhalt des Textes laut vorzutragen oder auf Tonband zu sprechen, die beantworteten Fragen und die Notizen können die Grundlage für solch eine Wiedergabe bilden.

Eine Variante der Fünf-Schritt-Lesetechnik bildet das assoziierend-parallele Schreiben. Hierbei werden keine Fragen aufgestellt und beantwortet, sondern der Schwerpunkt liegt auf dem gleichzeitigen Lesen und Schreiben. Immer dann, wenn man beim Lesen eine gute Idee hat, beginnt man zu schreiben – und zwar das, was einem gerade einfällt. Die Zeit des Schreibens sollte auf ca. fünf Minuten begrenzt sein. Jede Stelle des Textes, die einem wichtig erscheint oder die Anreiz für interessante „Abschweifungen“ bietet, wird als Schreibanlass genutzt. Nach Abschluss der Lesetätigkeit werden alle aufgeschriebenen wichtigen Ideen zu einem freien Text zusammengefasst und präsentiert.

Strukturierungstechniken

Manchmal sieht man den Wald vor lauter Bäumen nicht …

Sind Sie, lieber Leser, in der Lage, ein Pferd von seinem Reiter zu unterscheiden? Was für eine dumme Frage, werden Sie jetzt denken. Natürlich kann das jeder Mensch! Und weiter: Was hat dieses einfältige Beispiel in einem Kapitel über Strukturierungen zu tun? Das ist ganz einfach: Neuere sprachwissenschaftliche Untersuchungen gehen davon aus, dass zum Beispiel die Inkas und Azteken die auf Pferden an Land reitenden Konquistadoren nicht als reitende Menschen sehen konnten, sondern Pferd und Reiter als ein einziges – göttliches – Wesen wahrgenommen (und sich ihnen bedingungslos unterworfen) haben. Da weder Inkas noch Azteken zu jenem Zeitpunkt jemals in ihrem Leben ein Pferd gesehen hatten, fehlten ihnen die sprachlich-begrifflichen Strukturen, um „Pferd" zu denken und zu sehen. Sie waren in Punkto „Pferde" schlicht und einfach nicht in Übung!

Im Klartext: Ohne Strukturierung sind Erkenntnis und Erkenntnisfortschritt nicht möglich, die Welt an sich besteht aus einem kaleidoskopartigen Durcheinander, in das wir erst Ordnungen und Strukturen bringen müssen.

Mind Mapping

Die Methode des Mind Mapping ist von Tony Buzan entwickelt worden, der eine Möglichkeit suchte, das Chaos seiner Gedanken zu Papier zu bringen. Seine Idee bestand darin, das schriftliche Festhalten seiner Gedanken den Prozessen in seinem Gehirn anzupassen. Mind Mapping ist eine Visualisierungs-, Strukturierungs- und Merktechnik mit fast unbegrenzten Möglichkeiten. Durch die Art der Darstellung wird die Leistungsfähigkeit beider Gehirnhälften optimal genutzt.

In die Mitte eines quer liegenden unlinierten DIN-A4-Blattes wird ein Schlüsselwort, ein Begriff, ein Thema, ein Gegenstand oder ein Problem (in kurzem Satz) geschrieben und eingekreist oder eingerahmt. Nun werden weitere Assoziationen vom Mittelpunkt aus auf nach außen gezogenen Linien notiert. Jeder dieser Äste enthält nur einen Aspekt oder ein Symbol. Die Reihenfolge spielt dabei keine Rolle. Farben und Bilder können die Gedankenlandkarte anschaulicher wiedergeben.

Die so um das zentrale Thema geordneten Äste bilden dann die Grundlage für den zweiten Schritt: Es wird versucht, durch Oberbegriffe eine logische Struktur zu finden. Diese Begriffe werden auf vier bis acht Hauptäste geschrieben, die dann durch weitere Nebenäste mit inhaltlich zugeordneten Unterbegriffen ergänzt und erweitert werden können. So entsteht eine Gedankenlandkarte, die unsere Gedankengänge und ihre Beziehungen untereinander bildnerisch widerspiegelt.

Regeln für das Mind Mapping

Folgende Regeln sollten beim Mind Mapping beachtet werden:

1. Unliniertes, quer liegendes DIN-A 4-Papier benutzen.
2. Ein Schlüsselwort oder ein Bild wird in die Mitte des Blattes geschrieben bzw. gezeichnet und deutlich hervorgehoben.
3. Zur besseren Lesbarkeit sollte in Druckbuchstaben oder in Blockschrift geschrieben werden.
4. Für jede Assoziation wird ein Hauptthema auf einen Hauptast geschrieben.
5. Weitere Assoziationen werden auf zu den Hauptästen passenden Nebenästen notiert. Die Linien der Nebenäste sind dünner und weiter verzweigt als die der Hauptäste.
6. Auf jeden Ast wird nur ein Wort geschrieben.
7. Mögliche Ergänzungen: zusätzliche Ebenen, Farben, Bilder, Symbole, Zeichen und Pfeile. Der ästhetischen Gestaltung der Mind Map sind keine Grenzen gesetzt.

Vorteile des Mind Mapping:

- Durch die Verwendung von „Schlüsselwörtern“ können Gedanken und Ideen effektiv und schnell notiert werden.
- Alle neuen Assoziationen können – gleichgültig, wie sprunghaft sie sind – mit den vorangegangenen verknüpft werden oder die Mind Map beliebig erweitern.
- Bezüge und Verbindungen zwischen den einzelnen Ästen lassen sich schnell und übersichtlich herstellen, eine hierarchische oder lineare Gliederung würde das eher behindern.

Das Mind Mapping lässt sich in allen Jahrgängen und für alle Sozialformen einsetzen, um

- individuelle Gedanken bildhaft darzustellen,
- Informationen zu verarbeiten,
- Ideen zu entwickeln und zu strukturieren,

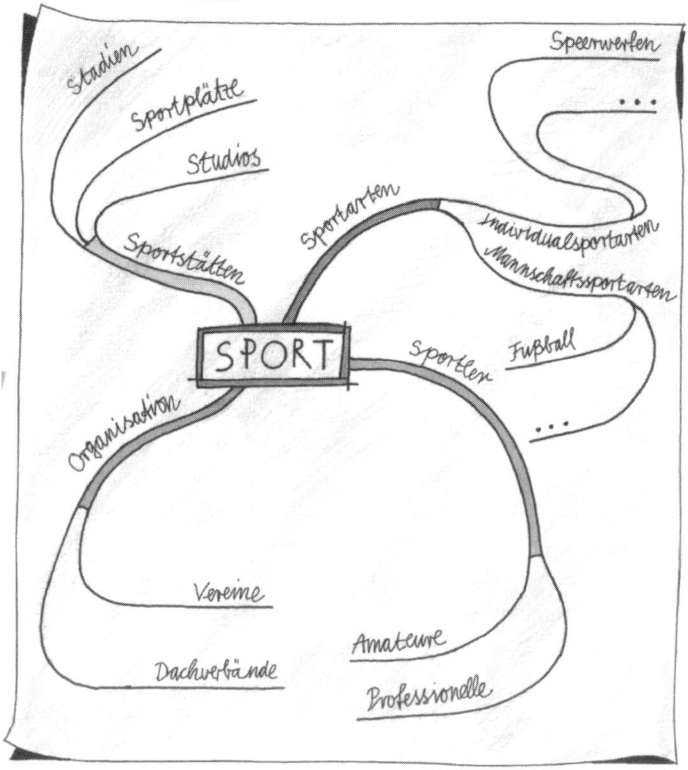

Mind Map

- Texte zu strukturieren und zu analysieren,
- Probleme zu durchschauen und Zusammenhänge herzustellen,
- den Inhalt eines Buches strukturiert wiederzugeben,
- das eigene Wissen zu einem Bereich zu ordnen und festzuhalten,
- einzelne Schwerpunkte für ein Referat zu verdeutlichen,
- Unterricht auszuwerten,
- Diskussionsrunden vorzubereiten,
- selbstständiges Lernen zu planen und Forschungsaufträge zu formulieren,
- sich für Klassenarbeiten und Tests vorzubereiten,
- individuelle Texte zu verfassen,
- Übungsstrategien zu entwickeln.

Jeder Schüler zeigt bei der Gestaltung von Mind Maps unterschiedliche Vorlieben und Gewohnheiten – entsprechend gibt es keine allein richtigen Musterlösungen, aber durchaus unterschiedliche Qualitätsstufen von Mind Maps, was die Genauigkeit und Komplexität der visualisierten Gedanken angeht. Auch in Bezug auf die Form der Darstellung gibt es unterschiedliche Vorlieben: Es können Mind Maps mit einer Baumstruktur, Heugabelstruktur, Fischgrätstruktur oder Blasenstruktur entstehen. Durch die Wahl der Symbole und Farben (rufen Assoziationen und Empfindungen hervor) entstehen Darstellungen, die unterschiedliche Eingangskanäle des Gehirns ansprechen und damit das Einprägen von Informationen deutlich verbessern.

Da diese Technik in vielen Schulen zur Strukturierung eingesetzt wird, sollte eine gezielte Qualitätsverbesserung Bestandteil des Übungscurriculums sein: In einer ersten Stufe geht es um das Lesen von Gedankenlandkarten und um die Erstellung einfacher Zusammenhänge. Mit zunehmenden Erfahrungen können die Schüler immer komplexere Gedanken zu Papier bringen und strukturieren. Die Hilfestellungen und Verständnisfragen des Lehrers sind im Regelfall hilfreich und notwendig. Erst wenn den Schülern die Methode des Mind Mapping „in Fleisch und Blut" übergegangen ist, sind sie in der Lage, sie gezielt für entsprechende Strukturierungen eines Textes, eines Buches, bestimmter Zusammenhänge von Fachinhalten etc. einzusetzen und sie gegen andere Methoden abzuwägen.

Im Zuge des PC-Zeitalters gibt es mittlerweile zahlreiche Programme, mit deren Hilfe man Mind Maps entwickeln und erstellen kann (zum Beispiel PowerPoint, Mind Manager, Mind Manager Smart, Creative MindMap, eMind-Maps de, MyMap 2000 etc.). Allerdings sollte man sich vorher genau überlegen, ob nicht durch die Vorgaben des PC – die Mind Maps sind bereits vorstrukturiert – die Kreativität und Fantasie bei der Erstellung eingeschränkt werden. Lösbar ist dieses Problem, indem man zunächst in einer Vorphase die eigenen Ideen sammelt und notiert, diese dann in einem zweiten Schritt mit Hilfe des PCs strukturiert und gestaltet.

Billy Joel: We Didn't Start The Fire, 1989

1949 **Harry Truman**, *Doris Day*, **Red China**, *Johnnie Ray*
South Pacific, Walter Winchell, Jo DiMaggio
1950 **Joe McCarthy, Richard Nixon,** *Studebaker,* Television
North Korea, South Korea, *Marilyn Monroe*
1951 *Rosenbergs,* H-Bomb, *Sugar Ray,* **Panmunjom**
Brando, The King and I and The Catcher in The Rye
1952 **Eisenhower,** Vaccine, *England's got a new queen*
Marciano, Liberace, Santayana goodbye

We did't start the fire
It was always burning
Since the world's been turning
We didn't start the fire
No we didn't light it
But we tried to fight it

1953 **Joseph Stalin, Malenkov, Nasser** and *Prokofiev*
Rockefeller, Campanella, **Communist Bloc**
1954 **Roy Cohn, Juan Peron,** *Toscanini,* Dacron
Dien Bien Phu Falls, *Rock Around The Clock*
1955 Einstein, *James Dean, Brooklyn's got a winning team*
Davy Crockett, Peter Pan, Elvis Presley, Disneyland
1956 *Bardot,* **Budapest, Alabama, Krushchev**
Princess Grace, Payton Pace, **Trouble in the Suez** Refrain

1957 **Little Rock,** *Pasternak, Mickey Mantle, Kerouac*
Sputnik, **Chou En-Lai,** *Bridge On The River Kwai*
1958 **Lebanon, Charles de Gaulle,** *California baseball*
Starkweather, Homicide, Children of Thalidomide
1959 *Buddy Holly, Ben Hur,* Space Monkey, Mafia
Hula Hoops, **Castro,** *Edsel is a no-go*
1960 **U-2, Syngman Rhee,** *payola* and **Kennedy**
Chubby Checker, Psycho, **Belgians in the Congo** Refrain

1961 *Hemingway,* **Eichmann,** *Stranger in a Strange Land*
Dylan, **Berlin, Bay of Pigs Invasion**
1962 *Lawrence of Arabia, British Beatlemania*
Ole Miss, John Glenn, *Liston beats Patterson*
1963 *Pope Paul,* **Malcom X, British Politician Sex**
J.F.K. blown away, *what else do I have do say* Refrain

1964–1989 Birth Control, **Ho Chi Minh, Richard Nixon back again**
Moonshot, *Woodstock,* **Watergate,**
Begin, Reagan, Palestine, *Terror on the airline*
Ayatollah's in Iran, Russians in Afghanistan
Wheel of Fortune, Sally Ride, *Heavy Metal, Suicide*
Foreign debts, *Homeless Vets,* AIDS, Crack, *Bernie Goetz*
Hyperdermics on the shores, **China under martial law**
Rock and Roller Cola Wars, I can't take it anymore

We did't start the fire
It was always burning
Since the world's been turning
We didn't start the fire
But when we are gone
Will it still burn on, and on, and on, and on ..

Textgrundlage für Mind Maps S. 172 u. 173: Song von Billy Joel

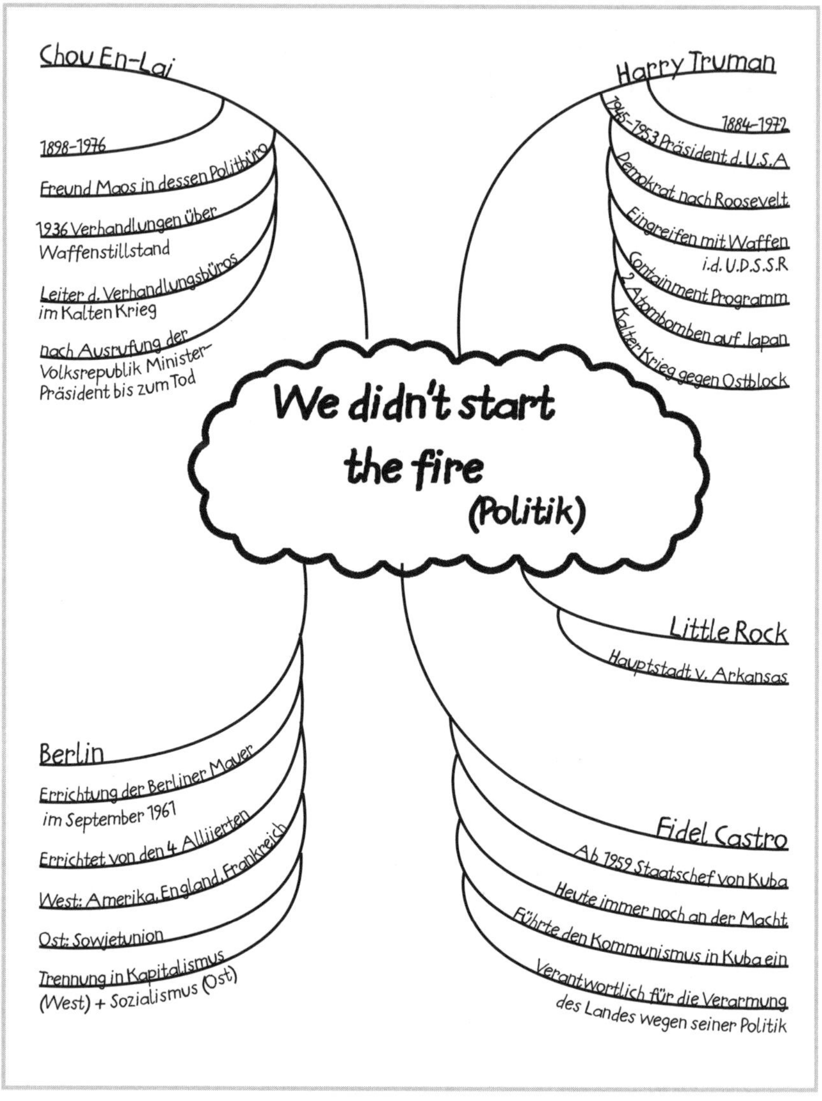

Mind Map zum Song von Billy Joel, Beispiel 1

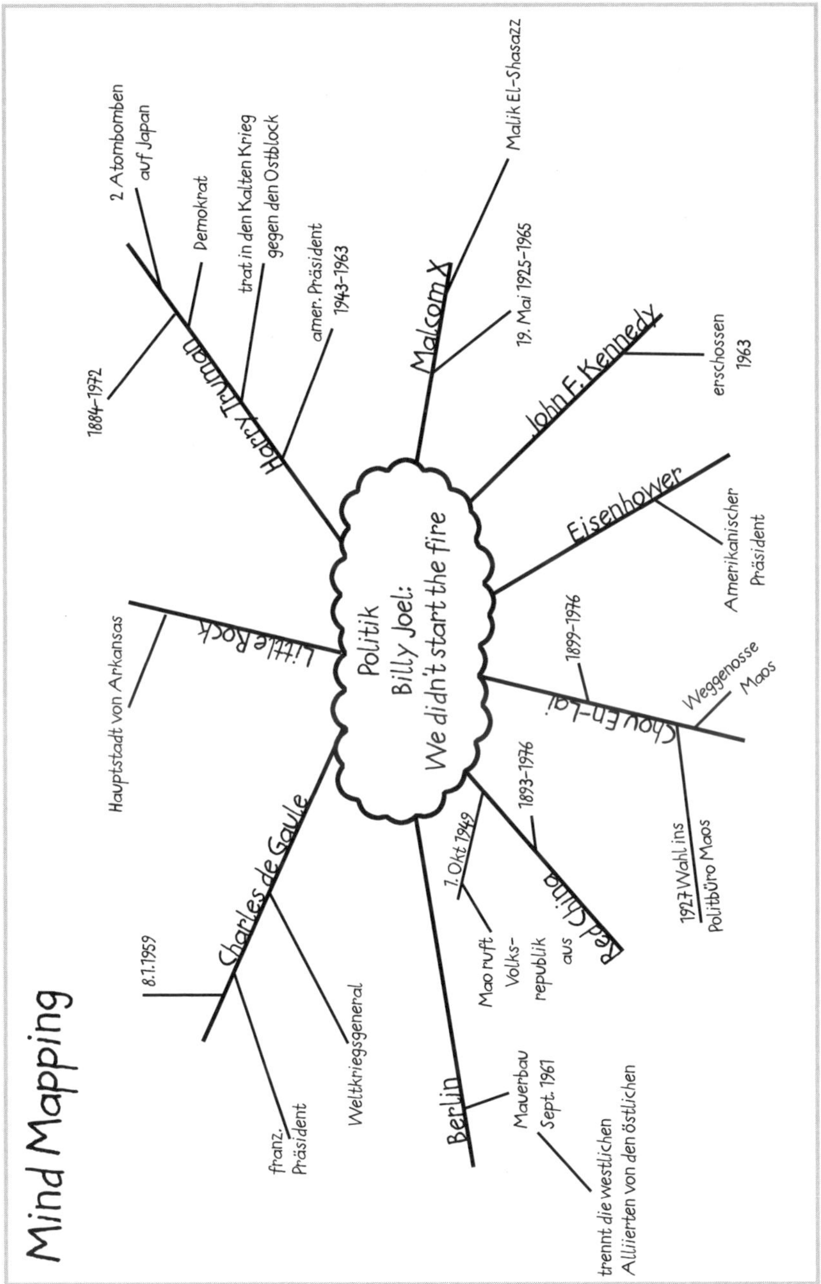

Mind Map zum Song von Billy Joel, Beispiel 2

Cluster

Das Wort „Cluster“ kommt aus dem Englischen und bedeutet soviel wie „Büschel“, „Bündel“ oder „Traube“. Diese Art der Darstellung und Verknüpfungen wird ähnlich wie Mind Maps erstellt, hat aber weniger geregelte Vorgaben. Cluster haben folgende Vorteile:

1. Die Zentral- oder Hauptidee wird deutlich herausgestellt.
2. Die relative Bedeutung jeder Idee tritt sinnfällig in Erscheinung. Wichtige Ideen befinden sich in der Nähe des Zentrums, weniger wichtige in den Randzonen.
3. Die Verknüpfungen zwischen den Schlüsselbegriffen werden durch ihre Linienverbindungen leicht erkennbar.
4. Als Ergebnis werden Erinnerungsprozess und Wiederholungstechnik effektiver und schneller.
5. Die Art der Struktur erlaubt es, neue Informationen leicht und ohne die Übersichtlichkeit störende Streichungen und eingezwängte Nachträge unterzubringen.
6. Jedes Cluster ist von jedem anderen nach Form und Inhalt deutlich unterschieden. Das ist für die Erinnerung hilfreich.
7. Im kreativen Bereich des Aufzeichnens, etwa bei der Vorbereitung von Aufsätzen und Reden, erleichtert es das nach allen Seiten offene Kartenschema, neue Ideenverknüpfungen herzustellen.

Je nach Altersstufe, in der Cluster erstellt werden sollen, finden sich diese sieben Kriterien in unterschiedlich ausgeprägter Form wieder.

Cluster haben gegenüber den Mind Maps einen höheren Grad an Flexibilität in der Darstellung und in der Bündelung. Es fehlen auch die Haupt- und Nebenäste, dafür werden Zusammenhänge durch zahlreiche Symbole und Pfeile verdeutlicht. Die individuellen Cluster müssen interpretierend präsentiert werden, da sich das Bild nicht von alleine erklärt.

Die Clusterbildung macht sich die ganzheitlichen und kreativen Fähigkeiten der Schüler zunutze, die hierbei nicht die Rolle des bloßen Stichwortgebers für den Lehrer spielen, wie das so oft zum Beispiel im gelenkten Unterrichtsgespräch der Fall ist. Die Schüler werden nicht nur auf der kognitiven, sondern auch auf der kreativen Ebene, auf der Ebene der persönlichen Einstellungen und der gesammelten Erfahrungen in den Unterricht einbezogen.

Die Clusterbildung ist – ebenso wie das Mind Mapping – eine Technik zur übersichtlichen Ordnung und Strukturierung von Informationen und als solche eine effektive Möglichkeit zur Übung der Informationsverarbeitung.

Mehr noch als das Mind Mapping aber ermöglicht die Clusterbildung den kontrollierten Zugriff auf die „subjektiven Theorien" der Schüler, also auf das, was jeder Einzelne ganz konkret an Vorwissen und Voreinstellungen zu einem bestimmten Thema oder Themenbereich mitbringt. Wir haben in unserer Berufslaufbahn kaum eine andere Methode kennen gelernt, die ähnlich gut geeignet ist, um die Schüler „dort abzuholen, wo sie stehen".

Da das Clustering noch wenig bekannt ist und einer gewissen Gewöhnung bedarf, möchten wir jetzt ausführlich ein Beispiel vorstellen, an dem exemplarisch die Vorgehensweise und die Prinzipien nachvollzogen werden können:

Im Ethikunterricht der Jahrgangsstufe 9 ist das Thema „Verhältnis Mann – Frau" in Gegenwart und Vergangenheit behandelt worden. Statt des üblichen Tests am Ende der Unterrichtseinheit sollen die Schüler sowohl ihre eigene Einstellung als auch die erworbenen Kenntnisse und Zusammenhänge durch die Kreation eines individuellen Clusters übend wiederholen und objektivieren.

Dieser Prozess beginnt bereits in der **Vorbereitungsphase**: In einer ersten etwa viertelstündigen Phase der letzten Stunde vor der Clusterbildung wird zu einem gegebenen Thema all das gesammelt und festgehalten, was den Schülern spontan einfällt. Das Gesammelte wird dann vom Lehrer zu Hause auf ein gerastertes Papier geschrieben.

Mann	Geschlechtskrank.	Glück	schlagen
Frau	Leid	Unglück	lieb gewinnen
Vater	Gewalt	Schuld	träumen
Mutter	Aggression	Verstand	streicheln
Reife	Verantwortung	Vernunft	euphorisch
Lust	Gefühle	Spannungen	unerfahren

Jeder Schüler bekommt in der nächsten Stunde diesen Bogen. Dazu erhält jeder einen großen DIN-A3-Bogen; Schere, Klebstoff und Filzschreiber oder Wachsmaler müssen selbst mitgebracht werden. Die Materialien werden an die Schüler mit folgender Erläuterung verteilt: Jeder soll die vorliegenden Begriffe in eine Struktur bringen, die seinen persönlichen und subjektiven Vorstellungen von diesem Thema entspricht und seine vorhandenen Kenntnisse zur Mann-Frau-Problematik verdeutlicht. Er muss nicht alle Begriffe nehmen, kann selber neue hinzuschreiben, und er sollte mit grafischen Mitteln, Gleichheitszeichen, „Folge-Pfeilen" oder auch anderen gestalterischen Mitteln arbeiten.

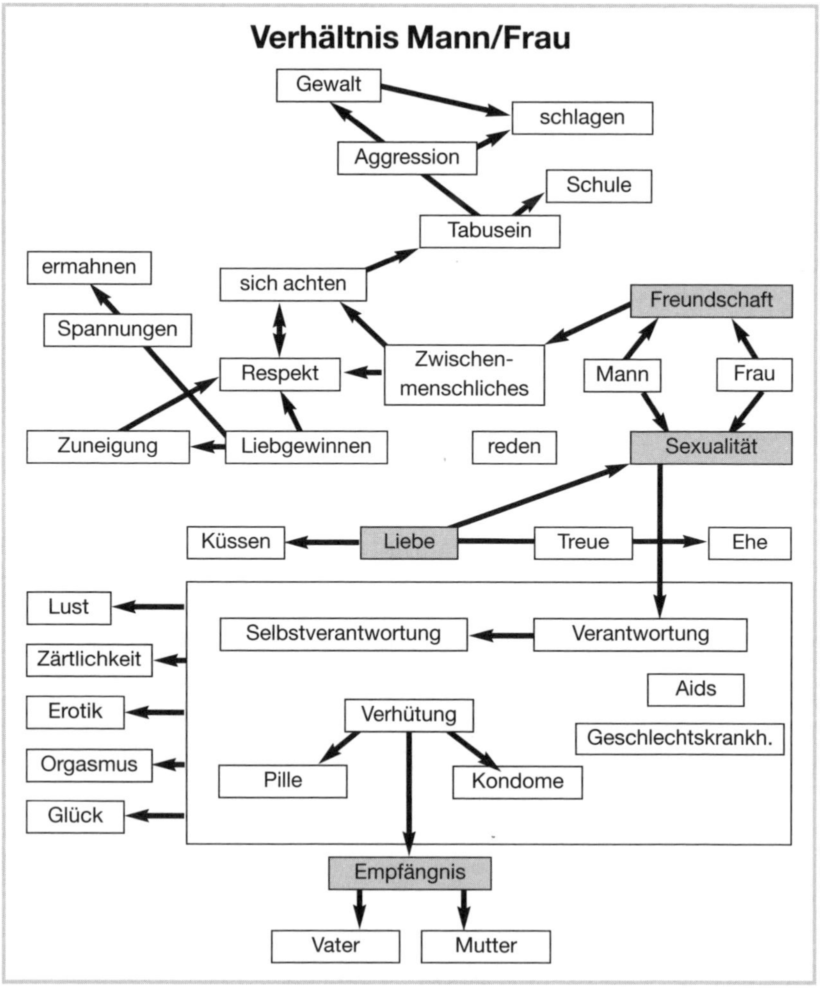

Beispiel: Cluster zum Verhältnis Mann/Frau

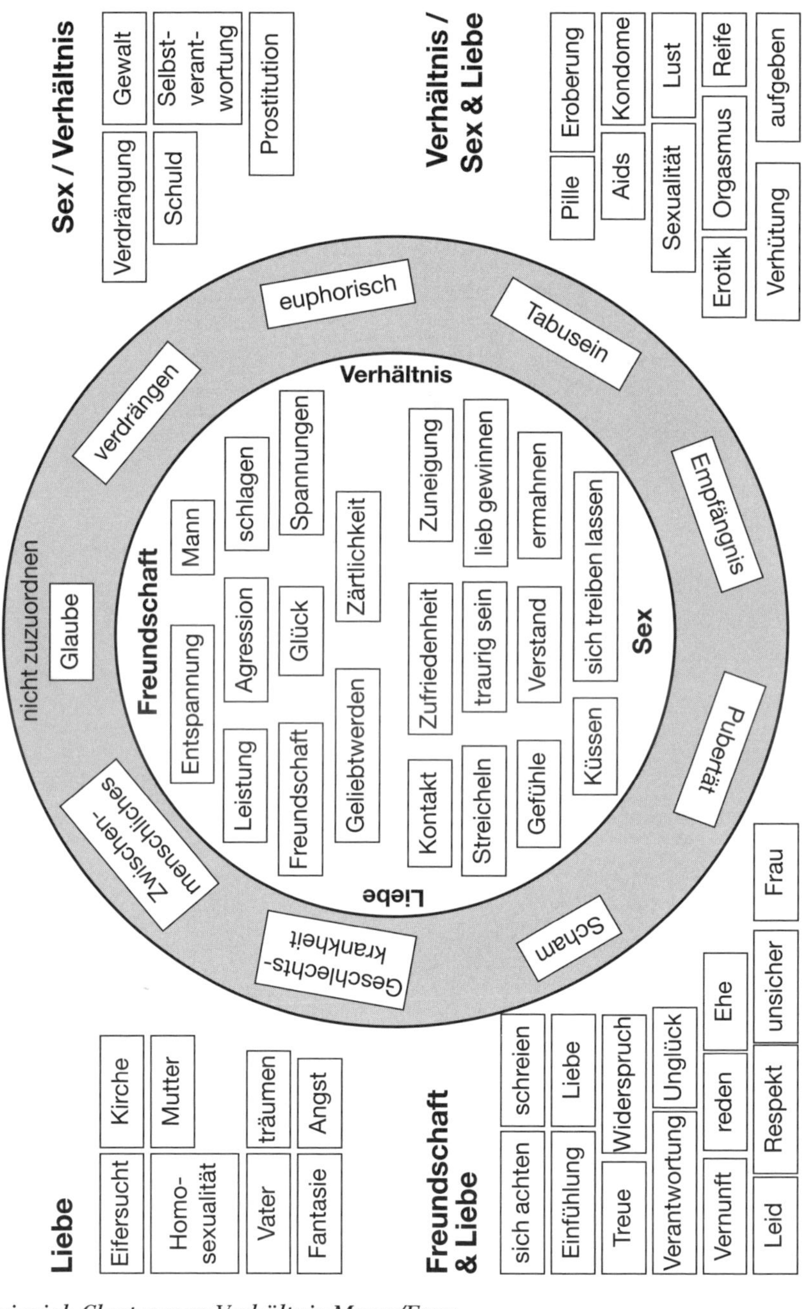

Beispiel: Cluster zum Verhältnis Mann/Frau

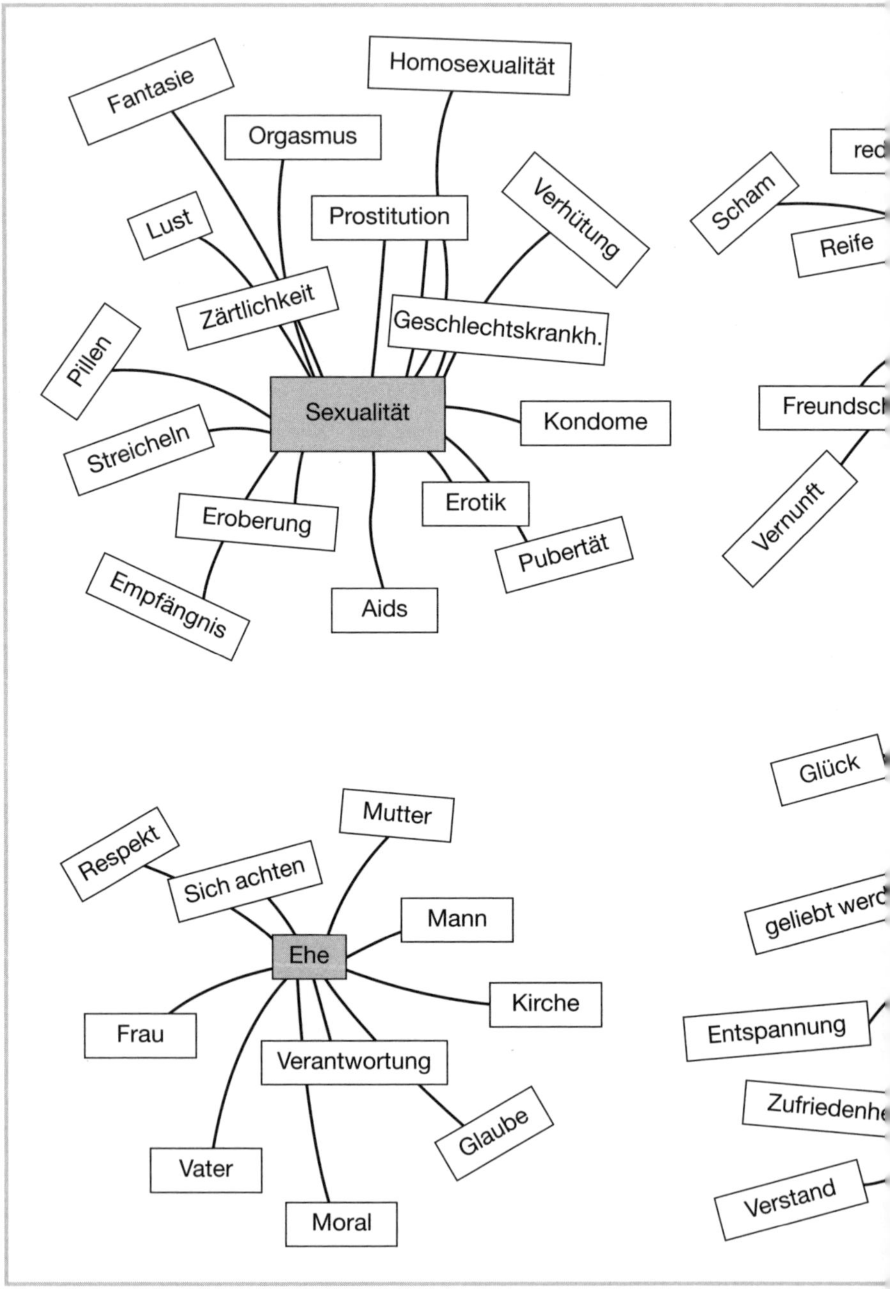
Fantasie
Homosexualität
Orgasmus
Lust
Prostitution
Verhütung
Zärtlichkeit
Geschlechtskrankh.
Pillen
Sexualität
Kondome
Streicheln
Erotik
Eroberung
Pubertät
Empfängnis
Aids
Scham
Reife
Vernunft
Glück
Respekt
Mutter
Sich achten
Mann
Ehe
Kirche
Frau
Verantwortung
Glaube
Vater
Moral
Entspannung
Verstand

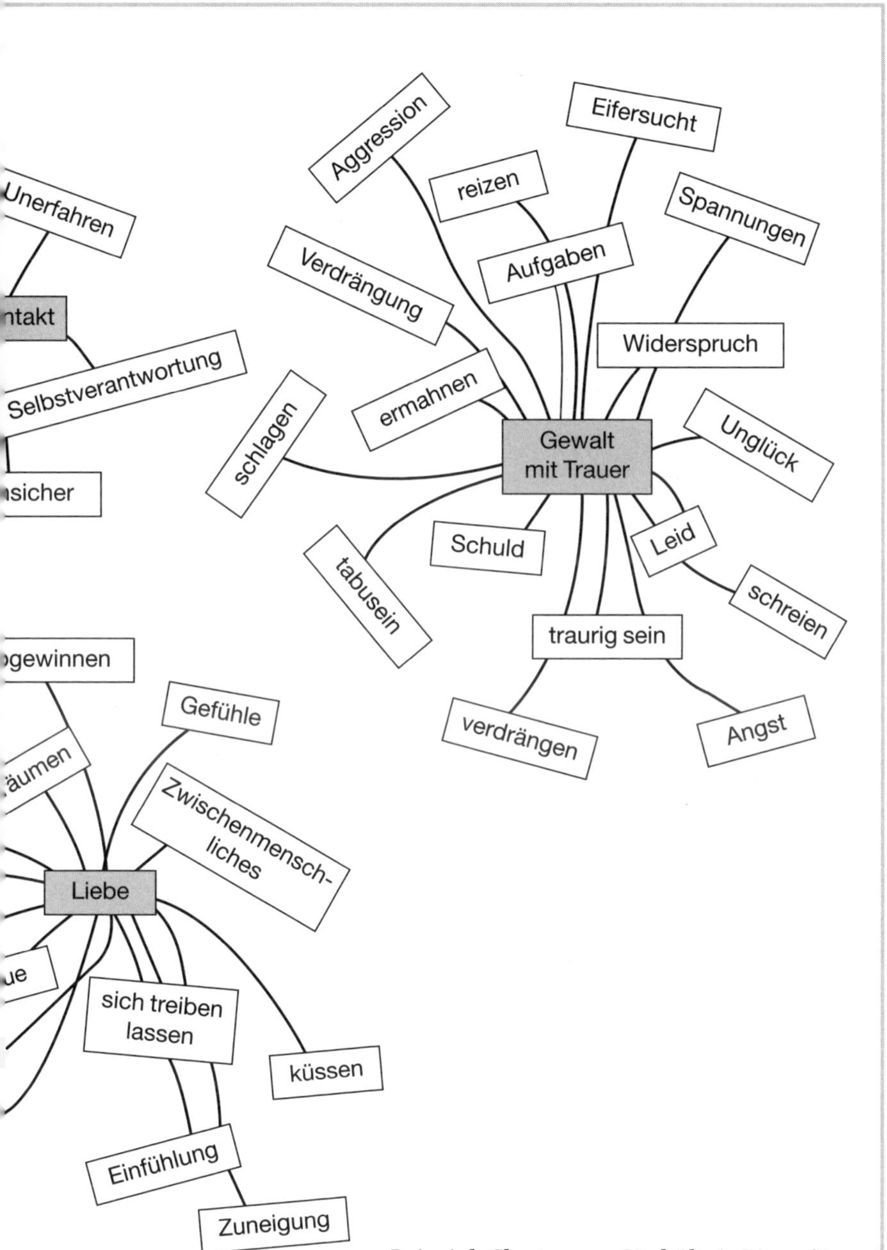

Beispiel: Cluster zum Verhältnis Mann/Frau

Die fertigen strukturierten Cluster werden vorne an die Tafel geheftet.

Meist zeigt sich, dass Schüler sehr unterschiedliches Vorwissen und sehr differierende Voreinstellungen zu einem Thema haben. Wenn jeder Schüler sein Cluster vorstellt und erläutert, werden seine Aussagen und Erklärungen nicht bewertet und nicht kritisierend kommentiert. Diese Phase der Erläuterungen nahm in unserem konkretem Beispiel eine Schulstunde Zeit in Anspruch. In geübten Klassen kann die Vorstellung der Cluster auch in Vierergruppen stattfinden, das spart eine Menge Zeit.

Die Methode des Clusterbildens unterbricht die heute feststellbare einseitige Ausrichtung auf die rein sprachlich vermittelte, kognitive Aneignung der Unterrichtsinhalte. Lehrer glauben gern an die Wirksamkeit und Effektivität des gelenkten Unterrichtsgesprächs. Wir meinen, dass Schüler, die ihr eigenes Vorwissen, ihre eigenen Erfahrungen, Urteile und Vorurteile in den Unterricht einbringen können, nicht nur engagierter und lernbereiter sind, sondern sich die Unterrichtsinhalte auch effektiver einprägen. Der Übungscharakter dieser Methode wird den Schülern häufig kaum bewusst, im Gegenteil, sie empfinden die „Schnippelei“ als lustbetont und angenehm.

Wir haben die Clusterbildung in allen Jahrgangsstufen von der Grundschule bis zum Abiturjahrgang selber eingesetzt bzw. als Hospitanten beobachtet. Das Clustering kann in allen Fächern zu den Stoffgebieten eingesetzt werden, in denen die Schüler schon ein mehr oder weniger komplexes Vorverständnis haben. Dieses vorhandene Vorverständnis wird durch das Clustering noch einmal intensiv aktiviert und um neue Kenntnisse und Erkenntnisse erweitert.

Sortiertechniken

Sortieren bedeutet, Ordnung in eine künstlich produzierte oder natürlich bestehende Unordnung zu bringen. Ordnung schaffen bezeichnet im umgangssprachlichen wie im wissenschaftlichen Sinn nichts anderes als das Vorhaben, diese vielen einzelnen und einzigartigen Gegenstände oder Sachverhalte in ein System zu bringen, das übergeordnete Gesichtspunkte und Gemeinsamkeiten enthält. Der Ordnungschaffende muss abstrahierend vorgehen, indem er klassifizierende Eigenschaften von unwichtigen trennt.

Das Sortieren ist daher eine Technik, die sich besonders gut für die übende Wiederholung eignet und sowohl dem Lehrer als auch dem Schüler selbst Wissenslücken sowie methodische Defizite sichtbar macht. Die zwei didaktischen Hauptziele des Sortierens lassen sich wie folgt formulieren:

1. Die Schüler müssen ein thematisch angemessenes Strukturierungssystem entwickeln, das nicht zu viele, aber auch nicht zu wenige Kategorien enthalten darf und aussagekräftig sein muss für die Zwecke, für die man es benötigt.
2. Die Schüler müssen die einzelnen Elemente des zu wiederholenden Stoffes diesen selbst entwickelten Kategorien begründet zuordnen.

Was das Sortieren als Übungsmethode so leicht handhabbar und effektiv macht, ist die Tatsache, dass es praktisch eine Selbstkontrolle enthält: Wenn sich Elemente nicht einordnen lassen, muss das Kategoriensystem modifiziert oder das Element aus dem Kreis des zu Ordnenden eliminiert werden.

1. **Kartenabfragetechnik:** Ausgangspunkt der Kartenabfrage ist die Sammlung von Informationen und erworbenem Faktenwissen mit Hilfe von Karten. Entweder in einer kleinen Gruppe oder auch mit der ganzen Klasse werden die Ideen der Schüler jeweils auf einzelnen Karten notiert und gesammelt. Man kann diese Karten entweder an die Tafel, an einzelne Pinwände der Gruppen, auf eine vorbereitete Wandzeitung aufhängen oder auf dem Fußboden auslegen. Gemeinsam strukturieren die Schüler dann die gesammelten Ideen. Nicht verständliche Vorschläge werden aussortiert und fehlende Begrifflichkeiten und Ideen können beliebig ergänzt bzw. erweitert werden. Mit Hilfe von Symbolen, Pfeilen, Farben und Bildern können Zusammenhänge dargestellt und Strukturen visualisiert werden.

Die vier Schritte der Kartenabfrage:

- Ideensammlung
- Strukturierung
- Visualisierung
- Ergänzung

Diese Möglichkeit der strukturierenden Übung hat das Ziel, das Vorwissen und die Ideen der Schüler zu sammeln und zu ordnen. Ein weiterer Vorteil ist die Notwendigkeit der Zusammenarbeit mit anderen, so können eigene Wissenslücken entweder durch die Gruppenmitglieder oder auch vom Lehrer geschlossen werden. Außerdem wird durch die Sammlung der Ideen das Gehirn zum weiteren Nachdenken angeregt und kann durch die Assoziation mit den Ideen der anderen Karten eventuell schon verschüttet geglaubtes Wissen wieder aktivieren. Durch die Visualisierung der Ideen entstehen auf einer zweiten Ebene Bilder in den Köpfen der Schüler, die wiederum zu neuen und weiteren Vorschlägen führen können. Ebenso können logische Verknüpfungen von Sachverhalten, Gliederungen und mögliche Schwerpunkte herausgearbeitet werden.

Wir haben die Erfahrung gemacht, dass diese Übung zur Strukturierung sehr hilfreich ist zur Vorbereitung auf eine Klassenarbeit oder auf einen längeren Vortrag. Auch nach dem Lesen einer Lektüre sind die Schüler sehr gut in der Lage, in Vierergruppen mit Hilfe der Karteikarten den Inhalt des Buches wiederzugeben. Durch das Ordnen der Karten können sie Zusammenhänge zwischen einzelnen Ereignissen visualisieren, Beziehungen zwischen einzelnen Personen herstellen und mögliche Handlungsstränge herauskristallisieren.

Durch das systematische Üben dieser Technik sind unsere Schüler mittlerweile ganz selbstverständlich in der Lage, immer dann die Kartenabfrage einzusetzen, wenn sie mit Freunden oder Mitschülern zusammenarbeiten, eine Arbeit vorbereiten oder den Inhalt eines Buches wiedergeben. Diese Strukturierungsübung eignet sich besonders für die Arbeit in Gruppen oder eventuell mit der ganzen Klasse. Wenn Schüler allein arbeiten, dann sind eher Methoden wie das Mind Mapping oder die Clusterbildung geeignet.

Beispiel: Kartenabfrage, 6. Klasse, Thema: „Computer“

Mit Eintritt in die Sekundarstufe I zeigen die Schüler großes Interesse an der Arbeit und dem Spielen mit Computern. Nicht alle Schüler bringen umfangreiche Vorkenntnisse aus der Grundschule mit und nicht jeder hat einen PC zu Hause. Wir haben eine Einheit zum Thema durchgeführt, an deren Ende ein „Computerführerschein“ stand. Mit Hilfe der Kartenabfrage haben wir das Vorwissen und die Ideen der Schüler gesammelt und strukturiert.

Thema: „Warum Computer faszinieren“

Das Thema wurde auf ein großes Plakat geschrieben und in die Mitte des Klassenraumes gelegt.

Verabredungen: Damit die Schüler alles lesen können, müssen vorher einige Verabredungen getroffen werden. Das Schreiben mit dicken Stiften und mit großer Schrift in Druckbuchstaben oder Blockschrift hat sich als hilfreich erwiesen. Lange Sätze eignen sich nicht für die Kartenabfrage, sondern einzelne Begriffe oder Schlagworte sind besser zu lesen.

Kartenabfrage: Jede Vierertischgruppe erhält kleine Karteikarten, auf denen jeder Einzelne seine Ideen notiert (pro Karteikarte eine Idee).

Sortierung: Innerhalb der Tischgruppe werden die beschriebenen Karteikarten besprochen und sortiert. Doppelte und uninteressante Vorschläge werden aussortiert, fehlende Ideen werden durch weitere Karten ergänzt.

Sammlung: Alle Karteikarten der Gruppen werden eingesammelt und unsortiert aufgehängt (jeweils von einem Tischgruppenmitglied).

Tuschelpause: Die Schüler erhalten die Möglichkeit, die Karteikarten innerhalb von fünf bis zehn Minuten zu lesen, um sich so einen Überblick über die Ideen zu verschaffen. Natürlich können sie sich in angemessener Lautstärke mit ihren Tischnachbarn oder innerhalb ihrer Tischgruppe unterhalten und austauschen.

Strukturierung: Gemeinsam werden jetzt Mehrfachnennungen aussortiert, ähnliche Karten zusammengefasst und über- oder untereinander gehängt.

Visualisierung: So entsteht ein großer Plan, auf dem sich durch Bilder, Farben und Pfeile langsam eine Struktur entwickelt.

Der so entstandene und besprochene Kartenplan bildet die Grundlage für die folgenden Stunden zur Computerarbeit.

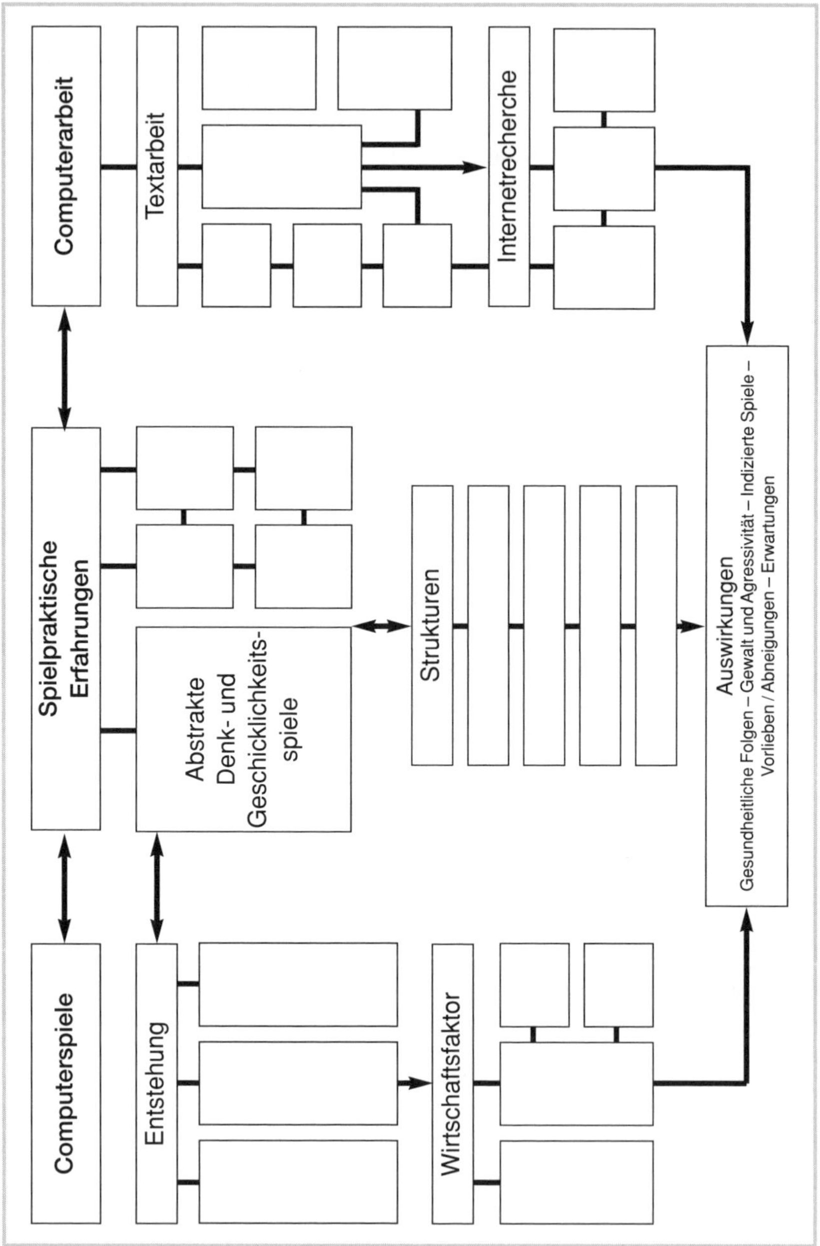

Beispiel (Auszüge): Kartenabfrage

2. **Kartenspiel „Zwei aus Drei“:** Mit Hilfe dieses Karteikartenspiels sollen thematische Sortierungen vorgenommen werden, bei denen die Schüler selber die Kriterien der ordnenden Kategorien entwickeln und bestimmen. Die Grundidee dieses Verfahrens ist einfach zu beschreiben: Es sollen je drei Elemente so geordnet werden, dass zwei von ihnen eindeutig eine von den Befragten selbst zu bestimmende Gemeinsamkeit aufweisen, die das dritte nicht hat. Wir werden dies in den nächsten Abschnitten konkretisieren. Da die Befragten selbst die Ordnungskategorien finden, hat das Methodische hier großes Gewicht: Scheinbare Nebensächlichkeiten, an die der Lehrer bei der Vorbereitung vielleicht gar nicht gedacht hat, können das Gesamtverfahren modifizieren.

   Diese Methode lehnt sich an die von G. Kelly entwickelte „Grid-Technique“ an (KELLY 1955), ist aber für die entsprechenden Altersstufen von uns variiert und methodisch vereinfacht worden.

   Für den Einsatz dieser Methode muss eine entsprechende Anzahl von Karteikarten mitgebracht werden. Weitere Voraussetzungen und Vorbereitungen sind nicht notwendig.

Beispiel: „Zwei aus Drei“ im Musikunterricht

Im Musikunterricht einer 7. Klasse will die Lehrerin mit den Schülern die gegenwärtige Popmusik besprechen, also die Musikgruppen und Stilrichtungen, für die sich Zwölf- bis Vierzehnjährige interessieren. Das Ziel der Einheit soll eine altersgemäße Analyse der verschiedenen Musikrichtungen, ihrer Techniken und Stereotypen sein. Sie beginnt die Einheit mit dem „Zwei-aus-Drei“-Spiel. Nachdem sie das neue Thema bekannt gegeben hat, fordert die Lehrerin am Beginn der Doppelstunde die Schüler auf, die zehn Popgruppen zu nennen, die im Moment zu ihren Favoriten zählen. Spontan kommen die Namen der Musikgruppen, die die Lehrerin an der Tafel notiert. Nach einigen Minuten befinden sich fast dreißig Namen an der Tafel, und jetzt wird über die zehn bekanntesten und beliebtesten abgestimmt. Am Ende dieser Phase werden Zweiergruppen gebildet, und jede erhält zehn Karteikarten, auf denen sie die Namen der zehn ausgewählten Popgruppen notieren soll.

Die Schüler erhalten jetzt folgenden Arbeitsauftrag: „Mischt die Karten gründlich und deckt drei auf. Legt zwei dieser Popgruppen unter einem gemeinsamen Merkmal zusammen. Die dritte Gruppe muss eindeutig aus dieser Gemeinsamkeit ausgeschlossen werden. Führt diese Übung so lange hintereinander im Wechsel in Partnerarbeit durch, bis euch keine gemeinsamen Merkmale mehr einfallen. Notiert alle Merkmale und Kriterien auf einem Blatt Papier.

Besprecht anschließend in eurer Tischgruppe die gefundenen Merkmale. Stellt eine nach Wichtigkeit geordnete Rangfolge der Merkmale auf.

Fertigt dann eine Tabelle an, in die ihr die Popgruppen eintragt und links und rechts die von euch benannten Merkmale notiert. In einer Rangfolge von 1 bis 5 könnt ihr dann zu den einzelnen Popgruppen die entsprechenden Merkmale eintragen."

	Jennifer Lopez	Eminem	Die Gerd Show	Herbert Grönemeyer	Madonna	Jeanette	Stefan Raab	Shakira	Bro'sis	Phill Collins	Sarah Connor	No Angels	Robbie Williams	Rosenstolz	Pink	Christina Aguilera	
ernst	2	1	5	1	2	3	5	3	3	2	3	3	4	2	2	3	witzig
aggressiv	3	1	2	4	2	4	2	3	2	3	2	4	4	3	2	2	ruhig
verstandes-betont	3	2	2	5	3	4	2	4	3	2	2	3	2	2	4	2	gefühlsbetont
gecastet	4	3	4	5	5	3	3	4	1	4	3	1	2	3	4	3	selbst zusammengestellt
outfitbetont	1	2	1	5	3	2	4	3	2	4	2	2	4	4	3	2	musikbetont
anspruchsvolle Musik	3	3	5	1	2	5	5	2	4	2	3	3	1	2	2	2	einfache Musik
Rock	4	2	5	2	3	5	4	4	5	2	3	4	2	4	3	4	Pop

Am Ende dieser Stunde sind sich alle Schüler einig, dass dieses Sortierverfahren ihnen viel Spaß gemacht hat. Sie hatten wie sonst selten zuvor die Möglichkeit, ihre individuellen Vorlieben und Kenntnisse in den Unterricht einzubringen und den weiteren thematischen Unterrichtsverlauf festzulegen und zu strukturieren. Fragwürdigkeit wie Berechtigung dieser soziologischen, psychologischen und musikalischen Kategorien sowie ihre Aussagekraft können auf der Basis der Tabellen in den folgenden Stunden ausführlich erörtert und vertieft werden.

Das Verfahren erfordert von den Schülern ein hohes Maß an diszipliniertem und kooperativem Verhalten miteinander. Dies wird sicherlich erleichtert bei Themen, die sie sehr interessieren und bei denen sie ihre Vorlieben einbringen können.

Sie können ebenfalls lernen, dass Nebensächlichkeiten, die sie im freien Gespräch in der Gruppe nennen, hier eine große Rolle spielen und für die Planung eine Notwendigkeit sind.

Die Zwei-aus-Drei-Technik fördert gleichermaßen die methodische Kompetenz wie die inhaltliche Intensivierung der Arbeit, denn die methodische Experimentalsituation durch die möglichen Kartenkombinationen läßt den Schülern die eigenen Denk- und Verständnisstrukturen bewusst und deutlich werden.

Problematisch ist natürlich die große Offenheit der Methode, die eine weitere Vorplanung auf Lehrerseite zumindest sehr erschwert. Die Ergebnisse der Gruppen können so unterschiedlich sein, dass ein gemeinsamer „roter Faden" für die weitere Unterrichtsplanung nicht gefunden werden kann. Ein Ausweg aus diesem Dilemma könnte sein, die gesamte Unterrichtseinheit weiter differenziert als Gruppenphase zu betreiben. Die Schlusspräsentation könnte in so einem Fall sogar besonders aufregend verlaufen.

Schüler, die das vorgegebene Thema nicht interessiert und die sich nicht zur Kooperation zwingen, können die Vorgehensweise verhältnismäßig leicht „sabotieren", indem sie sachlich unsinnige Zuordnungen vornehmen. Solange dieses Einzelfälle bleiben, relativiert sich das destruktive Verhalten in der Tischgruppenarbeit und spätestens bei der Präsentation.

Didaktische Anmerkungen zu den Strukturierungstechniken

Mit Hilfe von Sortieraufgaben können Schüler das übend wiederholen, was sie aus vorangegangenen Stunden, Einheiten oder Schuljahren an Informationen behalten haben. Durch diese eher spielerische Ebene werden sie auf andere Art und Weise als im Regelfall im Unterricht noch einmal aufgefordert, auch weiter zurückliegende Inhalte zu wiederholen, aufzufrischen und zur Strukturierung einzusetzen. Es macht für die Schüler unmittelbar Sinn, dass größere Datenmengen sortiert und nach bestimmten Kriterien geordnet werden müssen. Zudem ist es in einem differenzierten Unterricht immer wieder notwendig, dass verschiedene Arbeitsgruppen zu unterschiedlichen Themen arbeiten. Wenn den Schülern das Üben Spaß macht, wenn sie den

Sinn sehen und „es gebrauchen" können, dann bietet sich durch den regelmäßigen Einsatz dieser Methode die ideale Grundlage. Der Anspruch an die Kategorienbildung und das umfangreicher werdende Vorwissen unterstützen die systematische Anwendung.

Einschränkungen beziehen sich auf alle streng sachlogischen Themen – ein Cluster oder ein Karteikartenspiel zu den Algorithmen der Infinitisimalrechnung zum Beispiel können wir uns nur schlecht vorstellen.

Verwenden können Sie diese Techniken des Übens mit einer entsprechenden altersgemäßen Zurichtung von der ersten Grundschulklasse an, denn Ordnung in ein Durcheinander zu bringen macht auch kleineren Schulkindern Spaß und fördert ihre Fähigkeiten und trainiert ihr Gedächtnis. Nach oben gibt es keine Grenzen, bei entsprechend komplexen Anforderungen hat die Methode in der Oberstufe, in der Universität und in der Erwachsenenbildung ihren Platz. Man kann zum Beispiel Lehramtsstudenten sehr gut alle Bereiche vorgeben, die bei der Unterrichtsvorbereitung eine Rolle spielen, und sie diese dann in eine hierarchische Struktur bringen lassen – eine verzwickte, aber reizvolle Aufgabe, an der die Geister sich deutlich scheiden!

Auch im Fächerkanon ist das Sortieren eine universell einsetzbare Methode, denn Strukturen und Kategorisierungen gibt es in jedem Fach auf jeder Alters- und Schulstufe. Voraussetzung ist aber immer, dass die Schüler schon fundierte Sachkenntnisse mitbringen müssen, damit sie zum Beispiel im Fremdsprachenunterricht Wortklassen bilden können. Wenn es überhaupt keine Ansatzpunkte für eine mögliche Systembildung gibt, können wir keine Kategorisierungen vornehmen.

Alle Formen von Sortieraufgaben können besonders gut zur individuellen Strukturierung des Wissens und Vorwissens eingesetzt werden.

Schaubilder sinnvoll einsetzen

„Ein Bild sagt mehr als tausend Worte!" – Dieses Zitat ist zwar ursprünglich auf Zeitungsfotos gemünzt, lässt sich aber ohne weiteres übertragen: Mit einem Säulendiagramm, einer Tabelle oder einem Flussdiagramm lassen sich häufig komplexe Informationen zielsicher auf den Punkt bringen und umständliche, langatmige Erläuterungen effektiv vermeiden. Der Pferdefuß bei der Sache ist, dass nach unseren Erfahrungen sehr viele Schüler immer wieder Probleme mit der Auswertung dieser Schaubilder haben und oft an fast banalen Unzulänglichkeiten scheitern.

Grafiken, Tabellen und Diagramme

Grafiken, Tabellen oder Diagramme müssen richtig gelesen, sorgfältig interpretiert und methodisch kontrolliert ausgewertet werden, um gravierende Fehler zu vermeiden. Besonders problematisch ist, dass man zwar häufig mit einem Blick erkennen kann, was ein Schaubild darstellen soll, aber seine Aussagekraft (und das, was es verschweigt) damit aber noch lange nicht klar und geklärt ist.

Wir würden zwar nicht so weit gehen wie Winston Churchill, von dem angeblich der bekannte Ausspruch stammt: „Ich traue nur den Statistiken, die ich selbst gefälscht habe." Aber die Manipulationsmöglichkeiten von Schaubildern – zum Beispiel durch die Wahl des Maßstabs – müssen von Schülern in sorgfältigen Übungen erkannt und durchschaut werden.

Zunächst sollte mit den Schülern die Art der grafischen Darstellung geklärt werden. Es gibt verschiedene Arten der Visualisierung (vgl. S. 190):

- Listen und Tabellen: Urlisten, Strichlisten, Häufigkeitstabellen
- Diagramme: Säulendiagramme, Balkendiagramme, Stabdiagramme, Bilddiagramme (Piktogramme), Kreisdiagramme, Blockdiagramme
- Flussdiagramme (Organigramme)
- Kurvendiagramme (Funktionen, Relationen)

Nicht nur das richtige Lesen ist unabdingbar zum angemessenen Verständnis von Schaubildern, sondern mindestens ebenso wichtig sind das methodisch kontrollierte Vergleichen und Interpretieren des Datenmaterials.

Schüler sollten – und das nicht nur im Mathematikunterricht – lernen, eigene Schaubilder zu erstellen und fertige auszuwerten. Insbesondere in den Fächern Politik, Geografie, Geschichte und Biologie werden Tabellen und grafische Darstellungen entsprechend der Vorlage der Daten entwickelt und grafisch umgesetzt. Schüler müssen das Erstellen systematisch und regelmäßig üben.

In den Jahrgängen 5/6 werden im Regelfall einfache Schaubilder interpretiert und angefertigt. Hier lernen und üben die Schüler den Umgang mit Datenmaterial und lernen unterschiedliche Darstellungen kennen. In den Jahrgängen 7/8 werden sowohl im Mathematikunterricht als auch in den anderen Fächern unterschiedliche Diagramme behandelt und deren Einsatzmöglichkeiten anhand von zahlreichen Beispielen geübt. So sind die Schüler dann in der Lage, statistische Erhebungen grafisch mit Hilfe von Diagrammen zu veranschaulichen. Zuerst werden Daten erhoben (Umfrage, Interview, Fragebogen etc.), die mit Hilfe von Ur-, Strich- oder Häufigkeitslisten

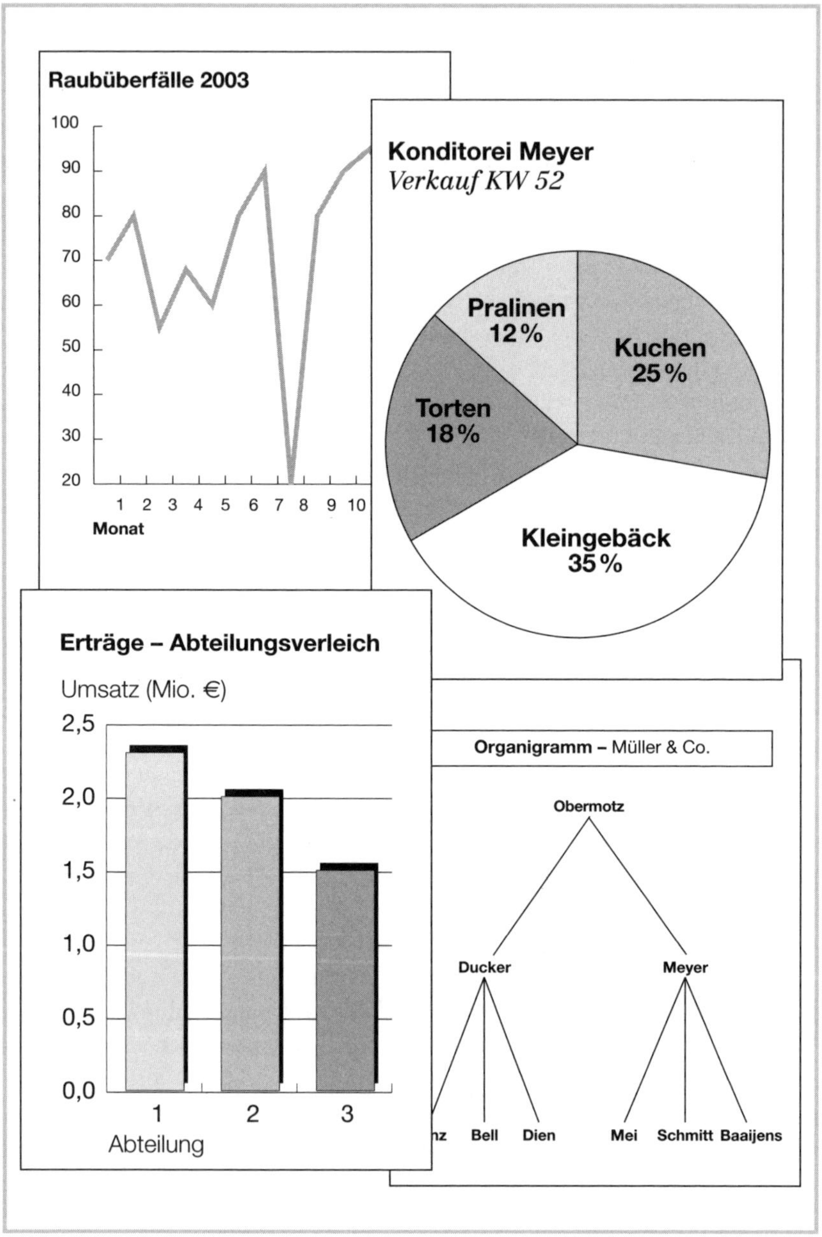

Beispiele für Diagramme

festgehalten werden. Dann müssen die Angaben korrekt in ein geeignetes Diagramm übertragen werden. Dafür müssen die Schüler in der Lage sein, abzuschätzen, welche Form des Diagramms die Erhebung am angemessensten wiedergibt. Nach unseren Erfahrungen sind sie es aber nur dann, wenn sie regelmäßig den Umgang mit Schaubildern geübt und trainiert haben.

Säulen-, Torten- und Kurvendiagramme sind besonders dazu geeignet, Entwicklungen und Tendenzen zu verdeutlichen – man kann mit ihnen allerdings auch gewaltig manipulieren! Allein die Wahl eines Maßstabes bei einem Kurven- oder Säulendiagramm zum Beispiel kann dessen Aussagen extrem beeinflussen: Je kleiner man den Maßstab auf einer der beiden Achsen wählt, desto größer werden die Ausschläge der Kurve. Man sollte also bei der Auswertung und Interpretation von Diagrammen die Schüler dahingehend trainieren, darauf zu achten, ob die Aussagen angemessen deutlich sind oder ob sie übertrieben und dramatisiert oder aber auch künstlich heruntergespielt wirken.

Ebenfalls müssen Schüler durch entsprechendes Üben einen Blick dafür entwickeln, was das jeweilige Diagramm durch die Wahl des Forschungsdesigns verschweigt oder verzerrt – zum Beispiel: Ist die Erhebungsstichprobe groß genug, um wirklich repräsentativ zu sein? Wurden Suggestivfragen gestellt? Was wurde nicht erfragt? Natürlich werden in den überwiegenden Fällen diese Details des Forschungsdesigns gar nicht veröffentlicht – aber genau das kann und muss dann eben auch zum Thema der kritischen Analyse gemacht werden!

Beispiel aus dem Politikunterricht

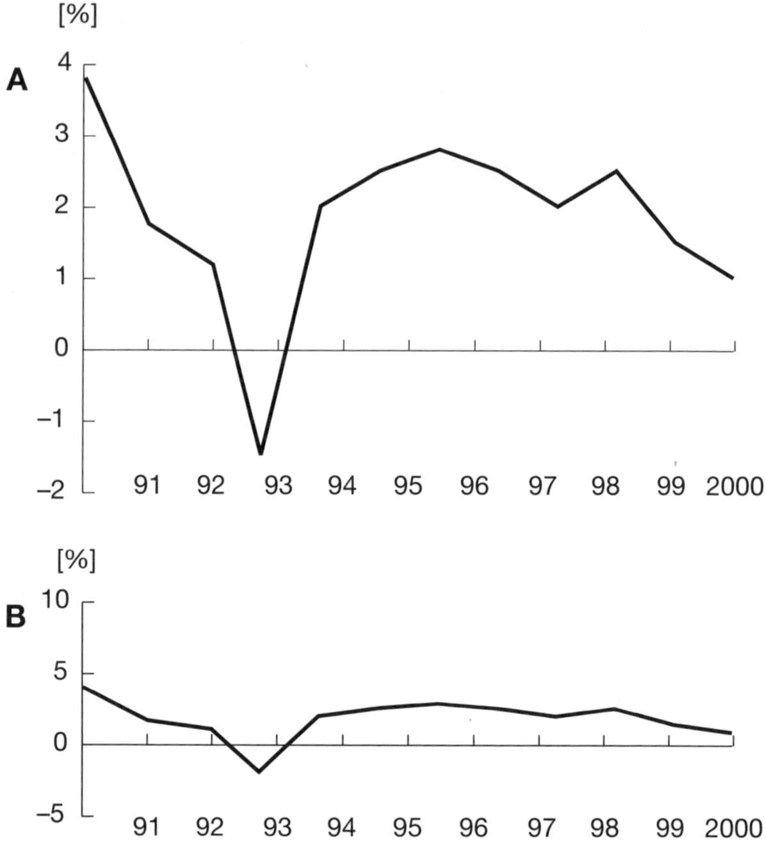

Politik Klasse 10 b, Schuljahr 2002/03, AB Nr. 23
Hinweise/Hilfestellungen zur Auswertung und Interpretation von Tabellen und Diagrammen

Die Schritte 1 und 5 erfordern die Aktivierung vorhandenen (oder sich anzueignenden) **Vorwissens,** da sie über die reinen Zahlen hinausgehen und daher Kenntnisse verlangen, die sich aus der Deutung der bloßen Zahlen nicht ergeben! Schritt 1 ist dennoch im Regelfall notwendig.

Also wie kann man so eine Aufgabe angehen? Zunächst einmal sollte man:

1. Schritt:

Kurz erläutern, was die Tabelle/das Diagramm überhaupt zeigt und welche Hintergründe sie/es hat.

- Was ist das genaue Thema?
- Welche Zusammenhänge werden untersucht?
- Was ist an der Tabelle/dem Diagramm aktuell wichtig/von Bedeutung?

2. Schritt:

Beschreibung des „Forschungsdesigns“

- Wer hat die Untersuchung durchgeführt?
- Wie groß war die Erhebung?
- Wer wurde wie befragt?
- Wann war die Untersuchung?
- Wie lauteten die Fragen und Alternativen?
- Aber auch: Was sagt die Tabelledas Diagramm nicht aus?

3. Schritt:

Genaue Beschreibung der Tabelle/des Diagramms

- Welche äußere Form wurde gewählt?
- Wie sind die grafischen, bildlichen, zeichnerischen Hilfsmittel?
- Wie ist der gewählte Maßstab?

4. Schritt:

Die eigentliche Interpretation der Zahlen

- Welche der Spalten und/oder Reihen sind wichtig, welche eher unwichtig?
- Wie kann man sich also primär orientieren?
- Kann man Teile der Tabelle/des Diagramms zu größeren (Sinn-) Abschnitten ordnen?
- Welche Zahlen laufen auffällig „aus dem Ruder“ ?
- Kann man einzelne Abschnitte übergreifend zusammenfassen?

5. Schritt (aber nur, wenn ausdrücklich verlangt!)

Erörterung der Ursachen derjenigen Entwicklungen, die durch die Zahlen ausgedrückt werden

- Welche (zum Beispiel geschichtlichen, gesellschaftlichen, naturwissenschaftlichen ...) Ereignisse könnten für das gesamte Zahlenwerk, aber auch für die auffälligen Eigenarten und Besonderheiten und Kontinuitäten verantwortlich sein?
- Welche Ursachen könnten sich hinter diesen Ereignissen verbergen?
- Wie sind diese Ereignisse/Ursachen zu beurteilen?
- Welche Folgerungen/Konsequenzen für die Zukunft ergeben sich?

Visualisierungsmittel „Flussdiagramm": Flussdiagramme (auch Organigramme genannt) sind in besonderer Weise geeignet, um Verlaufs- bzw. Entscheidungsprozesse grafisch sicht- und nachvollziehbar zu machen. Die eigentliche Stärke dieser Form der optischen Aufbereitung liegt in der ebenso deutlichen wie strukturierten Darstellung von Prozessen, bei denen an bestimmten Stellen zwei oder mehr Alternativen möglich sind. Die Konsequenzen, die die Entscheidung für jeweils eine der Alternativen hat, lassen sich bis ins Detail grafisch darstellen. Flussdiagramme werden allerdings sehr leicht unübersichtlich, nämlich dann, wenn man der Versuchung erliegt, zu viel in so ein Diagramm hinein zu „packen". Dies schüchtert die Zuhörer durch die Überfrachtung mit Informationen eher ein.

Schüler müssen daher – aufsteigend von den unteren Klassen – lernen, Flussdiagramme zu lesen und zu interpretieren, um nicht vorschnell vor Unübersichtlichkeit und Komplexität zu kapitulieren, denn schon der simple Gebrauch eines Fahrkartenautomaten im öffentlichen Nahverkehr verlangt heutzutage einiges an Übersicht und Vorstellungsvermögen in Bezug auf Flussdiagramme.

Ein Schülerübungsprogramm für den Umgang mit Flussdiagrammen muss natürlich einerseits den Komplexitätsgrad analog zur Altersstufe berücksichtigen und sich andererseits an folgenden Gesichtspunkten orientieren:

- Welches Thema beschreibt das Flussdiagramm?
- Was sagt das Flussdiagramm überhaupt aus?
- Was bleibt außerhalb der Darstellung, wird ignoriert und nicht in die Darstellung aufgenommen?

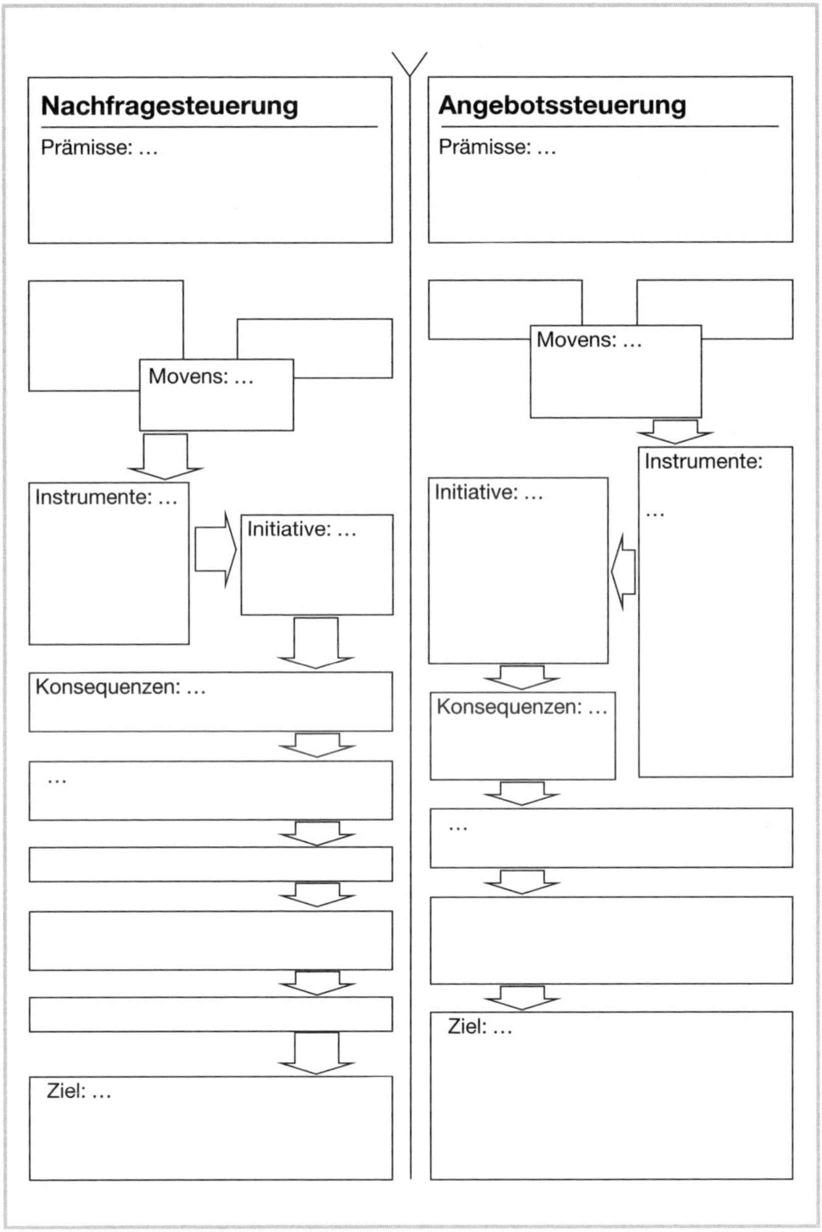

Flussdiagramm: formales Beispiel

- Von welcher Art sind die logischen Verknüpfungen und Verzweigungen? Sind es klare Ja-/Nein-Alternativen? Geht es um Entscheidungen vom „Wenn/Dann"-Typus? Sind fakultativ mehrere Möglichkeiten parallel gegeben?
- Kann die Aussage des Diagramms auf eine oder einige wenige Hauptaussagen elementarisiert werden?

Planungstechniken

Die Grafik auf S. 197 verdeutlicht die Verknüpfung der nachfolgend vorgestellten Planungstechniken.

Organisation

Managment von:

Arbeitsmaterial

- Vorhandene Materialien vor Beginn einer Übung (zum Beispiel Quellentexte, Formelsammlungen, Lexika etc.) auf Vollständigkeit prüfen und griffbereit hinlegen.
- Kopien derjenigen Materialien, in denen nicht unterstrichen oder etwas markiert werden darf, anfertigen und bereitlegen.
- Diejenigen Materialien, die für das Thema ungeeignet sind, vom Arbeitsplatz wegnehmen und entsprechend einsortieren.

Systematisierung

- Zur Ordnung und Archivierung der eigenen Materialien (Karteikarten, Pinwände, Datenbänke im Computer etc.) ein übersichtliches System entwickeln.
- Benötigte Hilfs- und Schreibmittel in unmittelbarer Nähe des Arbeitsplatzes deponieren.
- Blätter zum Schreiben und Ausdrucken, Notizblöcke etc. griffbereit halten.
- Bücher und Arbeitsmaterialien nach Fachbereichen oder Fächern ordnen und hinstellen.
- Ablagen für erledigte und unerledigte Aufgaben schaffen und diese auch nutzen.

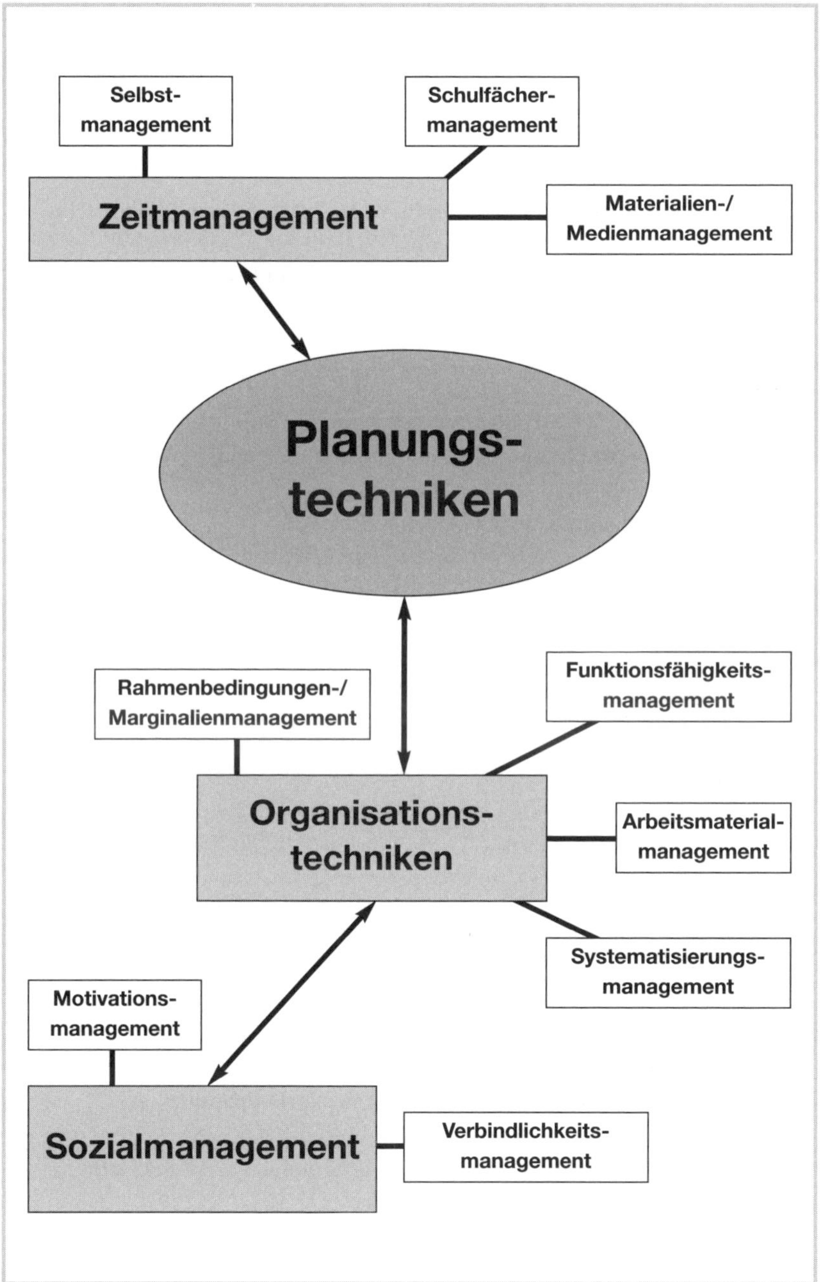
Selbst-
management
Schulfächer-
management
Zeitmanagement
Materialien-/
Medienmanagement
Planungs-
techniken
Rahmenbedingungen-/
Marginalienmanagement
Funktionsfähigkeits-
management
Organisations-
techniken
Arbeitsmaterial-
management
Systematisierungs-
management
Motivations-
management
Sozialmanagement
Verbindlichkeits-
management

- Arbeitspläne in sichtbarer Höhe und Entfernung aufhängen.
- Termine in immer gleichen Terminkalendern nach dem gleichen System eintragen.

Funktionstauglichkeit

- Arbeitsmaterialien (Taschenrechner, Millimeterpapier, Folien, Notenblätter etc.) auf ihre Funktionsfähigkeit hin kontrollieren.
- Medien auf ihren einwandfreien technischen Einsatz überprüfen, evtl Ersatz bedenken.

Rahmenbedingungen

- Den täglichen Arbeitsplatz (zu Hause, in der Schule etc.) so gestalten, dass ein problemloses Üben ohne zeitaufwändige Aufräumarbeiten möglich ist.
- Einen Lieblingsplatz für das Üben definieren.
- Eine konzentrationsfördernde Atmosphäre durch das Entfernen aller Störfaktoren schaffen.
- Sinnvolle Ruhephasen einplanen, die den eigenen Übungsrhythmus unterstützen.
- Sich um das eigene körperliche Wohl sorgen.

Sozialmanagement

Management von:

Motivation

- Sich zur Verbesserung der Übungsmotivation gegenseitig bestärken und unterstützen.
- Unerwartet auftretende Probleme benennen und gemeinsam lösen.
- Individuelle Wünsche und Bedürfnisse berücksichtigen, aber nicht in den Vordergrund stellen.
- Gemeinsame Interessen, Vorlieben und Werte formulieren und fixieren.
- Herausforderungen erkennen und als gemeinsame Chance zur Erweiterung der Kompetenzen sehen.
- Motivationshemmende Gründe benennen und abbauen .

- Gemeinsame Etappenziele für den Zeitraum der Zusammenarbeit formulieren.

Verbindlichkeit

- Die Arbeitsteilung verbindlich und übersichtlich planen.
- Selbst Verabredungen einhalten und bei anderen auf Einhaltung drängen.

Zeitmanagement

Management:

Selbstmanagement

- Sich die eigene Persönlichkeit (zum Beispiel persönliche Verhaltensweisen, Stärken und Schwächen, eigene Rollen, Lerntyp) bewusst machen.
- Individuelle Ziele und Interessen für überschaubare Zeitspannen formulieren.
- Neues Wissen möglichst schnell nach der Wissensvermittlung wiederholen und einüben.
- Sich an regelmäßiges Arbeiten gewöhnen.
- Das Übungspensum in überschaubare Teilaspekte und Abschnitte einteilen.
- Die zur Verfügung stehende Zeit möglichst effektiv nutzen, das heißt, Zeitprobleme benennen, „Zeitfresser" beseitigen und Zeitersparnis suchen sowie eine ausgewogene Balance zwischen Freizeit und Arbeit herstellen.
- Die persönliche Einstellung zum Üben durch Selbstmotivation (Interesse, Spaß, Werte/Sinneinsicht, Wünsche, Bedürfnisse) verbessern.

von Materialien/Medien

- Den zu lernenden Unterrichtsstoff gegebenenfalls schriftlich festhalten.
- Einzelne Themen oder Teilaspekte zwecks Verkürzung einzelner Übungsphasen zusammenfassen.

von Schulfächern/Lernphasen

- Auf die Reihenfolge der verschiedenen Übungspensen achten. Es ist nicht sinnvoll, ähnliche Fachinhalte nacheinander zu lernen. Nachdem man eine halbe Stunde englische Vokabeln gelernt hat, kann man nicht gleich hinterher französische Wörter lernen, denn ähnliche Fächer behindern sich gegenseitig.

Plädoyer für - eine schülergerechte „Übungsschule“

Wie könnte eine schülergerechte Übungsschule aussehen? Unter den vielen Ansätzen, die diskutiert werden, sind sicher diejenigen am Erfolg versprechendsten, die die Schüler mit Verantwortung fürs Ganze einbeziehen. Eine gewisse Tradition haben inzwischen an vielen Schulen Modelle von Patenschaften, nachfolgend das Patenschafts-Organigramm unserer Schule:

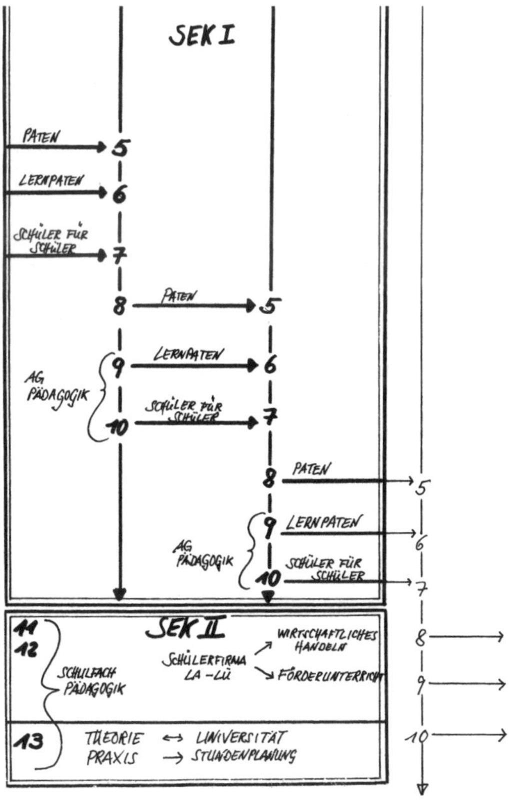

Patenschaften

Nach den Sommerferien und mit jedem Beginn eines neuen Schuljahres finden sich viele Schüler in ganz neuen, gegebenenfalls nach einem Übertritt veränderten Situationen. Ein Schulwechsel bedeutet auch das Verlassen der gewohnten Umgebung und die Aufhebung alter Gewohnheiten:

- ein neuer Schulweg (eventuell mit Bus oder Bahn),
- ein neues Schulgebäude, in dem sie sich noch nicht auskennen,
- neue Mitschüler in einer neuen Klasse,
- neue Klassenräume,
- neue Lehrer und Bezugspersonen,
- neuen Anforderungen und Probleme
- und vieles andere mehr.

So treten Fragen auf wie: Wo kann ich eine Schulbescheinigung erhalten? Wo ist das Sekretariat? Darf ich dort einfach eintreten oder muss ich vorher anklopfen? Wie heißt der Hausmeister und wo finde ich ihn? etc.

Wenn dann eventuell noch der Wechsel auf eine Ganztagsschule erfolgte, verändert sich damit auch der gewohnte Tagesablauf bis hin zum gemeinsamen mittäglichen Essen in der Mensa. Wie schön, wenn man dann „eine große Schwester“ oder „einen großen Bruder“ hätte!

Viele Schulen richten Patenschaften ein, um diesen Nöten zu begegnen. An unserer Schule haben wir sie ebenfalls eingeführt: Schüler aus dem 8. Jahrgang kümmern sich zunächst in der Eingangsphase und später in den Pausen und den Mittagsfreizeiten um die „Neuen“ aus dem 5. Jahrgang. Sie stellen ihre Schule vor, führen die neuen Schüler durch das Schulgebäude, zeigen ihnen das Schulgelände, die Toiletten und alle wichtigen anderen Plätze. Der Hausmeister, die Sekretärin und der Schulassistent werden den Fünftklässlern vorgestellt, ebenso wie der Schulleiter und seine Vertreter. Zahlreiche Menschen arbeiten nach Schulschluss in der Schule, um sie zu reinigen und in ihrer Bausubstanz zu erhalten, auch sie werden mit den Schülern bekannt gemacht. Auch die Lehrer des neuen Jahrgangs werden zusätzlich mit Hilfe einer großen Fotowand vorgestellt.

Die an dieser Patenschaft beteiligten Schüler aus dem 8. Jahrgang verabreden selbstständig in einer vorgegebenen Zeitspanne einen Verlaufsplan dieser Vorstellungsrunde – es ist nicht geschickt, wenn alle Schüler des neuen 5. Jahrgangs zur gleichen Zeit den Schulassistenten besuchen.

Im weiteren Verlauf des Schuljahres sieht man immer wieder Achtklässler und Fünftklässler in den Pausen zusammenstehen und sich unterhalten oder auch „spielen". Es werden dann auch Streitigkeiten geschlichtet, Probleme besprochen, versucht zu lösen und Hilfestellungen zu vielfältigen Schwierigkeiten gegeben. So können sich die „Neuen" an die ungewohnte Schulsituation gewöhnen und wissen immer, wen sie um Rat fragen können.

Die Schüler aus dem 8. Jahrgang beteiligen sich freiwillig an diesen Patenschaften. Sie haben im Regelfall selbst bereits in Jahrgang 5 die Erfahrung gemacht, dass Patenschaften mit älteren Schülern sehr hilfreich und nützlich sind. Deshalb ist die Anzahl der sich beteiligenden Schüler groß. Ein Arbeitsschwerpunkt in Jahrgang 8 lautet: „Konfliktstrategien – streiten, vermitteln, lösen" und auf dieser Grundlage haben die Schüler die Möglichkeit, ihre neu erworbenen Kenntnisse gleich mit jüngeren Schülern auszuprobieren.

Die positiven Rückmeldungen der beteiligten und der neuen Schüler verdeutlicht den Stellenwert der Patenschaften – und wie ließe sich besser der konfliktfreie Umgang gerade mit Jüngeren üben?

Lernpatenschaften

Handelt es sich bei den Paten um Schüler des 8. Jahrgangs, die im „äußeren Bereich" des Unterrichts tätig werden, so übernehmen Schüler des 9. Jahrgangs Lernpatenschaften für Schüler aus dem 6. Jahrgang im „inneren Bereich". Sie können auf freiwilliger Basis für folgende Tätigkeiten eingesetzt werden:

- in den Übungsstunden als Übungshelfer,
- zur Unterstützung in Gruppenarbeitsphasen,
- zur Anleitung der Tischgruppenarbeiten,
- als „helfende Hand" im Übungsparcours,
- zur Hilfestellung bei differenzierten Übungen in Kleingruppen,
- als Konfliktlöser im Klassenrat.

Diese Lernpatenschaften führen nicht nur zu einer Verbesserung des Umgangs miteinander, sondern tragen auch erheblich zur Entlastung des Lehrers bei. Die Schüler des 9. Jahrgangs werden so durch die Fragen der Jüngeren „liebevoll gezwungen", ihr Wissen weiterzugeben, den anderen zu helfen und sie zu unterstützen. Der Lerneffekt zeigt sich auf beiden Seiten – bei den „Gebern" und den „Nehmern". Durch die gemeinsamen Übungen werden auch viele Erfahrungen untereinander ausgetauscht, sei es im Bereich erfolgreicher Übungsstrategien oder im sozialen Bereich. Alle an diesen Lernpatenschaften beteiligten Schüler und Lehrer zeigten sich sehr erfreut über die gemeinsam gemachten Erfahrungen und die Übungserfolge. Auch die Eltern bekundeten ihr Interesse und gaben positive Rückmeldungen.

Sicher werden Sie einwenden, dass so etwas nicht realisierbar ist, denn es gibt keine zur Verfügung stehenden Stunden oder Zeitabschnitte, in denen zum Beispiel gemeinsame Übungen durchgeführt werden könnten. Dieser Einwand ist berechtigt. Wir haben das Problem dadurch gelöst, dass wir eine Arbeitsgemeinschaft „Pädagogik“ eingerichtet haben, an der diejenigen Schüler des 9. Jahrgangs teilnehmen, die für den 6. Jahrgang Lernpatenschaften übernommen haben. In diesen zwei Stunden in der Woche wird gemeinsam mit einem Lehrer und manchmal auch noch mit Eltern und anderen sozialen Einrichtungen der Stadt handlungsorientiert geplant, wie die Übernahme von Verantwortung für andere aussehen könnte. Die Umsetzung in die Praxis erfolgt dann in den Arbeitsplanstunden, die bei uns für alle Jahrgänge von 5 bis 10 möglichst in einem Zeit-Band liegen. So haben die älteren Schüler die Zeit und die Möglichkeit, in ihren eigenen Übungszeiten mit den jüngeren gemeinsam zu üben. Es muss ja nicht in jeder Stunde sein, aber schon die Kooperation für dreißig Minuten in der Woche hat sich als effektiv erwiesen.

Schüler unterrichten Schüler

Patenschaft, Lernpatenschaft und die Teilnahme an der begleitenden Maßnahme „Pädagogik AG“ sind die Voraussetzungen für den nächsten Schritt. Schüler des 10. Jahrgangs nehmen nach Absprache mit dem Klassen- oder Fachlehrer am Unterricht der 7. Klassen teil, und zwar durchaus mit zumindest teilweiser Verantwortung für bestimmte Unterrichtsthemen oder Abschnitte. Dabei kann es sich um folgende Tätigkeiten handeln:

- ein Methodentraining für einzelne Schüler oder eine kleine Gruppe (selbstständiges Arbeiten an Stationen, richtiger Umgang mit Nachschlagewerken …),
- die Vermittlung von Übungstechniken und deren Einsatz (Auswertung von Schaubildern, Vokabeltechniken …),
- wiederholende Übungen zur Vorbereitung auf eine Klassenarbeit (Mind Mapping zur Inhaltsangabe, Merkzettel zum Umgang mit dem Taschenrechner …).

Die Schüler des 10. Jahrgangs können aber auch die Aufgabe von „Fachbereichshelfern“ übernehmen, die „ihr Fach“ auf dem Übungsparcours in

Absprache mit den Fachlehrern betreuen und die Verantwortung für die „Unversehrtheit“ der Materialien und Medien übernehmen. Häufig haben Schüler so viel Spaß an diesen selbst verantworteten Aufgaben, dass sie eigene Materialien und Arbeitsblätter zum Üben für die Siebtklässler entwickeln.

Außerdem übernehmen die älteren Schüler auch die Beratung und Unterstützung von jüngeren Schülern bei der Planung und Durchführung von Projekten und bei der regelmäßig einmal im Schuljahr stattfindenden Veranstaltung „Schüler informieren Schüler“. Hier handelt es sich um ein Kurzprojekt, wo jeder Schüler, der Lust und Spaß daran hat, sein Hobby oder sein liebstes Fach den Interessierten an einem Schultag vorstellen kann. Dieses bedarf der intensiven Vorbereitung, denn insbesondere jüngere Schüler haben wenig Erfahrung beim „Unterrichten“. Da nicht jeder etwas präsentieren möchte, bieten sich hier vielfältige Möglichkeiten für gemeinsame Übungen zur Vorbereitung dieses „Unterrichts“.

Auf Seite 206 folgt ein Beispiel einer Gruppe von Pfadfindern des 7. Jahrgangs, die mit einem Schüler des 10. Jahrgangs gemeinsam eine vierstündige Informationsveranstaltung für Mitschüler geplant haben und durchführen wollen:

SCHÜLER INFORMIEREN SCHÜLER JUNI 2002

THEMA: Pfadfinder
ZEIT: 1. und 2. Stunde
ORT: Klassenraum 7c (oder draußen)

ARBEITSGRUPPE: Fabian, Jan, Raoul, David aus der 7c

ANSCHAUUNGSMATERIAL: Kluft, Bindfaden, Messer, Zelt

A) BEGRÜSSUNG / VORSTELLUNG DES THEMAS:

- Stamm Parsival } wir sind von der Sippe 1 „Steppenwolf“
- Trupp Kelten } und von der Sippe 2 „Falken“

Die Geschichte der Pfadfinder (jeden Tag 1 gute Tat ??)

B) THEORETISCHER TEIL:

Was machen wir
1. in der Sippenstunde (spielen, kämpfen, lernen)
2. Wochenendfahrten (Natur, Wald)
3. Sommertouren (Großfahrt nach Ungarn)

C) PRAKTISCHER TEIL / ÜBUNGEN:

Wir bauen unsere Kote auf, machen ein Feuer, lernen Knoten

D) SCHLUSS:

alles wieder aufräumen und sie können mal zum Sippenabend kommen

Schüler informieren Schüler: Arbeitsblatt

Zum Beispiel: Opa Heinz

Die Tür geht auf und Brittas Opa Heinz tritt ein. Er hat für sie eine Tasse Tee gekocht. Vorsichtig setzt er die Tasse auf dem Schreibtisch seiner Enkelin ab und fragt dabei: „Du, Britta, gibt es eigentlich heute noch Schülerlotsen?" „Schülerlotsen?" Die Enkelin legt den Stift zur Seite und greift zur Tasse. „Was ist das denn?" „Also, Schülerlotsen", sagt Opa Heinz, „die haben den ganz jungen Schülern dabei geholfen, heil zur Schule zu kommen." „Ach so", entgegnet da Britta, „so mit einer Winkekelle? Das gibt es bei uns noch besser!" Und dann fängt sie an zu erzählen.

„Als ich in der 8. Klasse war, da haben wir Patenschaften für die neuen „Shorties" des 5. Schuljahres übernommen, denn für die war ja nicht nur der Schulweg neu, sondern auch alles andere." Der Großvater überlegt kurz, nickt dann und sagt: „Du hast Recht, das Gebäude, die Lehrer, die anderen Kinder – das kannten sie nicht. Gibt es bei euch an der Schule nicht auch eine Mensa, in der du immer isst?" „Ja, Opa", antwortet Britta, und deshalb haben wir dann Patenschaften eingerichtet: Die aus dem 8. Jahrgang haben sich in den Pausen und in der Mittagsfreizeit um die Kleinen gekümmert. Mir hat das damals viel Spaß gemacht." „Und was habt ihr so genau als Paten gemacht?", fragt Opa Heinz. „Alles gezeigt, Streit geschlichtet, Probleme besprochen und gelöst, manchmal auch getröstet und alles so was – so wie ein großer Bruder oder eine große Schwester. Manchmal haben wir auch am Klassenrat einer 5. Klasse teilgenommen, damit wir die Situation der „Shorties" besser einschätzen konnten." „Mensch Britta", sagt Opa Heinz, „das klingt ja gut."

„Ja aber im nächsten Schuljahr, als ich selber im 9. Schuljahr war, da ging's erst richtig los. Da hatten wir dann Lernpatenschaften." „Diesen Unterschied musst du mir jetzt aber erklären", sagt der Großvater und zieht sich einen Stuhl heran.

„Jahrgang 9 hat eine Lernpatenschaft mit Jahrgang 6 an unserer Schule, das heißt, wir haben in bestimmten Stunden – so genannten AP- oder Übungsstunden wie beim Arbeitsplan ...". „Ach, ja", unterbricht Opa Heinz seine Enkelin, „das habe ich schon mitbekommen, und deine Pläne habe ich auch schon gesehen." „Ja, genau, Opa. Und dabei haben wir den Jüngeren dann geholfen. Jeder von uns, der an dieser Lernpatenschaft teilgenommen hat, saß mit in einer Tischgruppe und wir haben dann Fragen beantwortet, bei den Übungen und Aufgaben geholfen usw. Für uns war das wie eine Wiederholung – manchmal haben wir aber auch noch etwas Neues gelernt.“ „Das glaube ich dir gern“, sagt der Großvater, „denn nur, wenn man Gelerntes übt und anwendet, dann behält man es auch!“ „Ja, ja, so wie du mich immer mit den täglichen Vokabeln geärgert hast!“ Opa Heinz lächelt und dabei fällt ihm ein: „Hast du nicht auch mal so ’ne Art Hilfslehrer gespielt?“

„Hilfslehrer“, lacht Britta, „aber du hast Recht. Das war im dritten Jahr meiner ‚Karriere‘ – im 10. Schuljahr. Da war ich Mathehelfer.“ Britta lächelt in Erinnerung daran und stellt sich ihren Großvater gerade als Schülerlotse mit Winkekelle vor.

„Aber Opa“, sagt sie dann und trinkt einen Schluck Tee, „dann wurde es richtig klasse!“ Opa Heinz nickt: „Du hast doch auch eine Zeit lang Nachhilfe gegeben.“ „So ähnlich. Keine Nachhilfe, sondern im 11. und 12. Schuljahr habe ich bei uns in der Schule in unserer Schülerfirma LA-LÜ gearbeitet.“ „Gearbeitet? Und was ist LA-LÜ?“, fragt der Großvater erstaunt. Britta lacht: „LA-LÜ ist der Name unserer Schülerfirma, also eine richtige kleine Firma, und das bedeutet Lernen und Üben. Hier guck mal ...“, und sie kramt aus ihrem Etui einen Kugelschreiber mit der Beschriftung „La-Lü“ und zeigt ihn ihrem Großvater. „Alles klar“, nickt dieser, „aber Firma, Schule und richtige Arbeit, wie passt denn das zusammen?“ „Doch“, entgegnet Britta, „richtige Arbeit für richtiges Geld. Wir haben gelernt, wie man richtig wirtschaftlich handelt.“ „Also auskommen mit dem Einkommen“, fällt Opa ihr ins Wort. „Genau! Wir haben gelernt mit Geld umzugehen – bis hin zur Buchhaltung und gleichzeitig haben wir mit den Schülern aus der Sek I gemeinsam gelernt und geübt – so in kleinen Gruppen. Dazu haben wir vorher mit den Lehrern, den Eltern und den Schülern gesprochen, wie man ihnen beim Lernen behilflich sein kann, wie wir ihnen in punkto Üben auf die Sprünge helfen können.“ Der Großvater ist begeistert. „Nach den Gesprächen haben wir gemeinsam mit jedem zu betreuenden Schüler einen Arbeitsplan gemacht, also schriftlich festgehalten, was sie wissen und was nicht, was sie üben sollten und wo – und vor allen Dingen wie sie üben können.“ „Und das hat dir Spaß gemacht?“, fragt der Großvater seine Enkelin. „Ja, und weißt du was? Das waren zwei ganz tolle Jahre. Und ich selber wurde und war auch ziemlich fit." „Wenn dir das so viel Freude gemacht hat, dann kannst du dir ja auch mal überlegen, ob du nicht in Zukunft so etwas beruflich machen willst, Britta." Opa Heinz nimmt das Papier, an dem Britta gerade gearbeitet hat, zur Hand. „Darf ich einen Blick darauf werfen?" Britta nickt. „Was ist denn das?", will der Großvater wissen.

„Jetzt im 13. Jahrgang muss ich das Fach Pädagogik abschließen, das ich schon in der 11. Klasse gewählt habe. Da haben wir viel Theorie gelernt, wir haben praktisch die Grundlagen für das gemeinsame Üben mit den Jüngeren vermittelt bekommen. Wir sind aber auch schon in der Universität gewesen, haben Vorlesungen besucht und haben sogar schon kleine Unterrichtseinheiten oder auch richtige Stunden geplant – natürlich alles in Absprache mit dem Fachlehrer. Ich plane jetzt gerade eine praktische Übung zur Vorbereitung auf meine Abi-Prüfung."

Opa Heinz legt das Blatt Papier zurück auf den Schreibtisch seiner Enkelin und steht auf. „Dann lass dir mal etwas Interessantes einfallen, damit das Lernen und Üben auch Spaß macht, Britta. Du wirst das schon hinkriegen." Er verlässt den Raum und brummt vor sich hin: Tolle Enkelin!

Ganztagsschulen

Die Ganztagsschule bietet mit ihrem erweiterten Zeitrahmen die Möglichkeit der Zusammenarbeit mit außerschulischen Institutionen wie zum Beispiel mit Alten- und Pflegeheimen, Firmen, Sportvereinen oder auch Schrebergartenvereinen. So entsteht „Lernen vor Ort" in Stadt, Umgebung, Wald etc. durch Erkundungen, Übungsgänge, Praktika usw.

Die Möglichkeit einer Zusammenarbeit mit einem Schrebergartenverein ergibt sich über die Pacht einer Parzelle (mit Hilfe des Schulelternvereins, des Fördervereins einer Schule). Dadurch entwickelt sich ein Bereich, der von Schule (und ihren Schulgärten, die oftmals einen traurigen Anblick bieten) räumlich getrennt und eigenständig ist. Eine entsprechende Arbeitsgemeinschaft oder ein Wahlpflichtkurs (mit Unterstützung der Eltern) schafft sich hier ein Refugium mit selbst gebauter Hütte, Nutzgarten (Gemüse), Ziergarten (Rasen, Blumen) und zahlreichen durchführbaren Experimenten vor Ort in eigener Verantwortung.

Stadtteilschule

Einen interessanten Ansatz für eine Weiterentwicklung von Schule in unserem Sinne gibt es in den Niederlanden (Groningen). Die „Stadtteilschule“ könnte eine direkte Verbindung von Schule und Stadtteil schaffen.

Verbindungen zwischen Schule und Stadtteil

Soziale Ebene:

- Nachbarschaftshilfe
- Einladungen zum Schulfest/Schultheater
- Hilfsangebote zum Umgang mit Computer und Internet
- Krankenpflege

Wirtschaftliche Ebene (Schülerfirma):

- Sozialtag zum Beispiel bei der Gartenhilfe, dem Haushalt, den Reparaturen
- Entrümpelungs- und Flohmarktdienst
- Einkaufshilfen und Gepäckdienst
- Transportfirma
- Nachhilfefirma (siehe S. 212)

Nachbarschaftliche Ebene:

- Nachbarn als Zeitzeugen befragen
- Nachbarn (Handwerker, Kaufleute etc.) als Experten im Schulalltag befragen
- gemeinsame Projekte mit den Nachbarn (zum Beispiel Nistkästen für unseren Stadtteil bauen)
- Nachbarn als Hausaufgabenbetreuer / Schüler als Babysitter
- gemeinsamer Frühjahrsputz

Ein Beispiel: Versuch einer Identifikation

Schüler – Schule

Der Wahlpflichtkurs des 9. Jahrgangs arbeitet mit dem Alten- und Pflegeheim in unserem Viertel zusammen. Dabei sind den Schülern viele

Probleme und Schwierigkeiten deutlich geworden, zum Beispiel, dass das Schieben eines Rollstuhls gar nicht so einfach ist. So machten die Schüler des Kurses unter Anleitung der Heimleitung einen „Rollstuhlführerschein". Dadurch wurden für viele ältere Menschen in diesem Heim Spaziergänge in die nähere Umgebung ermöglicht. Vorlesen aus der Zeitung, Spiele spielen, gemeinsames Schwatzen mit Erzählungen von Gestern und Fragen zu Heute erstreckten sich über das ganze Jahr (und das nicht nur zur Weihnachtszeit).

Schülerfirma

Grundsätzlich gilt für „Schülerfirmen" im BLK-Programm „21" („Bildung für eine Nachhaltige Entwicklung") – Auszug aus dem Ergebnisprotokoll vom 21. 9. 2000 in Hannover

- Die beteiligten „Schülerfirmen" verfolgen in erster Linie eine pädagogische Zielsetzung, sie dienen nicht primär der Geldmittelbeschaffung für Schule, Förderverein o. Ä.
- Ökologische und soziale Fragestellungen und Lernprozesse haben im Kontext dieser Schülerfirmen einen besonderen Stellenwert. Ein Ziel könnte sein, dass alle beteiligten Schülerfirmen sich einem vereinfachten Öko-Audit unterziehen und sich „zertifizieren" lassen.
- Die Arbeit der „Schülerfirmen" ist im schulischen Unterricht (Fachunterricht, Wahlpflichtkurse, Arbeitsgemeinschaften) verankert und wird als schulische Veranstaltung von Lehrkräften betreut. Die Förderung selbstständigen Lernens steht dabei ausdrücklich im Vordergrund.
- Die Schulleitung genehmigt die Einrichtung und Arbeit der „Schülerfirma".
- Der Schulträger stimmt der Nutzung der Sachmittelausstattung zu.
- Die Erziehungsberechtigten stimmen bei noch nicht volljährigen Schülerinnen und Schülern deren Mitwirkung zu.
- Die Geringfügigkeitsgrenzen bei Umsatz und Gewinn sollten möglichst eingehalten werden.
- Durch aktive Kontaktaufnahme und Partnersuche im lokalen Umfeld sollten mögliche Probleme bereits im Vorfeld minimiert werden.

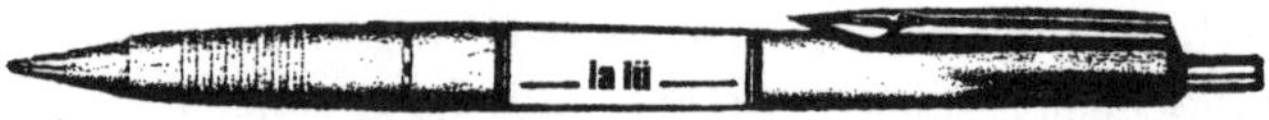

DIE SCHÜLERFIRMA LERNEN-ÜBEN

A ANMELDEFORMULAR
B BUCHHALTUNG
C COMPUTER
D DISZIPLIN
E ELTERNEINBINDUNG
F FEED BACK
G GRUPPENBILDUNG
H HALBJAHRESPLAN
I ISTANALYSE
J JEH EHER, DESTO BESSER
K KLEINGRUPPE
L LOGO
M MATERIALIEN
N ~~NACHHILFE~~ !
O ORGANISATION
P ~~PAUKEN~~ !
Q QUERVERBINDUNGEN
R RÄUMLICHKEITEN
S STRESS, ZUSÄTZLICHER
T TERMINPLANUNG
U UNTERRICHTSVORBEREITUNG
V VERANTWORTUNG
W WERBUNG
X X-TER RÜCKSCHLAG
Y ?
Z ZUM SCHLUSS: VIEL SPASS UND ERFOLG !

Ausklang

„Zeit zum Üben“

Ein warmer Apriltag des Jahres 2003.

Die Sonne hat schon Kraft, der Wind ist nicht mehr so kalt und erlaubt so das Draußensitzen auf der Terrasse des Vereinsheimes.

Mit dem guten Gefühl, alles geschafft, Termine eingehalten, offen und ehrlich, überlegt und genau gearbeitet zu haben, schmeckt der Cappuccino noch besser. Zeit der Entspannung!

Nur – weshalb schmerzt meine Schulter? Irgend etwas stimmt da nicht mit meinem Schwung.

Ich muss den richtigen Schlagablauf üben. Gute Bücher mit entsprechenden Anleitungen gibt es zuhauf. Sie bieten aber nur „Rezepte von der Stange“, und das individuelle Moment fehlt dabei. So bleibt die Frage: Welche Übung aus der großen Übungspalette ist für mich und mein Problem die Richtige? Wer zeigt mir den Weg zu gerade fliegenden Bällen mit einer meiner Möglichkeiten entsprechenden Weite? Richtung Pisa reicht mir!

„Hi, darf ich mich dazusetzen?“ fragt Colm, unser irischer Golftrainer und setzt sich. „Ich hab dich vorhin abschlagen sehen“, sagt er und trinkt von seinem Tee. „Du musst dein Gewicht mehr auf das linke Bein verlagern. Dann hackst du nicht in den Boden.“ Als ich mir unwillkürlich an die Schulter fasse, grinst er über sein ganzes Gesicht.

„Schau mal, da gibt es folgende Übung ...“

Literatur

AEBLI, HANS: Grundformen des Lehrens. Stuttgart 1977

AUSUBEL, DAWID. P.: Psychologie des Unterrichts. Weinheim/Basel 1974

BAUMGARTNER, P./PAYR, S.: Der Computer als Lernmedium – Was leistet die Software? In: Praxis Schule 5-10, Heft 3/1995

BECKER, G. E./CLEMENS-LODDE, B./KÖHL, K.: Unterrichtssituationen III, Üben und Experi-mentieren. München 1976.

BERGIUS, RUDOLF U. A. (HG.): Allgemeine Psychologie. In: Handbuch der Psychologie I. Göttingen 1964

BÖNSCH, MANFRED: Wie sichere ich Ergebnis und Erfolg in meinem Unterricht. Essen 1967

BÖNSCH, MANFRED: Unterrichtskonzepte. Baltmannsweiler 1986

BÖNSCH, MANFRED: Üben und Wiederholen im Unterricht. München 1988

BÖNSCH, MANFRED: Variable Lernwege. Paderborn 1991

BOLLNOW, OTTO FRIEDRICH: Vom Geist des Übens. Freiburg 1978

BOVET, HUWENDIEK (Hg.): Leitfaden Schulpraxis. Berlin 1998, S. 196

BROMME, RAINER: Das Denken von Lehrern bei der Unterrichtsvorbereitung. Weinheim/Basel 1981

BUZAN, TONY: Nichts vergessen. Goldmann Sachbuch

COMENIUS, J.A.: Große Didaktik (Hg.: FLITNER). Stuttgart 1982

Deutsches PISA-Konsortium (Hg.): PISA 2000. Opladen 2001

DIEPOLD, SIGA (Hg.): Die Fundgrube für Klassenlehrer. Berlin 1999

dtv-Lexikon, Bände 1–20. München 1968

DÜRCKHEIM, KARLFRIED: Der Alltag als Übung. Bern/Stuttgart 1972

EISENHUT, G./HEIGL, J./ZÖPFL, H.: Üben und Anwenden. Bad Heilbrunn 1981

FISCHER, M./MICHAEL, B. (Hg.): Differenzierung im Schulunterricht. Weinheim Basel 1973

FOPPA, KLAUS: Lernen, Gedächtnis, Verhalten. Köln/Berlin 1968

FREINET, CELESTIN: Pädagogische Texte. Hamburg 1980

GALLIN, PETER/RUF, URS: Sprache und Mathematik. Zürich 1990

GALPERIN, PJOTR: Die geistige Handlung als Grundlage für die Bildung von Gedanken und Vorstellungen. In: GALPERIN, LEONTJEW: Probleme der Lerntheorie. Berlin 1974

GUYER, WALTER: Wie wir lernen. Stuttgart 1956

HAGE, KLAUS/BISCHOFF, HEINZ/DICHANZ, HORST/EUBEL, KLAUS-D./OEHLSCHLÄGER, HEINZ-JÖRG/SCHWITTMANN, DIETER: Das Methoden-Repertoire von Lehrern. Opladen 1985

HEHLMANN, WILHELM: Wörterbuch der Pädagogik. Stuttgart 1964

HERBART, JOHANN FRIEDRICH: Pädagogische Schriften, 3Bde. Hg.v. Walter Asmus. Düsseldorf 1964/65

HERBART, JOHANN FRIEDRICH: Systematische Pädagogik. Hg.v. Dietrich Benner. Stuttgart 1986

JANK, WERNER/MEYER,HILBERT: Didaktische Modelle. Berlin 2002

KAISER, ARNIM: Studienbuch Pädagogik: Grund- und Prüfungswissen. Frankfurt 1994, S.72

KLAUSMEIER, RUDOLF J./RIPPLE, RICHARD E.: Moderne Unterrichtspsychologie, Band IV. München/Basel 1973

KLINGBERG, LOTHAR: Einführung in die Allgemeine Didaktik. Berlin 1982

KÖSEL, EDMUND/SCHREIBER, JOSEF: Übung - Grundlage des Lernens. Ravensburg 1978

LOSER, FRITZ W.: Die Unterrichtsgrundsätze der Lebensnähe und der Anschauung und ihr Beitrag für eine pädagogische Theorie des Lehrens und Lernens. In: B.u.E., 1969

LOSER, FRITZ W.: Die Übung im Unterricht und ihr Beitrag zu einer pädagogischen Theorie des Lehrens und Lernens. In: DOHMEN G./MAURER F.: Unterricht, Aufbau und Kritik. München 1976

LOSER, FRITZ W.: Konzepte und Verfahren der Unterrichtsforschung. München 1979

MANDL, HEINZ/FRIEDRICH, HELMUT F. (Hg.): Lern- und Denkstrategien. Göttingen 1992

MEYER, HILBERT: Schulpädagogik, Bd. 1. Berlin 1997

MEYER, HILBERT: Unterrichtsmethoden, 2 Bde. Berlin 1987/88

ODENBACH, KARL: Die Übung im Unterricht. Braunschweig 1967

OTTO, GUNTER/SCHULZ, WOLFGANG (Hg.): Enzyklopädie Erziehungswissenschaft, Bd. 4. Stuttgart 1995

PACOLT, ERNST: Lernen, Üben, Wiederholen. Wien/München 1973

PARADIES, LIANE/LINSER HANS JÜRGEN: Differenzieren im Unterricht. Berlin 2001

POTTHOFF, WILLY: Erfolgssicherung im Unterricht. Freiburg 1981

ROTH, HEINRICH: Pädagogische Psychologie des Lehrens und Lernens. Hannover 1957

RRL Politik Sek II Niedersachsen

SCHIEFELE, H.: Lernen als Üben und Einprägen. In: Welt der Schule 1965, Heft 1

SEHRBROCK, PETER: Freiarbeit in der Sekundarstufe I. Frankfurt a.M. 1993

SPEICHERT, HORST: Richtig Üben macht den Meister. Hamburg 1986

Spiegel Heft Nr. 23, 1992

TEML, HUBERT: Zielbewusst üben – erfolgreich lernen. Linz 1996

WEINERT/SCHRADER: Lernen lernen als psychologisches Problem. In: Enzyklopädie der Psychologie, Bd. 4. Göttingen 1997

WEINERT, FRANZ u.a. (Hg.): Pädagogische Psychologie, Bd. VI. Weinheim 1976

WEINERT, FRANZ, u.a. (Hg.): Pädagogische Psychologie, Bd. II. Frankfurt 1974

WILLMANN, OTTO/ROLOFF, ERNST M.: Lexikon der Pädagogik, 4 Bde. Freiburg/Breisgau 1913

Lernende Schule: „Dem Lernen auf der Spur“, Heft 7/1999

Methodenübersicht

Register